李华 / 著

海德格尔
"本有之思"的唯物史观评析

Haidege'er

"Benyou Zhi Si" de

Weiwushiguan

Pingxi

苏州大学出版社
Soochow University Press

图书在版编目(CIP)数据

海德格尔"本有之思"的唯物史观评析/李华著.
苏州：苏州大学出版社，2024.9. -- ISBN 978-7-5672-4723-9

Ⅰ．B03

中国国家版本馆 CIP 数据核字第 2024GE6992 号

书　　　名：海德格尔"本有之思"的唯物史观评析

著　　　者：李　华
责任编辑：史创新

出版发行：苏州大学出版社(Soochow University Press)
社　　　址：苏州市十梓街1号　邮编：215006
印　　　装：苏州市古得堡数码印刷有限公司
网　　　址：www.sudapress.com
邮　　　箱：sdcbs@suda.edu.cn
邮购热线：0512-67480030
销售热线：0512-67481020

开　　　本：718 mm×1 000 mm　1/16　印张：15　字数：246 千
版　　　次：2024 年 9 月第 1 版
印　　　次：2024 年 9 月第 1 次印刷
书　　　号：ISBN 978-7-5672-4723-9
定　　　价：52.00 元

凡购本社图书发现印装错误，请与本社联系调换。服务热线:0512-67481020

目 录

导　言 / 1

第一章　晚期海德格尔对马克思哲学的主体性性质的指责 / 7

　第一节　生产性的个人依然是抽象的个人 / 8

　　一、马克思有一个关于人的理论想法 / 8

　　二、马克思所理解的存在就是生产过程 / 18

　第二节　马克思主义仍然是一种人道主义 / 28

　　一、改造世界与解释世界具有相同的存在论性质 / 29

　　二、站在人的平面上对存在的平面的一瞥 / 34

第二章　主体性哲学的实践误区及其出路 / 44

　第一节　时代困局："进步强制"及其危险 / 45

　　一、"进步强制"的存在论性质与人类自身毁灭的危险 / 45

　　二、真正的危险：人类根基持存性的丧失 / 54

　第二节　思想居所的革命：突破主体性哲学的根本路向 / 65

　　一、主体性哲学基本建制的困境 / 66

　　二、"识-在"植根于此-在之中与思想居所的革命 / 69

第三章　从本-有而来：海德格尔主体性哲学批判思想的来历 / 78

　第一节　"转向"的二重性与作为海德格尔思想核心的"本-有"（Er-eignis）/ 80

　　一、"转向"的二重性 / 80

二、从"本-有"而来 / 89
　第二节　从集-置到本-有 / 97
　　一、集-置作为天命 / 98
　　二、集-置作为救渡以及世界的发生 / 101
　　三、集-置作为"本-有" / 108
　　四、泰然让之：从本有而来的等待和让予 / 110
　第三节　人的本质性转变及与存在本身的相互归属 / 116
　　一、人的本质转变对于技术的天命转变的意义 / 116
　　二、同一性与人和存在的相互归属 / 121
　　三、转投、跳越作为"本-有" / 125

第四章　本有之思的理论启示与症结 / 128
　第一节　从本有之思而来的启示 / 129
　　一、重现主体性哲学的存在论根基 / 130
　　二、从本有之思而来的批评的警示意义 / 135
　第二节　本有之思的内在理论症结 / 141
　　一、没有重视感性对象性活动的源始性 / 142
　　二、没有区分真正的人的优先性与异化的生产的优先性 / 150
　　三、没有区分真正的人道主义与极端主体性的人道主义 / 159
　　四、本有之思忽视了一般人类历史 / 167

第五章　误解之澄明：马克思主义哲学的实质与内涵 / 176
　第一节　感性活动：在哲学批判中生成 / 176
　　一、存在在本质上乃是作为事实的感性活动 / 177
　　二、"感性活动"是从旧哲学回撤的核心成果 / 181
　　三、在原则高度上坚持历史唯物主义 / 187
　第二节　感性活动：在异化劳动批判中奠基 / 191
　　一、从异化劳动向感性活动的还原 / 191
　　二、对作为感性活动的劳动本质的确证 / 194
　　三、唯物史观基石的确立：从异化劳动到作为感性活动的劳动 / 196

第三节 感性活动与人类社会历史的开启和演进 / 200
    一、劳动创生人类社会 / 201
    二、旧唯物主义无法真正把握社会和历史 / 202
    三、自发分工是异化劳动得以发生的根据 / 205

第四节 基于感性活动原则的共产主义：真正的人道主义 / 210
    一、私有财产的扬弃与"自然主义＝人道主义"的关联 / 213
    二、共产主义的科学人道主义性质 / 214

参考文献 / 220

后记 / 231

导　言

　　海德格尔终其一生对马克思的态度都非常吊诡，令人难以捉摸。对于马克思这位以其思想深远地影响了人类命运的思想家，海德格尔并没有像对其他思想家那样有专门的研究作品问世，这不能不说是一件值得人们深思的事。马克思对于海德格尔来说，是不值一提还是最极端的对手？如果海德格尔将马克思看作最极端的对手，那么，马克思与海德格尔之间有没有共通的地方？如果有，那么这种共通的地方在哪里？再者，如果这种共通的地方就在于都试图突破主体主义，那么人类的主体主义是否能够真正得到克服？如何克服？我们试图在海德格尔的文本之中寻找解答这些问题的线索。

　　实际上，纵观海德格尔的前后期作品，我们是可以找到对于这些问题的某种领会的。首先，如前所述，马克思是被当成了最极端的对手，这不仅可以在海德格尔早期的《存在与时间》中有某种痕迹，而且在其晚期作品中也有充分的表现。其次，正是海德格尔注意到了马克思哲学与其他哲学的这一点区别，注意到了马克思已经突破意识的层面而进入了历史的层面，所以才在《关于人道主义的书信》《晚期海德格尔的三天讨论班纪要》中对马克思有高于胡塞尔、萨特的评价。但是，作为马克思去世近一个世纪以后的哲学家，作为西方思想的另一位真正继承者，海德格尔从形而上学的极致完成中，从存在真理之发生的出发点出发，必然在其一生的著作中或隐或显地将马克思当作最极端的对立面和对手。最后，他认为，只有立足于一个存在的平面上，才有可能真正地克服人类的主体主义。

我们知道，很多学者曾津津乐道于海德格尔对马克思的推崇，并不断由此来证明马克思思想的当代性质。比如，有学者指出，海德格尔曾毫不客气地批评现今的"哲学"亦步亦趋地跟在科学后面，误解了这个时代的两重独特的现实，但是，马克思主义却懂得这双重的现实；又如，有学者认为，海德格尔指出马克思在经验异化之际深入历史的一个本质性维度，所以马克思主义的历史观就比其他的历史观优越；等等。

当然，我们也知道，海德格尔认为现今的"哲学"都没有到达马克思主义的高度，因此甚至够不上成为海德格尔批判的对象，就像他在《关于人道主义的书信》中不断重申的那样。但是，我们要明白的是，不管怎么说，三天讨论班的主要批评对象，恰恰是马克思主义。这一点在三天讨论班中已经展现得非常明显。与此同时，恰恰因为马克思主义的独特性，在反形而上学上的卓有成效性，使得海德格尔对马克思另眼相看。因此，在某种程度上，也只有马克思才能在根本的意义上，成为海德格尔的真正对手，终生的对手。马克思主义产生以来，对马克思主义的理解几乎全部是庸俗的误读，与此相比，海德格尔对马克思思想的把握，从某种程度上来说，切近了马克思思想某种实质；但也由于这种切近而发生了误读。这样一来，其对马克思的批评和误读，影响就更为深远了。很多学者仍然没有看到或者故意忽略这极其重要的一点；而阐明这一点，则是本书的任务。

全书共分五章，各章节要点如下：

第一章的中心议题是考察海德格尔对马克思的误读。海德格尔的主要批评对象是主体性的形而上学，这种批判有力而且影响深远。但是，由于脱离了马克思哲学本身，海德海尔从黑格尔来把握马克思，将马克思误读为极致的主体性哲学、人道主义。当然，海德格尔对马克思有过一定程度的推崇。海德格尔认为，马克思懂得这个时代的异化的现实，在经验异化之际深入到了历史的一个本质性的维度中，经验了这个时代的存在的缺失，实现了对存在的一瞥；但是，马克思却提出了改变世界的任务，试图去突破这种异化的现实。海德格尔认为，改变世界的活动作为与理论脱离的实践，本身就是行走在形而上学的存在领悟的道路上的，是从既定的形而上学的世界出发的，是一种主体性的活动，也是无法实现对世界的真正改变的。在海德格尔看来，马克思改变世界的观点,缘于黑格尔的思辨的劳动辩证法,仍然立足于一种对于人和世界的形而上学的解释,表现为一种对于人的自身生产和社会的自身生产,实质是要实施一种无条件的制造、创造。所以,马克思有一个关于人的理论想法,把人看作生产性的人,看成理性的劳动的动物。马克思将存在理解为生产过程,理解为一个孤独的主体,站在一个只有人的平面上,将整个世界作为自己征服的对象,作为自己的客体,完全遗忘了存在的平面,仍然是一种极端主体性的人道主义。

第二章的中心议题是海德格尔对主体性哲学的实践困境和理论困境的分析。海德格尔将今天的两重独特的现实指认为进步强制。这种将一切动摇起来的进步强制带来了人类自身毁灭的危险,于是有了海德格尔石破天惊的追问:究竟是拯救还是毁灭?在此基础之上,海德格尔强调,要突破这种进步强制,就要追问这种进步强制的存在论性质。海德格尔在支架中发现了这种进步强制的存在论性质——主体性哲学。这种主体性哲学,将人把握为主体,将自然理解为客体,将世界理解为图像,在极致的意义上完成了对存在的遗忘。所以,人类自身毁灭的危险,不仅仅在于原子弹的爆炸,更重要的是在于这种主体性哲学对存在本身的遗忘,在于由于这种遗忘而导致的人类根基持存性的丧失。所谓根基持存性的丧失,即由于这种遗忘,人们再也无法回到自己本质性的从存在本身而来的家,再也无法回到从存在本身而来的自己的故乡。无家可归、虚无主义,这种根基持存性的丧失,才是最可怕的来客和最大的、真正的危险。

海德格尔分析了主体性哲学由于"我思"的自身封闭而无法突破意识内在性的基本困境。作为自近代以来一直占据主导地位的存在领悟方式,主体性哲学的这一基本建制在当代呈现为可能导致人类自我毁灭的生产主义和技术主义。基于对人类自我毁灭可能性的悲悯和寻求可能出路的急迫,海德格尔强调了发动思想居所之革命的本质重要性。从存在真理之发生平面出发,晚期海德格尔在其所展示的深度历史之思中,孕育着一条应对全球性虚无主义蔓延的可能道路。从中,我们看到了一种新的可能性的开启。

第三章的中心议题是晚期海德格尔从何种道路而来反对主体性哲学。不同于早期,晚期海德格尔的关键词是从本-有而来。本-有,实际上就是存在真理之发生，就是存有之本质性现身。但是，这个词实际上是不可译的。晚期海德格尔的思想发生了某种意义上的转向，要求从本-有而来更加彻底地、更加源始地追问存有之存在的意义问题。我们要注意这种转向的二重性。一方面，从始终追问存有之存在的意义而言，海德格尔的一生，是不存在转向的。另一方面，这个转向却是存在的，早期海德格尔是从此在之存在出发，容易被误读为一种主体性哲学，为了能够更加彻底地追问存有之意义，就必须有从存有之本质性现身即本-有而来的转向。首先，从立足点的不同来说，转向是存在的，早期海德格尔从此在出发去追问存在的意义，晚期海德格尔从本有而来观入存在着的东西。这是立足点的转移，是转向的表面含义。其次，立足点转移的实现不是一个主体的选择过程，而是从本有而来的需要，必然要求从主体性形而上学返回、转向。这是转向的最根本的含义。简言之，转向的发生，不是人的某种选择，而是存在真理之发生，也就是存有之本质性现身，也就是本-有。当然，这个从本有而来的转向的发生，同样要求历史性存在的人的某种本质性的转变，转入自己从存在本身而来的本质性空间中，守护存在本身，应答存在本身。集-置带来了人类自身毁灭的危险，但是，真正的危险不在于某种核武器技术的破坏性，真正的危险是集-置本身。集-置本身就是作为危险的危险。但这种危险之中同样蕴含着救渡的可能性，一旦集-置转化为救渡，就是世界的发生、存在真理之发生的过程，也就是存有之本现，就是本-有。由此，存有历史性思想，将集-置把握为救渡的同时，也将其把握为本-有。这就要求我们面对技术的全面统治之时能够等待，能够沉思，能够追问。也就是说，保持对物的泰然让之，让物从自身而来在场着、存在，让他人从自身而来在场着、存在，让自身从自身而来在场着、存在。

所以，在海德格尔看来，存在历史就是从本-有而来的历史。一切东西，无论是技术的统治还是人的本质转变，或是对主体性形而上学的分析，都只有在存有之本质现身、存在真理之发生即本-有的基础之上，才算是得到了源始性的思考，才能构成其本质，才能够真正得到奠基。所以，从本真性的实事来思，"本-有"一词是作为为海德格尔思想服务的主导词语来说话，也就是作为为本质性的思之行动服务的主导词语来道说的，因为这种真正的思之行动，是从本-有而来的行动。从本-有而来，这要求实现人的本质性的转变，要求从主体性形而上学返回,从存在者的优先地位向存在的优先地位的回撤。从本-有而来,也要人们等待,在人的本质性转变中等待。

第四章的中心议题是海德格尔的存有历史性思想的理论症结。从本有而来的追问的主要对象乃是主体性哲学及其存在方式。纵观海德格尔的思想,海德格尔在不遗余力地追问存有之存在意义的过程中,主要的质问对象是科学和技术在今天的绝对的统治地位以及它们的存在论性质——主体性哲学。他终生都在质问这种主体性哲学的完全统治,指出当今之思想由于对存在本身的遗忘而导致了人类根基持存性的丧失,带来了人类自身毁灭的危险。他认为,马克思主义是这种主体性哲学的最大代表,是虚无主义的极致。这实际上是一连串的混淆和误读。首先,他混淆了马克思的历史唯物主义和极端主体性的主体性形而上学,把马克思的思想误读为主体性形而上学;其次,他混淆了去存在的感性活动和极端主体性的异化的生产、制造,在否定异化的生产、制造的过程中,将马克思的去存在的感性活动误读为极端主体性的制造和无条件的生产;再次,他混淆了真正的人的优先性与极端主体性的人的优先性,误读了马克思对真正的人的优先性的强调,将马克思主义误读为极端主体性的人道主义;最后,他忽视了人类历史与存在历史的同构性,轻视了现实的存在着的人类历史。

第五章的中心议题是对误读的澄明。马克思所理解的存在就是现实个人的感性活动。因此,对于马克思来说,他所说的存在的优先性实际上包含双重内涵:第一,作为前康德唯物主义之理论前提的物的优先性;第二,在实践唯物主义视域中的感性活动的优先性。海德格尔对马克思的批评在这两个方面都出现了误解:第一,他把马克思哲学中作为感性活动的存在误解为作为物的存在,因此他不断谈论马克思对黑格尔唯心主义哲学的颠倒;第二,在谈到马克思的实践活动的概念时,他把这一概念依然理解为基于旧哲学或主体性哲学视域中的东西,即把马克思所创制的实践概念理解为在主体与客体二元分裂基础上的、由主体而来的对客体的改造活动。海德格尔不了解,马克思同时还把实践名之曰感性活动。之所以如此,恰恰就是为了破除主体性哲学的理论框架,不是在首先预设了一个孤独主体的前提下去谈论主体对客体的改造,而是在源始性的意义上,即在主体与客体发生分化前的源始性的意义上,去把握实践或感性活动的内在规定性。故而马克思也把实践称为感性活动,并把感性活动规定为现实个人的感性对象性活动,即作为现实个人的人所进行的把自身的本质力量对象化为劳动对象,从而创造劳动产品的活动。

马克思哲学并不是主体性哲学的一种,而是对主体性哲学的突破。在对以黑格尔和费尔巴哈为代表的旧哲学进行批判的过程中,马克思获得了他的新哲学的基石——感性对象性活动原则。马克思发现:前理论的、源始性的、作为感性对象性活动的劳动创生社会关系,异化劳动创生异化的社会关系;源始性的感性对象性活动创造源始性的、人与自然统一的、和谐的感性对象性关系,异化劳动创生对立的、人与自然异化的关系;现实个人的感性活动创造历史,其中,历史性存在着的人们的感性对象性活动创造一般的人类历史,异化劳动创生人类异化的历史;真正的共产主义,乃是基于感性对象性活动所生成的人与自然和社会的真正统一的感性对象性关系,乃是真正的人道主义与真正的自然主义的统一,是人与自然、人与人的真正的和谐和统一。

第一章 晚期海德格尔对马克思哲学的主体性性质的指责

　　海德格尔对马克思有过一定程度的推崇。马克思懂得这个时代的异化的现实，在经验异化之际深入到了历史的一个本质性的维度中，经验了这个时代的存在的缺失，实现了对存在的一瞥。但是，马克思却提出了改变世界的任务，试图去突破这种异化的现实。海德格尔认为，改变世界的活动，作为与理论脱离的实践，本身就是行走在形而上学的存在领悟的道路上的，是从既定的形而上学的世界出发的，是一种主体性的活动，也是无法实现对世界的真正改变的。马克思改变世界的观点，缘于黑格尔的思辨的劳动辩证法，仍然立足于一种对于人和世界的形而上学的解释，表现为一种对于人的自身生产和社会的自身生产，实质是要实施一种无条件的制造、创造。所以，马克思有一个关于人的理论想法，把人看作生产性的人，看成理性的劳动的动物。马克思将存在理解为生产过程，理解为一个孤独的主体，站在一个只有人的平面上，将整个世界作为自己征服的对象，作为自己的客体，完全遗忘了存在的平面，仍然是一种极端主体性的人道主义。

第一节　生产性的个人依然是抽象的个人

海德格尔对马克思有过一定程度的推崇。他明白,在存在被深深遗忘的今天,只有马克思哲学懂得这个时代的双重独特的现实。但是,马克思既然明白这个时代的独特的现实,就不应该再提出改变世界的任务。在海德格尔看来,马克思提出改变世界的要求,将之作为突破时代现实的出路,这个努力是不可能实现的。作为对黑格尔的颠倒,马克思的改变世界的要求,处于对这个世界的理论解释的对面。在这里,无论是解释世界还是改变世界,都是与对方极端对立的,处于分离之中。由于对形而上学的任何颠倒都依然行走于形而上学的理论建制之中,不可能跳出形而上学的存在领悟、世界解释,因而不可能真正克服形而上学,克服对存在本身的遗忘。从存在本身而来,不会有解释世界与改变世界的分离。因而无论是黑格尔还是马克思,都是形而上学的。与解释世界相对立的改变世界的实践,本身是带着从来都未经追问的前提性预设的,是从对世界的形而上学的存在领悟即形而上学世界解释出发并以之为当然的理论预设的。

马克思对改变世界的推崇是从一个关于人的形而上学理解出发的,改变世界的人,是形而上学的理性动物的人。从既定的形而上学的存在领悟出发,在这一领悟的基础上,任何改变世界的活动都是主体性的活动,都无法改变形而上学的世界。马克思的人,是生产性的人。

一、马克思有一个关于人的理论想法

当马克思把改变世界作为自己哲学的根本指向时,在海德格尔看来,这一要求和命题内在地包含着对人的先验性预设。只要首先预设了人的先验性存在,这一以改变世界为首要责任的哲学就在存在论基础上分享了一切思辨形而上学的理论根基，从而陷入抽象的人道主义误区。

（一）马克思将改变世界作为突破时代现实的出路

首先，在存在被深深遗忘的今天，马克思懂得这个时代的双重独特的现实。海德格尔批评现今的哲学时指出："现今的'哲学'满足于跟在科学后面亦步亦趋，这种哲学误解了这个时代的两重独特现实：经济发展与这种发展所需要的架构。"① 在海德格尔看来，"经济发展与这种发展所需要的架构"就是这个时代的主要特征。这两重独特的现实与科学的进展有着密切的关系，而现今的"哲学"完全没有自我，只是满足于跟在科学后面亦步亦趋，完全以知性科学的欲望为欲望，失去了对时代独特的现实的切近的把握，即真正哲学的把握。这种在今天占主导地位的所谓"哲学"，已经完全沦为科学的跟班，早已失去了与存在本身的源初关联，失去了哲学之所以为哲学的本质空间。海德格尔在谈到这种"哲学"时，加了引号，意在表明他对这种哲学的不屑和不认同。亦步亦趋地跟在科学之后，为科学摇旗呐喊，这种哲学是不会明白今天这个时代的两重独特的现实的；同样，这种哲学也不会明白经济的发展和这种发展所需要的架构这两重独特的现实与科学之间的共谋关系。也就是说，现今的哲学，不可能把握这两重独特的现实的本质来源，也不可能明白这种独特的现实的持续进展会将人类历史引向何处。

在一棍子打倒所有今天的哲学之后，海德格尔指出，只有马克思主义懂得这双重独特的现实。在海德格尔看来，今天这个时代经济发展至上，而且这个时代的社会结构为经济的发展至上性提供了完全的支持。经济的发展，本来就是人类的生存之本。在人类社会的历史进展之中，经济的发展本身就占据基础性的地位。但是，在任何时候，我们都要明白，经济的发展是为历史性的人的存在本身服务的；经济如何发展，发展什么样的经济，发展何种程度的经济，以何种方式发展经济，所有的这些都完全取决于历史性的存在本身的需要。历史性存在的现实的个人的实际生活，是经济发展服务的对象。

---

① ［法］F. 费迪耶等：《晚期海德格尔的三天讨论班纪要》，丁耘摘译，载《哲学译丛》2001年第3期，第53页。

经济的发展，不过是现实的个人历史性存在中的一个部分，如果这一部分占据了历史性个人的实际生活的全部，如果一个历史性的社会结构仅仅只是为了这种畸形的、至上性的经济发展服务，那么，这就是一个完全遗忘存在的社会，也是一个必然导致自我毁灭的社会。现今的哲学不明白这个时代异化的现实，但是马克思明白这个异化的社会的实质，明白这个时代的两重独特的现实。

这是海德格尔对马克思思想的极大肯定，也在一定程度上把握了马克思思想的实质。在马克思看来，资本主义的经济发展，以追求利润（实质上是剩余价值）为目标，剩余价值至上、利润至上，导致了能够带来利润的经济发展至上性，这种以剩余价值为目标的经济发展，与为人类社会的存在本身服务的经济发展，因为目标不同，所以是必然会发生冲突的。经济危机的频繁发生，就是人类社会历史存在本身对于随时会不断走向对存在本身背离的资本主义经济的强行矫正。马克思的资本批判，以科学的方式论证了这种资本主义经济发展的必然灭亡性，论证了无产阶级革命性本质。我们非常清楚，在马克思的时代，生存的艰难使无产阶级天然具有革命的本质。无产阶级作为那个时代历史性的个人，生存本身就是最大的历史性的存在，他们的实际生活就是历史性的存在本身。时代发展到今天，无产阶级的反抗并没有导致资本主义的完全消亡，这是因为，温饱并不是现实的无产阶级的历史存在本身的全部。随着资本主义经济的发展，环境作为历史性的个人处身于其中的世界，在历史性存在本身的发生中，以基础性的地位呈现自身。由于资本主义经济的畸形发展，环境问题成为这个时代最大的历史性存在本身。资本主义的社会结构以及资本主义的经济发展，是一种必然会带来自我毁灭的发展，马克思称之为"异化"，海德格尔称之为"对存在真理本身的遗忘"。

其次，马克思既然明白这个时代的独特的现实，就不应该再提出改变世界的任务。海德格尔推崇马克思对这个时代的本质特征的界定——资本主义世界是一个异化的世界。在海学成为显学的今天，这种推崇与《关于人道主义的书信》中海德格尔对马克思的一定程度的肯定一样，让太多的马克思主义研究者们倍感欣慰。确实，与对马克思思想的机械唯物主义继承相比，海德格尔对马克思的这种理解和肯定，还是有意义的。虽然不能说是高了一个层次，但至少没有将马克思哲学理解为一切都是质料的旧唯物主义。我们可以说，海德格尔从黑格尔的思辨的劳动辩证法的意义上切近了马克思思想的部分实质。

但是，由于各自的时代背景、各自的哲学前提与各自的目标的不同，海德格尔对马克思的推崇、肯定只是一定程度上的。在海德格尔看来，虽然马克思主义不同于现今的"哲学"，懂得这双重独特的现实，但它在一定意义上仍属于一种占统治地位的当今之思想。因为马克思"还提出了其它的任务：'哲学家们只是以不同的方式解释世界，而问题在于改变世界。'"① 也就是说，在海德格尔看来，在形而上学的存在领悟占据了主导地位的今天，在明白了今天的双重独特的现实的存在论性质之后，就应该明白：这个世界是形而上学的、僵化的世界，对这个世界的领悟、解释是形而上学的，在这个世界中的活动也必然是形而上学的，解释世界与改变世界就具有相同的存在论性质——主体性。在明白了这一点之后，就不应该提出"改变世界"的任务，因为在主体性的范围之内，"改变世界"的活动不会将这个形而上学的世界引向存在本身，不会引向世界的世界化，亦即不会带来对这个形而上学世界的任何改变。

所以，既然马克思明白这种当今之思想对存在的遗忘，既然马克思指出了这个世界的异化，那么马克思就应该明白，这个世界的异化是由于异化的个人的活动产生的。所以，在异化的个人的活动、在异化的生产不断地生成异化的世界的过程之中，再提出通过人们的活动去改变这个世界，就毫无意义了。因为，在海德格尔看来，在异化的生产不断生成异化的世界的过程之中，人们的所有活动都是行走在异化的道路之上，都是异化的、遗忘存在的活动。所以，在海德格尔看来，马克思所谓的改变世界，不过是在形而上学的主体性的世界中的主体性的活动，这种主体性的活动不会带来对主体性的世界的任何改变，只会在程度上加深这个世界的主体性质。

我们知道，改变世界与解释世界的区分，在马克思那里具有极其重要的

---

① ［法］F. 费迪耶等：《晚期海德格尔的三天讨论班纪要》，丁耘摘译，载《哲学译丛》2001 年第 3 期，第 53 页。

意义。这种区分代表了马克思思想与其前人思想的明确区分。在马克思之前，一部分思想家认为这个世界是物质的，物质决定意识；另一部分思想家认为这个世界是意识的，意识决定物质。马克思指出，这个世界是实践的世界，既不单纯是物质的，也不单纯是意识的，而是现实个人的活动所构成的世界。实践，即现实个人的活动，亦即感性活动。它的特征是：现实的人们的活动，首先是从现实个人身处的世界出发的，所以是现实性的、感性的；其次，它是为了在现实世界中去存在而活动的，所以是活动的、去存在的。所以，无论是旧唯物主义还是旧唯心主义，都不会明白现实个人的活动对世界的构造作用。他们无一例外地忙于对这个世界是什么的解释，而在马克思看来，人类历史的形成则是人们感性活动的成果。所以，马克思强调，问题不在于以何种方式来解释这个世界，而是在于这个世界本身是在人们的活动中形成的，也是在人们的活动中改变的，同时也是在人们的活动中发展的。如果这个世界有对存在本身的遗忘、异化，那么这种遗忘问题也必然在人们的存在中、在人们的活动中亦即在人们的实际生活中得到解决，并没有什么神秘的东西。所以，问题不在于如何解释这个世界，问题在于现实性的人们必然在现实性的活动中改变这个世界，形成新的世界。这就是"问题在于改变世界"的实质。这个世界本身就是在现实个人的活动中不断形成和改变的。

有学者已经指出，"哲学家们只是以不同的方式解释世界，而问题在于改变世界"这个观点并非马克思的原创。但是，即使这个观点不是马克思的原创，作为《关于费尔巴哈的提纲》的最后一条，这一思想必然是马克思认同并且坚持的，必然是马克思思想的核心。从这个意义上来说，海德格尔将这一思想作为马克思的代表性思想并进行质疑，并没有搞错靶子。

改变世界的观点在马克思思想中具有核心的地位，它是马克思反对形而上学的直接成果，是历史唯物主义的基石。而海德格尔对马克思的分析也是从这里入手的。可以说，出发点是正确的。只要海德格尔能够呈现马克思的改变世界的活动的极端主体性、形而上学性，那么，推翻马克思的所有结论就轻而易举。问题是，海德格尔是否做到了这一点？如果他正确地呈现了马克思思想的极端主体性、形而上学性，他是如何做到这一点的？如果没有，那么他又在何处误读了马克思？对于海德格尔来说，只要懂得了这个时代的两重独特的现实,就应该知道,这是形而上学历史的最后形态,是存在之天命的最后形态,就不应该再提出"其他的任务",比如"改变世界"的任务,因为任何"改变"都只不过是主体性哲学立场的延伸,依然从属于这个时代的双重独特的现实。

在马克思来说,可以下这样的断语吗?在马克思那里,解释世界与改变世界到底有没有区别?马克思思想与马克思主义有没有区别?海德格尔的对象是谁?这些问题,留待本书的后面章节来处理。我们继续来看海德格尔对马克思的质疑。针对异化的现实,马克思试图对黑格尔的思辨哲学进行颠倒,从绝对知识的自我旋转转向现实的个人的实践活动,从对世界的理论解释转向与理论解释相对立的改造世界的活动,从自我意识的人转向实践改造的人。但是,对形而上学的任何颠倒,都不可能突破主体性哲学的基本建制,反而必然从这种形而上学的存在领悟出发,虽然人们可能从来没有追问这种必然的形而上学的理论预设的存在。马克思用改变世界来颠倒对世界的理论解释,在海德格尔看来不过是从存在论上更加源始的形而上学的存在领悟、世界解释出发的。

(二) 马克思对改变世界的推崇是从一个形而上学理解出发的

在批评马克思不应该提出"改变世界的任务"之后,海德格尔分析道:"〔让我们〕来考察以下这个论题:解释世界与改变世界之间是否存在着真正的对立?难道对世界每一个解释不都已经是对世界的改变了吗?对世界的每一个解释不都预设了:解释是一种真正的思之事业吗?另一方面,对世界的每一个改变不都把一种理论前见(Vor-blick)预设为工具吗?"①

面对这个时代的两重独特的现实及这种现实中日益明显的困境,海德格尔认为,马克思的改变世界的道路并不能构成有力的突破时代困境的方式。这是因为,在海德格尔看来,解释世界与改变世界之间没有真正的对立。海德格尔的四个设问都在强调这一点,都在强调马克思的改变世界的观点并不

---

① [法] F. 费迪耶等:《晚期海德格尔的三天讨论班纪要》,丁耘摘译,载《哲学译丛》2001年第3期,第53页。

能带来世界的真正改变。而且,在海德格尔看来,解释世界作为存在领悟反而更加源始,只有从本有而来的历史性启思才有可能实现世界的真正改变。所以,在解释世界和改变世界之间,海德格尔反而更加推崇解释世界作为真正的思之事业、思之行动所带来的世界的改变。在真正的思之行动中,并不存在解释世界与改变世界的区分,解释世界就是改变世界,每一种从存在本身而来的新的存在领悟、解释都必然带来世界的改变。所以,面对时代困境,海德格尔更加推崇思和诗。因为,在这个时代里,只有思和诗才能更加严格地切近存在之真理。

相反,人们执意地去进行的改变世界的活动,实际上在活动之初就将从事活动的人变成了主体,将事物变成主体的对象、客体,世界本身由此变成了图像。这种改变世界的活动,是一种当今占统治地位的存在方式,一种主体性形而上学的存在方式。在这种存在方式中,有一个预先的关于人是什么的理论预设:人是一种主体性的人。这种主体性的人,行走在主体性形而上学的轨道之上。

我们来简单分析一下他的四个设问。对于第一个设问,解释世界与改变世界之间是否存在着真正的对立?海德格尔认为,无论是在海德格尔的存在历史之思的意义上,还是在理论与世界的分离、狭隘联系的意义上,解释世界与改变世界之间都不存在真正的对立。对于第二个设问,对世界的每一个解释都已经是对世界的改变了吗?在存在历史之思的意义上,确实如此。因为在那里,解释世界与改变世界以及世界的发生,是同一回事、同一个行动,是真正的思之行动。相反,在形而上学的存在领悟的基础之上,解释世界和改变世界,都是在遗忘存在本身基础之上的人的行为;同时,世界也只是一个硬化、无根的形而上学的世界。在形而上学的轨道之上改变世界,物的消灭过程依然在持续,形而上学的世界根本不会发生任何变化,不会带来物的物化、世界的世界化,也不会带来任何对存在本身的切近。所以,在形而上学的道路上,对世界的理论解释与对世界的主体性的改变之间,也不存在真正的对立。所以,无论是在存有历史性思想的道路上,还是在主体性形而上学的道路上,解释世界与改变世界之间都不存在真正的对立。第三个设问,对世界的每一个解释不都预设了:解释是一种真正的思之事业吗?在存有历史性思想的意义上，确实如此，历史性此-在的本质性启-思，乃是从本有而来的真正的历史性行动。实际上，在这里，海德格尔是毫无愧疚地将"解释"沉思为一种真正的思之行动了，一种理论与实践分离之前的行动、思、存在本身。所以，他完全不管在马克思那里"解释"与"理论"的等同性。不同于在马克思那里所批评的思辨性的"解释"，海德格尔在这里直接从存在本身而来理解"解释""世界"了，这种"解释"确实是一种真正的思之事业。与此相反，马克思所批评的思辨性的"解释"，乃是一种处于无思状态的形而上学的解释、与实践相分离的理论。形而上学的存在解释是先行出现的，取代了存在之思成为"哲学家们"的事业。最后一个设问，对世界的每一个改变不都把一种理论前见预设为工具吗？在第一种意义上，存在领悟、理论前见都是先行的；同样，在第二种意义上，对世界的任何改变都把形而上学的存在领悟预设为工具。总之，历史性此在对存在的某种领悟总是先行地构成一种理论前见，比如形而上学的存在解释先于对世界的改变而早已成了理论预设。

也就是说，在海德格尔这里，解释世界和改变世界，并没有根本的区别，并不是对立的。这两者是同构的！在海德格尔看来，对世界的每一个解释都已经是对世界的改变了！这里关键在于对"世界"的理解。什么是海德格尔意义上的世界呢？世界并不是一个容器，在海德格尔的意义上，世界之为世界，与历史性此在的存在、历史性此在的存在领悟、历史性此在对存在的遮蔽着的解蔽，是一回事情。基于历史性此在的存在领悟，历史性此在对存在的解释本身，构形了世界。因此，对世界的每一个新的解释，都已经是对世界的改变了。同样，由于形而上学过早地霸占了、扭曲了对人与存在之间关联的解释，所以这个解释本身就构成了我们的世界。也就是说，形而上学的存在领悟，在一开始就以这种对存在的形而上学解释构成了形而上学的世界并同时构成了欧洲人乃至今天全球的天命。所以，这解释本身不变，世界就不会改变，只有改变这种形而上学的世界解释，才能改变这种形而上学的世界，重建人与存在的源初关联，才能真正地改变世界。

在海德格尔这里，解释作为存在领悟，是源初性的，是真正的思之行动，并不是那种形而上学的理论解释，前者与后者相去甚远。在海德格尔这里，解释是一种存在领悟，是此在的存在，是源始的。此在的存在就是对存在的理解，就是对存在的解释、领悟。而理论的解释则是后来的事情，是范畴论的事情。因此，对海德格尔来说，解释是真正的思之事业。作为历史性此在的人类的每一种创造性活动，都可能开启出新的世界，都是对存在的新的解蔽，即对存在的新的领悟与解释，都应合于存在的自行呈现与自行遮蔽，因此，解释是一种真正的思的事业、真正的思之行动。存在之思，就在于应合存在真理之发生，守护存在真理之发生，从而因领悟存在、解释存在而存在。

海德格尔认为，应当区分世界的改变与改变世界的活动，前者更源始。不仅世界的改变与解释世界具有同一性，而且主体性的改变世界的活动，在存在论性质上，也与理论性的解释世界完全同构。

世界就是由解释构成的世界，要真正地改变世界，就要有新的存在领悟的发生、新的解释的发生。这是同一个存在之发生的过程。海德格尔认为，解释世界作为一种源始性的存在领悟，每一种新的世界解释都是对世界的改变。不过，这种对世界的改变完全不同于那种在存在领悟发生之后所进行的改变世界的活动。

与这种对世界的改变不同，改变世界如果是一种主体性的活动，那么这种活动是在存在领悟发生之后发生的，是从某种既定的世界解释出发的，不具有源始性。但与从之出发的存在领悟相比较，这仍然是同构的。有什么样的存在领悟，就有什么样的改变世界的活动。人们主动性地对世界的每一个改变，在海德格尔看来，都是把一种理论前见（Vor-blick）、一种预先已经发生的存在领悟，预设为工具！人们对世界的所有这种改变，都是立足于我们对存在的某种存在领悟的改变，即都是从我们对世界的解释出发的。

既然马克思的改变世界的要求是从形而上学的存在领悟出发的，那么，关于人的本质的理解也必然是从形而上学的存在领悟、世界解释出发的。马克思有一个关于人的形而上学式的理论想法。这是一个什么样的理论想法呢？

（三）马克思的改变世界的人是形而上学的理性动物的人

从形而上学的存在领悟出发，从对存在本身的遗忘出发，马克思对人的理解脱离不了形而上学性。马克思所理解的人，是无条件地进行自身生产和社会自身的生产性的人,是无条件地生产、计算、设定、安排自然的人。这种人,将自己看成主体,将世界变为客体和图像,是一种主体性的理性生产的动物性的人。

在马克思那里,改变世界,就是在生产关系中的改变以及生产中的改变。而这种生产中的改变,由于理论与实践的同构性,在改造世界之前,已经有了一个理论预设:生产,就是对人的生产,就是对人通过他自身而进行的生产。

海德格尔指出:"那么,在马克思那里谈到的是哪样一种改变世界呢?是生产关系中的改变。生产在哪里具有其地位呢?在实践中。实践是通过什么被规定的呢?通过某种理论,这种理论将生产的概念塑造为对人的(通过他自身的)生产。因此马克思具有一个关于人的理论想法,一个相当确切的想法,这个想法作为基础包含在黑格尔哲学之中。"①

我们要知道,无论是前面对解释世界与改变世界的分析,还是这里对马克思的改变世界向存在领悟、解释的回溯,海德格尔都是从他自己的存在之思维标准来框架甚至误读马克思的。比如前面,他将在马克思那里意指理论的解释直接解读为在存在之思中的源始性的存在领悟,将马克思的改变世界的活动直接解读为主体性的人所从事的脱离存在本身的活动。这样一来,他就不是在马克思的语境中来解读马克思,这就造成了对马克思的误读。在这里,他同样也直接脱离了马克思的语境,将马克思那里全面的、本质性存在的人的感性活动窄化为生产中的改变,又继续窄化为生产关系中的改变,继而遵从存在思维片面地从这种已被窄化的生产实践回溯到理论和存在领悟,完全忘记了存在本身就是一种活动,完全忘记了从存在本身而来的行动的源始性。所以,海德格尔只是片面地从存在领悟的源始性出发,从解释世界的源始性出发,来解读马克思、误读马克思。"我对马克思的解释,海德格尔说道,并非政治的。这个解释向着存在而思,向着存在送出自己的方式而

---

① [法] F. 费迪耶等:《晚期海德格尔的三天讨论班纪要》,丁耘摘译,载《哲学译丛》2001年第3期,第53页。

思。"① 我们完全可以理解他从存有历史性的思想出发来解读马克思,但是我们不能接受他的解读脱离马克思自身的语境。

总之,既然马克思主义与现今的哲学不同,懂得这个时代的两重独特现实(经济发展与这种发展所需要的架构),既然马克思主义比其他的"哲学"更懂得这个时代的异化,那么,马克思主义就应该明白,克服异化的道路只有一条,即追问这种异化的现实之所以可能的存在领悟和世界解释的无根性,追问一种新的存在领悟得以发生的可能性,而不是在既定的、谬误已久的、占主导地位的形而上学的存在领悟的路线上去要求克服异化。如果改变世界的行动本身仍然立足于形而上学的存在领悟、解释,那么,改变世界的行动就注定徒劳无功。对世界的任何"改变""实践"的要求,都有一个对物的表象为理论前见、预设,都以形而上学的存在领悟为基础。于是,形而上学的理论解释与"实践"取代了"思",成了"哲学家"们的主要工作。改变世界的人,也就成了无条件地进行自身生产和社会的自身生产性的人,一种理性动物的人。

既然人是无条件地进行自身生产和社会的自身生产性的人,那么,马克思的世界是一个什么样的世界?马克思所理解的存在是什么?

二、马克思所理解的存在就是生产过程

从形而上学的存在领悟出发,从形而上学的对人的本质的理论预设出发,从那种极端主体性的生产性的人出发,马克思将世界理解为一种主体无条件的创造、生产自身和创造、生产社会的过程,理解为一种只从人的需要和要求出发的无条件的征服、安排和制造自然的过程。存在就是无条件的制造、生产过程,这是马克思的存在理解。

(一) 马克思的人是生产性的人

海德格尔指认马克思的改变世界的人,是一种极端主体性的人,一种理

---

① [法] F. 费迪耶等:《晚期海德格尔的三天讨论班纪要》,丁耘摘译,载《哲学译丛》2001年第3期,第59页。

性动物的人。这种无条件地生产自身和社会的人，从黑格尔的劳动辩证法而来，是对黑格尔的直接继承。马克思的唯物主义的实质不在于一切都是质料，而在于这种从黑格尔而来的劳动的形而上学规定。海德格尔完全忘记了现实的个人的感性对象性活动从存在本身而来的源始性，完全忘记了马克思建基于这种源始的感性对象性活动的唯物主义对所有旧哲学的突破，仅仅将马克思的唯物主义当作可有可无的修饰的花边，修饰极端主体性的劳动形而上学的花边。显然，海德格尔对马克思进行了唯心主义的理解，不了解源始性的唯物主义、建基于源始性感性对象性活动基础之上的唯物主义才是马克思的实质。今天，这种对马克思的唯心主义实践主体性的误读依然还在发生，很多时候甚至占据了主导的地位。

在片面地将马克思的改变世界的、具有本质丰富性的感性活动窄化为一种主体性的存在方式之后，海德格尔认为，马克思同样是从形而上学的存在领悟出发，认为马克思有一个关于人的理论想法，认为马克思的改变世界的人是基于形而上学基础的人——理性动物的人。海德格尔说："按照马克思，人，每一个人（他自身就是他自己的根本），正是这种生产以及隶属于生产的消费的人。这就是我们现时代的人。"① 马克思的人，生产的人，劳动的人，仍然是主体性的人、理性动物的人。可以看出，他把马克思的具有本质丰富性的感性活动的人直接解读为生产性的人，由此片面地理解了马克思。

在他看来，在马克思那里，现实的从事活动的个人就是生产性的人，亦即主体性的人。这是马克思对于人的理论想法。也就是说，在马克思对改变世界的执着中，蕴含着一个关于人的理论想法：人是生产性的人，不断自身生产的人，无条件的自我制造的人。在这种关于人的理解中，实际上有一种关于人的主体性的理论预设：人是主体性的人，是主体。与这种主体性的人相适应，物化着的物就变成了客体；世界由此成为图像。马克思的生产是从对人的先验预设出发的，是基于人与劳动对象的对立又统一的关系，所以马克思的生产是人对物的征服与改造。这样的理论结构是海德格尔不赞同的。

---

① ［法］F. 费迪耶等：《晚期海德格尔的三天讨论班纪要》，丁耘摘译，载《哲学译丛》2001年第3期，第57页。

因为在海德格尔看来,这里所出现的正是"识-在"结构,而不是"此-在"结构。但本书的看法却与此不同。本书最后一章将会强调马克思的感性对象性活动原则,就是因为马克思对生产的规定已经是在"此-在"结构基础上发生的了。在感性活动中,劳动者与劳动对象的关系不再是两个分离了的东西之间的对立统一,因而不再是劳动者征服外在于它之外的一个东西的活动,而是"此-在"结构意义上的对象化过程、对象化活动。

在片面地识认马克思思想的形而上学性之后,海德格尔论述了从本有而来的、经历了本质性转变的人与理性动物的人的区别:"然而,在存在之空明中被理解为此-在、理解为出-离渴求的人与马克思的命题陈述正相对立。"①"但是,人之本质在于:只消人被表象为理性的生物,人就比这个单纯的人更多些……这个'更多些'意味着:更源始些因而在本质上更本质性些。但在这里显示出这样一个谜团:人在被抛状态(Geworfenheit)中存在。这就是说,作为存在的绽出地生存着的反抛(Gegenwurf),人比 animal rationale [理性的动物] 更多些,因为他恰恰比那个从主体性来理解自身的人更少些。人不是存在者的主人。人是存在的看护者。在这种'更少些'中,人并没有什么亏损,而倒是有所收获,因为人进入存在之真理中了。他获得了看护者的根本赤贫。"② 从存在本身而来的此-在,从自身而来在场着,身处存在真理之发生的本质性的丰富空间中,因而比那种理性动物的人"更多些",理性动物的人,无条件地进行自身生产和社会的自身生产的人,丢失了那种从存在本身而来的进入了自己的本质性空间的人的原始的质朴性和丰富性;同时,从存在本身而来的经历了本质性转变的历史性存在着的人,由于不再执意去占有自然,不再极端主体性地将自然占为己有,不再让自然从自身而来存在着,因而就获得了某种从存在本身而来的赤贫,这就比理性动物的人"更少些"。

在判定马克思的人仍然是活动于"识-在"的结构之中的主体性的人之后,在判定马克思的人仍然是理性动物的人之后,海德格尔继续指出,马克

---

① [法] F. 费迪耶等:《晚期海德格尔的三天讨论班纪要》,丁耘摘译,载《哲学译丛》2001年第3期,第57页。
② [德] 海德格尔:《路标》,孙周兴译,商务印书馆2001年版,第403页。

思关于人的这一理论想法,来自对黑格尔哲学的颠倒,同样是以黑格尔的"精神的劳作的人""不断对象化及扬弃对象化和对象的绝对精神"的思辨哲学为理论基础的。虽然马克思的思想是唯物主义的,是区别于黑格尔的,但是,与这种表面的区别相反,在理论基底上两者是没有根本性的区别的。马克思的唯物主义不同于其他唯物主义的关键,就在于马克思的唯物主义是以思辨哲学的否定辩证法、劳动辩证法为核心的。"马克思以他的方式颠倒了黑格尔的观念论,这样他就要求给予存在先于意识的优先地位。"① 海德格尔认为,马克思虽然试图用存在的优先性取代意识的优先性,但由于将存在理解为生产过程,理解为人自身的生产和社会自身的生产,所以马克思对存在的理解仍然奠基于形而上学的传统。这是因为:"唯物主义的本质并不在于它主张一切都只是质料,而倒是在于一种形而上学的规定,按照这种规定,一切存在者都表现为劳动的材料。在黑格尔的《精神现象学》中,劳动的现代形而上学的本质已经得到先行思考,被思为无条件的制造(Herstellung)的自行设置起来的过程,这就是被经验为主体性的人对现实事物的对象化的过程。唯物主义的本质隐蔽于技术的本质中。"② 海德格尔将马克思与黑格尔等同起来,将黑格尔的思辨辩证法的缺憾完全看作马克思的错误。"综观整个哲学史,柏拉图的思想以有所变化的形态始终起着决定性的作用。形而上学就是柏拉图主义。尼采把他自己的哲学标示为颠倒了的柏拉图主义。随着这一已经由卡尔·马克思完成了的对形而上学的颠倒,哲学达到了最极端的可能性。哲学进入其终结阶段了。"③ 在黑格尔的极端主体性的劳动辩证法意义上,他以黑格尔唯心主义的无条件的制造的主体性为批判对象,将马克思归入其中。他将马克思的现实个人在现实条件下的现实的存在本身歪曲为不顾一切的制造和生产过程。所以,海德格尔完全不在意马克思的唯物主义基础,直接将黑格尔与马克思等同起来。黑格尔的劳动辩证法当然是主体性的

---

① [法] F. 费迪耶等:《晚期海德格尔的三天讨论班纪要》,丁耘摘译,载《哲学译丛》2001年第3期,第53页。
② [德] 海德格尔:《路标》,孙周兴译,商务印书馆2001年版,第401页。
③ [德] 海德格尔:《哲学的终结和思的任务》,引自《海德格尔选集》,孙周兴选编,上海三联书店1996年版,第1244页。

极致，但是，马克思对黑格尔的继承并非直接照搬。因此，撇开马克思的唯物主义来谈否定辩证法、对象化，显然是在片面化马克思。马克思的唯物主义的实质虽然不在于一切都是质料的主张，但是马克思的思想仍然是唯物主义的，唯物主义并不是否定辩证法的可有可无的修饰性花边，而是马克思与黑格尔思想区分的实质之所在。作为唯物主义，马克思强调从事活动的个人一定是现实的个人，而非脱离存在着的东西的极端主体性的人。这也是马克思的思想之所以为唯物主义的根本所在。海德格尔直接在黑格尔的意义上来理解马克思，必定要把马克思的感性活动的人理解为唯心主义的脱离人们的实际生活过程的主体性的活动的人——理性动物的人，而不是从存在本身出发的实际生活、存在的人。

海德格尔的下面一个观点，更加能够呈现他对马克思理解的实质。在《关于人道主义的书信》中，他指出："因为马克思在经验异化之际深入到历史的一个本质性维度中，所以，马克思主义的历史观就比其他历史学优越。但由于无论胡塞尔还是萨特尔——至少就我目前看来——都没有认识到在存在中的历史性因素的本质性，故无论是现象学还是实存主义，都没有达到有可能与马克思主义进行一种创造性对话的那个维度。当然，对于这样一种对话来说也必需的是，人们要摆脱那些关于唯物主义的素朴观念以及那些以唯物主义为目标的廉价反驳。"① 他认为，无论是现象学还是实存主义，都没有达到有可能与马克思主义进行一种创造性对话的那个维度，因为这样一种创造性的对话之得以可能发生，有一个必需的条件，就是要正确地理解马克思的唯物主义，即要在黑格尔的否定性辩证法的意义上来理解马克思的思想，而不是在一切都是质料的主张上来理解马克思。也就是说，不同于那些从低于马克思水平而来的批评和坚持，海德格尔强调，唯物主义的本质不在于一切都是物质的，而在于一种形而上学的规定，这种形而上学的规定在黑格尔那里表现为无条件的制造、对象化的过程，而在马克思这里表现为劳动、生产。他认为，只有在这个意义上来把握马克思主义，才能真正切近马克思的思想，也才能与马克思主义进行创造性的对话。我们也当然知道，他只是从

---

① [德]海德格尔：《路标》，孙周兴译，商务印书馆2001年版，第401页。

一个片面的、脱离现实的、唯心主义的、极端主体性的"实践"的方面来把握马克思，虽然他认为他正确地把握了马克思。在某种意义上，海德格尔把握到了马克思思想的部分实质性的东西，不过，这种把握还远远不够。

既然海德格尔将马克思把握为极端主体性的唯心主义的劳动形而上学，完全忽略了马克思所完成的那种回撤、跳出，那种从黑格尔的思辨辩证法向源始性感性对象性活动着的人的存在本身的返回，那么，海德格尔就继续在极端主体性的意义上来批判马克思，指出马克思把极端主体性的人的形而上学的存在直接等同于事情的根本、存在本身，是一种非法的跳跃，不具有合法性。

（二）人的根本与事情的根本

从存在本身而来，事情的根本必然就是存在本身。相反，从遗忘存在本身的形而上学的存在领悟出发，从对人的极端主体性的存在理解出发，必然将事情的根本与人的根本等同起来，用人的根本取代并取消事情的根本、存在的根本。直接用人的根本取代事情的根本，这是非法的。

人是生产性的人，是理性动物的人，所以，马克思所理解的存在就是生产性的人的生产过程。"对于马克思来说，存在就是生产过程。"① 也就是说，在马克思那里，同在黑格尔那里一样，存在就是生产过程，就是对象性劳动。在马克思那里，改变世界的实践就是个人和社会的自身生产。

马克思将存在、事情本身（die Sache）理解为人的根本、人自身的生产。"全部马克思主义都以这个论题为依据。马克思主义把生产设想为：社会之社会性生产（gsellshaftliche Produktion der Gesell-shaft）——社会生产其自身——与人作为社会存在体（soziales Wesen）的自身生产。"②

海德格尔以《黑格尔法哲学批判》中青年马克思的观点为代表来说明马克思的存在理解：马克思所理解的存在就是生产过程。"所谓彻底就是抓住

---

① ［法］F. 费迪耶等：《晚期海德格尔的三天讨论班纪要》，丁耘摘译，载《哲学译丛》2001 年第 3 期，第 53 页。

② ［法］F. 费迪耶等：《晚期海德格尔的三天讨论班纪要》，丁耘摘译，载《哲学译丛》2001 年第 3 期，第 57 页。

事情的根本。而人的根本就是人本身。"① 实际上，青年马克思是在强调，革命的实践要想获得成功，批判的武器即革命的理论就必须是彻底的。何谓彻底的理论？就是抓住事物根本的理论。什么是事物的根本？在马克思看来，人们实际的生活过程就是事物的根本，脱离了人的实际生活过程、人的世界的未知的东西、事物，可以说就是无。所以，在马克思那里，事物的根本理所当然地就是人，就是人们的实际生活过程，就是人的生活和人的存在。抓住事物的根本，就是抓住人们实际生活过程中的问题和矛盾，也就是抓住人的根本、人的存在。

但是，海德格尔却有不同的理解。在他看来，马克思在这里有一个惊人的跳跃，而这个跳跃的发生导致马克思忽视了一个至关重要的中间环节，一个至关重要的中间思想，被忽视掉的这些东西却是全部问题之所在。在事情的根本与人的根本之间，马克思直接从前者跳到了后者，直接将第一思想的事情的根本与第二思想的人的根本等同了起来，也就是有了在马克思那里的第三思想：事情的根本就是人的根本，或者反过来，人的根本就是事情的根本。海德格尔在这里又夸张地指出："这个思想就是，人就是那个所关涉到的事情。对于马克思来说，一开始就确定的是，人，并且只有人（而并无别的）才是那个事情。"② 从存在之思的解读来说，用人的根本而且只有人，直接去代替事情的根本，海德格尔认为这是非法的。所以，马克思的这个命题，只能是一个形而上学的命题，只能通过追溯形而上学的历史来把握在马克思这里的跳跃的发生。我们当然知道，脱离一切现实存在的人、忘记或者忽视与存在着的东西既定关联的人，并非马克思意义上的人。但是，海德格尔恰恰是将这种无视与存在着的东西关联的人，只有主体性而没有存在性的纯粹的生产性的人，指认为马克思意义上的人。由此一来，马克思就将事情的根本亦即存在本身直接界定为人的根本，而且只有人，并无别的。于是在"人是人的最高本质"的学说中，存在本身对于人来说就不再存在："作为存在

---

① ［法］F. 费迪耶等：《晚期海德格尔的三天讨论班纪要》，丁耘摘译，载《哲学译丛》2001年第3期，第59页。

② ［法］F. 费迪耶等：《晚期海德格尔的三天讨论班纪要》，丁耘摘译，载《哲学译丛》2001年第3期，第59页。

的存在对于人不（nihil）再存在。"① 所以，从存有历史性的思想出发，从这个观点和角度来看，他说："马克思达到了虚无主义的极至。"②

经历了本质性转变的人之启-思，在其新的居所中，从一开始就放弃了意识的优先性及其后果——人的优先性。所以，在《存在与时间》里是没有意识的，因为马克思的思想同样强有力地论证了意识对现实个人的存在活动的依赖性，在某种意义上来说，马克思的思想中也是没有意识的。所以，一代又一代马克思主义者们，比如马尔库塞，都曾经努力在马克思的思想中读出某种海德格尔式的东西。海德格尔对此很不以为然。他完全不同意这种做法。

在他看来，马克思虽然像费尔巴哈一样，对黑格尔的命题进行了颠倒，但是，任何对形而上学的颠倒，都必定会依然行走在形而上学的轨道之上；只有从本身出发，从形而上学回撤，跳出形而上学，才有可能真正克服形而上学。而马克思所做的工作，他认为，仅仅是颠倒而已。我们当然知道，马克思所做的工作不仅仅是颠倒，反倒是跳出和回撤。但是，在海德格尔看来，在黑格尔那里，事情的根本乃是出于其辩证生成中的绝对知识；通过把"人"而非"绝对"做成知识的事情，费尔巴哈颠倒了黑格尔；而马克思则直接承继费尔巴哈，在与费尔巴哈式批判的意义完全一样的前提下，马克思坚守"人是人的最高本质"的学说。我们同样也明白，青年马克思借用了费尔巴哈的术语，实际是在阐明与费尔巴哈存在根本界限的思想。但在这里，海德格尔只抓住了费尔巴哈的术语，脱离了马克思的语境，脱离了成熟马克思的思想进展，片面解读马克思。

从"人是人的最高本质"出发，马克思就站在了一个只有人的平面上，作为存在的存在对于马克思的人来说，就不再存在了，就被遗忘了。所以，从存在之思的角度来说，事情的根本就是人的根本，这个命题不是一个政治命题，而是一个形而上学命题，一个遗忘存在本身的形而上学命题。

也就是说，只要马克思主义把存在设想为通过自身并且为自身而进行的

---

① ［法］F.费迪耶等：《晚期海德格尔的三天讨论班纪要》，丁耘摘译，载《哲学译丛》2001年第3期，第59页。

② ［法］F.费迪耶等：《晚期海德格尔的三天讨论班纪要》，丁耘摘译，载《哲学译丛》2001年第3期，第59页。

生产的历史过程，那么，在海德格尔看来，马克思主义就和黑格尔一样，是一种从主体性出发的主体性的哲学，归属于从"我思"出发的西方传统哲学。他说："既然马克思主义这么想，它就正是当今之思想，在当今进行统治的就是人的自身生产与社会的自身生产。"① 也就是说，马克思主义被当成了当今之思想最极端的代表，代表了在当今进行统治的生产及其意识形态。这种当今之思想，用人的根本取消了存在的根本、事情的根本，站在了一个只有人的平面上。

（三）用人的平面取消了存在的平面

海德格尔指责马克思用人的根本取代了事情的根本，站在了一个只有人的平面上，而不是站在一个主要有存在的平面上，这是对存在本身最极致的遗忘。马克思由此成了主体性哲学的极致完成。在颠倒黑格尔的时候，马克思试图用存在的优先性来取代意识的优先性，但是，由于马克思将存在理解为无条件的生产过程，将人理解为无条件地改造和征服自然的极端主体性的理性动物、存在者，所以马克思是从那种形而上学的存在理解出发的，是从那种将人和自然都把握为存在者的形而上学出发的。马克思仍然用人这个存在者取消了存在的平面。

在这里，与在《关于人本主义的信》中一样，海德格尔谈到了萨特的命题：确切地说，我们存在于一个其上只有人的平面。海德格尔认为这是一个典型的遗忘存在的主体性哲学的命题。与这一命题相对应，从《存在与时间》以来的存有历史性的思想所思考的是：我们存在于一个其上主要（principalement）有（ilya）存在（l'Etre）的平面。在海德格尔看来，马克思仍然立足于一个只有人的平面，这是由于他对存在的理解和对人的理解导致的。

马克思虽然试图用存在的优先性取代意识的优先性，但他无法完成这一努力，因此，马克思主义仍然是一种人道主义。"马克思以他的方式颠倒了黑格尔的观念论，这样他就要求给予存在先于意识的优先地位……对于马克

---

① [法] F. 费迪耶等：《晚期海德格尔的三天讨论班纪要》，丁耘摘译，载《哲学译丛》2001年第3期，第57页。

思来说，存在就是生产过程。这个想法是马克思从形而上学那里，从黑格尔的把生命解释为过程那里接受来的。生产之实践性概念只能立足在一种源于形而上学的存在概念上。"① 海德格尔认为，马克思的这种理解来源于黑格尔的把生命解释为过程（对象化的过程，精神的劳作过程）的思想，而生命的任何一次有目的的对象化，对对象的任何一个"改变""实践"的要求，都将物——由自身而来的在场者——预设为对象，从而都以对对象的先行的表象为指针，都立足于一种先行的形而上学的存在领悟。因此，马克思的努力不可能成功，马克思的存在即生产之实践性概念，仍然只能立足于"形而上学的存在概念"上，即仍然立足于形而上学的存在领悟上。马克思将存在理解为生产过程，就决定了他的存在理解是一种传统形而上学式的理解。

虽然马克思对柏拉图以来的形而上学进行了有决定意义的批判，不再将世界存在的根据理解为理念、绝对精神，坚持用生产之实践性概念取代意识，给予了旧唯物主义和旧唯心主义以致命打击，但是，马克思对实践的强调仍然不脱离柏拉图、黑格尔传统，两种极端对立的思想实质上有相同的理论基础！

只要马克思主义仅站在一个只有人的平面上，"我愿断言，或毋宁说我想揣测……人的自身生产带来了自身毁灭的危险"②。因为"任何一种形而上学，无论它是唯心主义的，还是唯物主义的……都不可能通过思考达到现在在存在的某种充实意义上存在的东西，并且把这种东西聚集起来"③。什么是"现在在存在的某种充实意义上存在的东西"？那就是虚无主义的蔓延："现在什么存在——在现在这个求意志的意志的时代里？现在有的是无限制的荒芜（Verwahrlosung），严格地在存在历史上来思这个词：无真实的（wahr-los）；相反：命运性的（geschicklich）。"④ 任何一种形而上学，不管是唯物主义还是唯心主义，都不可能通过思考而通达在存在的某种充实的意义上存在的东

---

① ［法］F.费迪耶等：《晚期海德格尔的三天讨论班纪要》，丁耘摘译，载《哲学译丛》2001年第3期，第53页。
② ［法］F.费迪耶等：《晚期海德格尔的三天讨论班纪要》，丁耘摘译，载《哲学译丛》2001年第3期，第57页。
③ ［德］海德格尔：《路标》，孙周兴译，商务印书馆2001年版，第402页。
④ ［德］海德格尔：《路标》，孙周兴译，商务印书馆2001年版，第402页，作者边注。

西，不可能经验到在这个求意志的意志的时代里到处充斥着的无限制的荒芜，不可能经验到这种在存在历史上命运般的虚无主义的蔓延。这就是海德格尔所指称的时代问题：在资本主义方式下，以利润为目标的生产，利润的实现是唯一目的，而生产、对生产的强调已经成为时代的占统治地位的状况和意识形态，而这种生产和对生产的推崇一起，都不过是资本实现其目的的工具，随之而来的却是"人的自身生产带来了自身毁灭的危险"。

总之，海德格尔在极端主体性的意义上来把握马克思哲学，指认马克思哲学站立在一个只有人的平面上。由此，海德格尔继续指认马克思哲学为一种当今之思想，继续指认马克思哲学为一种极致的人道主义的完成。

第二节　马克思主义仍然是一种人道主义

在马克思那里，人是形而上学的极端主体性的存在者，与那种经历了本质性转变的、进入了自身的从存在本身而来的本质性空间的"此-在"之"出-离"性的人相对应；世界就是那种极端主体性的人所从事的无条件的人自身的生产和社会自身的生产过程；事情的根本或者说存在本身，就是人自身的生产和社会自身的生产。马克思用人的根本取代了事情的根本或者存在本身，这是一种非法的跳跃。用生产过程取代了存在本身，必然意味着马克思用人的平面取消了存在的平面。生产性的个人作为抽象的个人，生产作为无条件的制造，他们取代了存在本身的优先地位。所以，马克思主义哲学依然是一种主体性的形而上学。

马克思从存在者相对于存在的优先地位出发，从极端主体性的人这个存在者出发，在追问异化的过道上瞥了一眼存在本身，又回到了极端主义性的人这个存在者。马克思仍然用人这个存在者取消了存在的平面。马克思哲学仍然是一种人道主义。

一、改造世界与解释世界具有相同的存在论性质

在三天讨论班中,海德格尔立足于存在历史之思,呈现了不同于传统的世界概念,说明了世界与历史性此在的存在领悟、理解、解释的共属一体性,强调了解释世界的先行性、奠基性,并同时强调了其与改变世界的同构性、不可分离性。在此基础之上,海德格尔分析了立足于形而上学存在领悟基础之上的理论与实践的分离、理论与实践的狭隘联系及它们相同的存在论性质,强调马克思主义所要求的改变世界的思想与黑格尔思辨哲学一样,也是一种以形而上学的存在理解为基础的主体性哲学,并且认为这种对实践的强调不过是这种主体性哲学、虚无主义、人道主义的极致完成。

(一) 源初的理论——逗留盘桓在对存在的关照之中

在存在历史之思的基础上,海德格尔呈现了世界、解释世界与世界的改变的共属一体性。在这里,解释世界与世界的改变是一体的,从存在本身而来的理论或者说存在领悟本身,就是最高的实践,两者不可分离。理论与实践的分离,以及两者内涵的转移,是后来发生的事情。古希腊哲学中是没有理论与实践的分离的:"理论就是古希腊语的 theoria。Theoria 指逗留盘桓在对存在的关照之中。在《尼克马可伦理学》(X,第5页到第6页)中,理论是人类活动的最高形式;由此它也是最高的人类实践。"① 理论作为最高的人类实践之一种,与实践根本没有分离,是逗留盘桓在存在那里的,澄明着人与存在的息息相关,敞开着与存在息息相关的"人性""人道"的维度。这是在人与存在的源初关联,人对存在的应合、守护意义上的理论与实践的不可分离性、共属一体性。因此,在亚里士多德那里,理论就是最高的实践,澄明着存在的自行解蔽与遮蔽。

在存在历史已经展开的阶段中,形而上学的存在解释占据了统治地位,

---

① [法] F. 费迪耶等:《晚期海德格尔的三天讨论班纪要》,丁耘摘译,载《哲学译丛》2001年第3期,第53页。

在这种存在领悟的基础之上,在形而上学历史展开之中,一种新的对理论的解释、具有新的基本意义的理论逐渐占据了统治地位,理论与实践逐渐分离,解释世界与改变世界逐渐成为对立的两极,出现了理论与实践之间的狭隘的联系。

即使如此,在海德格尔看来,解释世界与改变世界的分离,理论与实践之间狭隘的联系,同样无法改变它们的共属一体性。因为解释世界与改变世界都处于一个"世界"之中,一个由形而上学的存在领悟所构成的世界。世界硬化了,变成了失真的世界,世界与存在本身的联系被伪置了,世界的世界化被遮蔽掉了、被遗忘了。但在这种"世界"之中,理论与实践仍然共同建基于相同的形而上学的存在领悟。在这种情况下,解释世界与改变世界仍然没有根本性的区别。海德格尔由此认为,马克思与黑格尔之间仍然具有相同的存在论性质。

(二)相关于存在者而非存在本身,理论的新的规定的出现

作为"一种具有〔新的〕基本意义的理论后来是在哪里显露的?"① 也就是说,理论作为一种关于存在者而不是存在的"思想",这种关于理论的新的规定是在什么地方开始显露的?是在近代科学之中。比如运动,在亚里士多德那里指的是:潜能存在者(作为潜能者)的隐得来希就是运动。这一规定遭到了笛卡尔和帕斯卡尔的嘲笑,因为对亚里士多德来说无比明晰地显示的东西——Kinesis,即作为现象的运动性,在他们那里消失了。什么是"作为现象的运动性"?存在本身,存在之澄明。什么消失了?还是存在,还是人与存在关联的维度,这个真理、无蔽,消失了。也就是说,"那个 aletheia(真理、无蔽)消失了,在这种 aletheia 中,亚里士多德式的运动的多重方式曾经是可以按照它们隐秘的统一性显现"②。那曾经对亚里士多德来说还是无比明晰的人与存在关联,在近代科学实验当中消失了。存在的遗忘由此开始,而理论与实践也由此分离。理论成为科学,思想成为"哲学",实践成

---

① [法] F. 费迪耶等:《晚期海德格尔的三天讨论班纪要》,丁耘摘译,载《哲学译丛》2001年第3期,第53页。
② [法] F. 费迪耶等:《晚期海德格尔的三天讨论班纪要》,丁耘摘译,载《哲学译丛》2001年第3期,第54页。

为实验、创造、生产等，而能够呈现现象的运动性的运动成了与存在之敞开无关的"位移"，与"位移"相关的、或隐或显地与存在相关的"处所"变成了完全遮蔽存在者与存在之关系的"位置"——"在几何式均质空间中的位置"："但自伽利略以来，只有其中的一种运动方式统治着整个领域：phora（位移）。而 phora 本身的意义也有了变化，因为与之相关的处所（topos）概念消失了，取而代之的是物体在几何式均质空间中的位置，对此，希腊人甚至名称都不曾有过。"① 对于这种位置的概念，希腊人甚至连名称都不曾有过，可见对存在的遗忘是何等彻底。

"一种具有〔新的〕基本意义的理论"已经呈现。数学、几何学、物理学占据了有新的规定的理论的核心，这关系到在空间均质性的基础上对自然的数学构想，"为何要有这种新奇的构想呢？因为自然应当是可以计算的，因为这一可计算性本身被设定为统治自然的原理"②。一种具有新的基本意义的理论之所以出现，是因为人类需要自然应当是可以计算的，以服从于人类为了生存或其他目的而统治自然的要求——实践的要求或者说技术的要求。从此处已经可以清晰地看出，在笛卡尔和帕斯卡尔那里，有新的基本意义的理论与有新的基本意义的实践或者说技术的同构性。也就是说，理论与实践的分离本身，就已经意味着历史性的人类的形而上学的存在领悟已经凸现，以这种存在领悟为基础，不管是强调脱离实践的理论还是强调脱离理论的实践，它们的理论基础都是同一的，都是缘于一种谬误已久的形而上学式的存在领悟。近代科学和技术是同构的，它们有着相同的诉求、欲求——对自然的控制、统治。迫使那原本应该如其所是的、逗留盘桓在与存在的关联之中的物或者说自然变成应当可以计算、控制的对象。一种主体性哲学——将人放在存在者的核心地位而不是让人与物一样逗留、盘桓在与存在的关联之中——已经成形，海德格尔将这种哲学称为人道主义。

---

① ［法］F. 费迪耶等：《晚期海德格尔的三天讨论班纪要》，丁耘摘译，载《哲学译丛》2001 年第 3 期，第 54 页。
② ［法］F. 费迪耶等：《晚期海德格尔的三天讨论班纪要》，丁耘摘译，载《哲学译丛》2001 年第 3 期，第 54 页。

（三）改变世界与解释世界分享着同样的主体性哲学

海德格尔认为，与实践分离的理论的存在论性质，是一种主体性哲学。一种具有新的基本意义的理论，这种理论凸现了人的主体性，即人不再是处于与存在的关联中的人，人变成了主体、统治者；而自然的情况呢？自然变得可计算、可统治了，空间及其属性被看成现实存在着的了，不再是与存在相关并隐而不显的东西了，并且这现实存在着的东西被当成了存在本身："伽利略式的自然开始变得可计算、可统治了，这就是新的理论，其特别之处在于使实验方法得以可能。但是，伽利略与牛顿的这些概念：均质性、空间的三维性、移动等等有哪些存在论意义呢？意义是：空间及其属性被看成现实存在着的了。这就是牛顿那里的假设的意义：我并非虚构出我的假设，他曾经说道；这些假设之中没有什么想象出来的东西。"① 也就是说，存在者的存在被把握为现实存在着的东西了，并且认为这种把握所得到的东西就是真实的世界，具有存在论的意义。关于存在的论题，马克斯·普朗克认为现实的东西就是可以计量的东西。这里，存在之意义就成了现实存在性、可计量性，最终只是为了有助于对作为对象的存在者进行控制和统治，只是为了有助于实践的要求、技术的要求。

与理论分离的实践的存在论性质同样是主体性哲学。在这里，理论与实践的狭隘联系、同构性已经非常明显。一般人会常识性地以为，技术是科学理论的应用。实际上，它们的关系完全相反。"我们开始看到，技术在何种程度上并不奠基于物理学之中，相反，倒是物理学奠基于技术的本质之中。"② 自然科学的本质奠基于技术的本质之中，即以某种方式控制自然。

而实践有着同样的要求，同样不脱技术的本质。因为"实践是检验真理的标准"，所以，实践之为实践，要求主体性的人的实践达到预期的目的。这就要求将要实现的目的、效果在理论中预先安置。这同时要求在理论中将

---

① ［法］F. 费迪耶等：《晚期海德格尔的三天讨论班纪要》，丁耘摘译，载《哲学译丛》2001年第3期，第54页。

② ［法］F. 费迪耶等：《晚期海德格尔的三天讨论班纪要》，丁耘摘译，载《哲学译丛》2001年第3期，第54页。

物表象为对象，并可以完成在重复试验的基础之上对现实性的对象性的确认。海德格尔转引康德的观点："发生的（开始存在的）一切，都预设了它按照规则随之而来的东西。"以此来证明前面对效果的补充说明，效果是要求目的能够随着理论和试验的进行而"随之而来"。海德格尔强调，这个"随之而来"表明了存在的问题："这个'随之'（Worauf）显然应当在单纯的继起而非由之而来（Vonwoaus）的意义上理解……这种物理学将自然更多地视为诸物的相互继起，而不再视为物物相生的结果，就像在亚里士多德那里的情况一样。"① 这种物理学作为自然科学的代表，将自然更多地把握为诸物的相互继起、随之而来、原因与结果，而不再是在古希腊那里的物物相生结果了，也即不再是由自身而来的在场者的存在了。

对理论与实践的同构性，到此海德格尔已经解释得相当清楚了。所以，不管是要解释世界还是要改变世界，不管是强调理念、精神的根据性意义还是强调实践的根据性意义，自从理论与实践的根本性分离发生之后，自从理论和实践之间只剩下狭隘的联系之后，自从一种具有新的基本意义的理论出现之后，在海德格尔看来，这些学说之间就不再存在绝对的对立了，它们都是同构的，都具有相同的存在领悟性质，都把与存在的关联维度遮蔽掉了，并且都阻止对这种无蔽的追问和呈现。

海德格尔认为，"在此，人们又遇见了理论与实践之间的狭隘联系，孔德从中找到了两个同胞。也许是同胞，但更是未加认识的生身父母！"② 实证主义者孔德从中找到了两个同胞，一个是黑格尔，另一个就是马克思，实际上是未加认识的生身父母。以绝对精神为世界根据的黑格尔是实证主义者这种社会科学的父亲，而以实践为世界历史之根据的马克思，则是实证主义的母亲。三种学说，有相同的理论基础，都是基于一种形而上学的存在领悟，这种存在领悟将存在者把握为在场者，以在场者（将存在者存在的某个瞬间的存在状态人为地固定下来）作为存在者存在的根据，却从来不会去追问这

---

① ［法］F.费迪耶等：《晚期海德格尔的三天讨论班纪要》，丁耘摘译，载《哲学译丛》2001年第3期，第54页。

② ［法］F.费迪耶等：《晚期海德格尔的三天讨论班纪要》，丁耘摘译，载《哲学译丛》2001年第3期，第53页。

种根据之得以可能的条件，不会去追问这种固定、这种根基的不可根基性。存在的历史性由此再也得不到追问，存在由此被遮蔽。由于一切都是人为的，人为地将存在者的存在把握为在场、现实性，因此它们都是一种人类学，都是一种人道主义。

在理论与实践分离之后，理论与实践之间仅只剩下狭隘的联系。但是，在马克思那里，解释、世界、改变世界三者之间的关系又是在何种意义上的关系呢？海德格尔这里对马克思的批判，是否是对真正马克思的批评？恐怕还是有疑问的，这个问题我们稍后再谈。

分析了与理论分离的实践的主体性性质，指认了马克思的改变世界的活动仍然是遗忘存在的主体性哲学的极致，指认了马克思对极端主体性的人这个存在者的优先地位的强调，用存在者相对于存在的优先地位取代了存在本身的优先性，海德格尔由此指认马克思哲学为人道主义。

二、站在人的平面上对存在的平面的一瞥

在海德格尔看来，虽然马克思在笛卡尔、黑格尔之后试图用存在的优先性来代替意识的优先性，在经验异化之际深入到历史的本质性维度，瞥了存在一眼。但是，由于马克思仍然将存在理解为生产，他的思想就仍然从属于强调人的优先性的主体性哲学。这种哲学的突出痼疾在于对存在的遗忘，将生产置于核心的地位，更进一步地推动了技术的全面统治。因此，马克思不能完成将存在置于优先地位这一工作，反而在更极端的意义上完成了传统的形而上学。这是一个只有人的平面与一个只有存在的平面的极端对立。

（一）突破意识的内在性，对存在的一瞥

我们知道，海德格尔曾经批评现代的哲学："现今的'哲学'满足于跟在科学后面亦步亦趋，这种哲学误解了这个时代的两重独特现实：经济发展与这种发展所需要的架构。"① 而只有"马克思主义懂得这双重的现实"。这

---

① ［德］海德格尔：《晚期海德格尔的三天讨论班纪要》，丁耘摘译，载《哲学译丛》2001年第3期，第53页。

是海德格尔少有的几处对马克思及马克思主义的较高评价之一。但是，海德格尔认为，马克思思想的基本建制依然属于传统形而上学。

海德格尔一方面称赞马克思懂得我们这个时代的双重独特的现实，从而比其他的"哲学"优越，另一方面他又指出，由于解释世界与改变世界的相同存在论性质，马克思主义改变世界的要求仍然不过是运行在其由之出发的一种确定的存在领悟的基础之上。因此，在这种既定的轨道上，马克思主义要求克服异化、虚无主义的努力，要求赋予存在相对于人的优先性的奋争，都注定不可能成功，从而注定只能是某种先行确定的存在领悟的极致完成。

在《关于人道主义的书信》中，海德格尔再一次强调他对马克思主义的这种态度。他指出："因为马克思在经验异化之际深入到历史的一个本质性维度中，所以，马克思主义的历史观就比其他历史学优越。但由于无论胡塞尔还是萨特尔——至少就我目前看来——都没有认识到在存在中的历史性因素的本质性，故无论是现象学还是实存主义，都没有达到有可能与马克思主义进行一种创造性对话的那个维度。当然，对于这样一种对话来说也必需的是，人们要摆脱那些关于唯物主义的素朴观念以及那些以唯物主义为目标的廉价反驳。"①

海德格尔强调，马克思在经验异化之际深入到历史的一个本质性的维度中，认识到了在存在中历史性因素的本质性，这是马克思主义的优越性。那么，什么是历史的一个本质性的维度？这一点需要深入地了解。在海德格尔那里，时间与存在的共属一体性是最为核心的思想。此在与存在的时间有限性，即是存在中历史性因素的本质性。也就是说，存在而不是人或者说主体性的人，才是海德格尔存在历史之思的出发点，才是存在历史最本质性的维度。后期海德格尔不再延续《存在与时间》的切入点——此在，而直接从存在历史之发生的本有（Ereignis）出发，其意图也就是避免重新落入主体性哲学的窠臼。所以，问题的关键在于，历史性此在的存在方式，就是理解存在，就是人与存在的关联。马克思在经验异化的时候，经验到了异化劳动中的人对存在的遗忘，经验到了人与存在关联维度的缺失，因此深入到了历史的本

---

① ［德］海德格尔：《路标》，孙周兴译，商务印书馆2001年版，第401页。

质性维度，深入到了存在的优先性。

我们知道，《存在与时间》并不是"存在主义"的，只是一种从此-在出发的对存有之存在意义的追问，并不是什么"主义"。"主义"不过是思想完结之后的结果，恰恰是《存在与时间》反对的东西。所以，海德格尔非常不同意萨特把他的思想理论化，认为这是牺牲了思想的本质。他也反对将其《存在与时间》中的思想称为存在主义，认为这是从存在的平面下降到了存在者的层面，站在了一个只有人的层面上。将《存在与时间》中的思想解读为存在主义，就是将其进行了人类学的解读，这是对《存在与时间》的最大误读。所以，萨特根本还没有离开某种主义，根本还没有进入也不可能进入历史的一个本质性的维度——存在本身的维度。

也就是说，在经验异化之际，马克思经验到了存在的优先性而非人的优先性，在一定的程度上，停留于一个只有存在的平面之上。"人们可以用形形色色的方式来对待共产主义的学说及其论证，但在存在历史上可以确定的是：一种对世界历史性地存在着的东西的基本经验，在共产主义中表达出来了。谁如若只把'共产主义'看作'党派'或者'世界观'，他就想得过于短浅了，犹如那些仅仅而且还贬低地把'美国主义'看作一种特殊生活方式的人们那样目光短浅。"①"美国主义"的技术主义"作为真理的一种形态，技术植根于形而上学之历史中"②，而"形而上学之历史本身乃是存在之历史的一个突出的和迄今唯一可以一目了然的阶段"③。因此，正如"美国主义"作为形而上学存在领悟的极致展开、虚无主义的极致完成已经构成了欧洲人无法追赶上的天命而不仅仅是一种特殊的生活方式一样，"一种对世界历史性地存在着的东西的基本经验，在共产主义中表达出来了"，在共产主义学说中，展现了一种对"存在的缺失"的基本经验。这是最为关键的地方。而胡塞尔和萨特却仍然停留于人的优先性之中，停留于一个只有人的平面上。所以，海德格尔对于马克思的这种评价，应该是在他的意义上最高的评价，所以他才会强调，无论是现象学还是实存主义，都没有达到可能与马克思主

---

① [德]海德格尔：《路标》，孙周兴译，商务印书馆2001年版，第401-402页。
② [德]海德格尔：《路标》，孙周兴译，商务印书馆2001年版，第401页。
③ [德]海德格尔：《路标》，孙周兴译，商务印书馆2001年版，第401页。

义进行创造性对话的维度，更加不可能与海德格尔本人对话。因为在他们那里，根本就不可能有历史性的维度，只有现成性的维度，只有人为的永恒在场。马克思在经验异化的时候领悟到了异化的现实的对存在的遗忘，经验到了现代人的虚无主义、无家可归，而胡塞尔和萨特根本连虚无主义都经验不到，更加不可能找到克服虚无主义的道路。

（二）向存在者的复归，仅留下对存在的一瞥

当然，海德格尔认为，马克思对历史的一个本质性维度的把握也是有限度的，即马克思在经验异化之际才深入到历史的一个本质性的维度中，只是在一定程度上经验到虚无主义、经验到此在和存在的时间有限性，而不是一直从此在和存在的时间有限性、存在真理之发生的平面出发，不是一直停留于一个只有存在的平面之上。在海德格尔看来，经验和道说存在，本真的生存，对于此在来说，并不是通常发生的事情。恰恰相反，历史性此在倒是经常执着于以切近之物来经验存在者而沉沦，也就是异化，因此往往只能经验到在场的存在者，从来不会去追问这种在场者之得以在场的根据和条件并且阻止这种追问的进行，由此而遗忘存在同时遗忘对存在的遗忘这一回事情。虚无主义由此成为西方人乃至全球的天命。黑格尔和国民经济学家是从有问题的异化劳动这个前提出发的，所以他们不能理解市民社会必然的二律背返，与他们一样，胡塞尔和萨特尔是从本身有问题的理性本质的人的预设出发的，他们也不可能经验到异化劳动、虚无主义的历史展开对存在的遗忘。

所以，海德格尔指出，人们甚至无法经验到虚无主义，比如当今的"哲学"；即使可以在某一特定的瞬间经验到虚无主义、异化的发生，却由于先行的形而上学的存在领悟的先行的规制，而无法将追问进行到底，比如马克思主义。"什么是存在呢？存在是存在本身。将来的思想必须学会去经验和道说存在……存在乃是最切近者（das Nächste）。但这种切近对于人依然最远。人首先始终已经而且仅仅执着于存在者。可是，如若思想把存在者作为存在者表象出来，思想固然就涉及到存在了。而实际上，思想始终只思考存在者之为存在者，而恰恰没有并且从来没有思存在之为存在。'存在问题'（Seinsfrage）始终还是追问存在者的问题……哲学从存在者出发思到存在者

身上,在过道上对存在匆匆一瞥。因为在存在之光中,已然有着每一个出于存在者的起点和每一个回到存在者的归路。"① 在海德格尔看来,马克思主义就是在过道上对存在匆匆一瞥,而当今的哲学连这一瞥都无法发生,因为无论是马克思主义还是现今的"哲学",在存在之光中,已然有着每一个出于存在者的起点和每一个回到存在者的归路。

(三) 马克思仍然立足于一个只有人的平面上,仍然是一种人道主义

当马克思将人理解为生产性的人而不是理解存在、领悟存在的此在时,马克思又行走在与黑格尔相同的轨道上。黑格尔否定性的辩证法与马克思的劳动、生产,具有相同的存在论性质,相同的形而上学的规定。也就是说,黑格尔的思辨哲学与马克思的改变世界的要求具有同构性。在存在领悟没有发生变更的条件下,只要将存在理解为生产,那么马克思主义就仍然立足于一个只有人的平面上,就仍然是一种主体主义。因为将存在理解为生产,必然就仍然在形而上学的基地上遗忘存在的平面,"无论在哪里,被逐出存在之真理之外的人都围绕着作为 animal rationale [理性的动物] 的自身打圈子"②,马克思对主体主义的突围是不可能成功的。比如,为了克服个人主义,马克思强调集体主义③、国际主义,但在海德格尔看来,马克思所强调的国际主义,仍然是一种扩大了的主体主义。"从形而上学上看来,任何一

---

① [德] 海德格尔:《路标》,孙周兴译,商务印书馆2001年版,第389-390页。
② [德] 海德格尔:《路标》,孙周兴译,商务印书馆2001年版,第403页。
③ 我们认为,实际上海德格尔同样进行了逻辑转换,将马克思的从事社会性活动的个人等同于集体主义的个人。马克思反对"孤立的个人",反对从孤立的个人出发,并不是在强调集体主义,而是在强调"现实的活动的个人"总是社会性的个人,总是在一定社会关系中从事社会活动的个人。社会性,总是在被"先行给与"的同时是要被从事社会活动的个人所变革的。强调从"现实的活动的个人"出发,从现实的活动的个人的社会性存在出发,而不是从孤立的个人出发,才是真正地从人的存在出发。马克思毕生的目标就是解构这种以"孤立的个人"的形象出现的"现实的个人"背后的资本主义的社会关系。只是在资本主义的社会中,这种一直处于劳动与资本对立的社会关系中的个人才会以"孤立的个人"面貌呈现所谓的"自由"和"自主",实际上这种孤立的个人是既不"自由""自主"也不"孤立"的。

种民族主义都是一种人类主义（Anthropologismus），而且作为这种人类主义，民族主义就是主体主义（Subjektivismus）。民族主义并不是被单纯的国际主义克服了，而只是被后者扩充了，而且被提高为体系了。民族主义并不由此就被带向人道或人性并且消除掉，正如个人主义绝不通过无历史的集体主义而被带向人道并且消除掉。集体主义就是在总体性中的人的主体性。集体主义完成了人的主体性的无条件的自我维护。这种无条件的自我维护是不可取消的。它甚至不可能通过一种片面的中介性思想而得到充分经验。无论在哪里，被逐出存在之真理之外的人都围绕着作为 animal rationale ［理性的动物］的自身打圈子。"① 因此，"马克思在某种根本的而且重要的意义上从黑格尔出发当作人的异化来认识的东西，与其根源一起又复归为现代人的无家可归状态了"②。马克思与黑格尔一样，重新落入了主体性的形而上学，落入了现代人的无家可归状态，在更加根本的意义上遮蔽了存在，导致了存在的遗忘这件事情本身又遭遗忘，导致了虚无主义在全球进一步极致的蔓延。

海德格尔还指出，马克思在批判异化的现实的时候，要求回到人之为人的本性，要求从异化的人回到合乎人性的人。而从存在本身而来的呼声，要求人的本质性转变。这里似乎有相同之处："所谓回复人之本质，意思不就是要使人（homo）变成合人性的（humanus）吗？所以，人性或人道（Humanitas）实际上依然是这样一种思想的关切所在；因为这就是人道主义：就是要沉思和忧切人是合人性的而不是非人性的，不是'不人道的'（inhuman），亦即不是在他的本质之外的。但人之人性究竟何在呢？人之人性就在人之本质中。"③ 由此，他认为，马克思在强调合乎人性的人的时候，有一个关于人的本质的固定的理论的想法。所以，马克思关于人的本质的观点，就只能是一种理论，一种人道主义，而不可能指向存在本身。从存在本身而来，人是不可能有一个固定的本质的，而只能是历史性的、有限性的存在着的东西。

马克思是从哪里获得人的本质呢？马克思是在"社会"中发现了合人性的人的："对马克思来说，'社会的'人就是'自然的'人。在'社会'中，

---

① ［德］海德格尔：《路标》，孙周兴译，商务印书馆2001年版，第402–403页。
② ［德］海德格尔：《路标》，孙周兴译，商务印书馆2001年版，第400页。
③ ［德］海德格尔：《路标》，孙周兴译，商务印书馆2001年版，第374页。

人的'自然本性',亦即人的全部'自然需要'(食、衣、繁殖、经济生活),都均匀地得到了保障。"① 海德格尔轻蔑地用自然本能的满足来概括马克思对人的本质性的理解,完全将马克思那里感性活动的人的存在本身,窄化为、歪曲为自然的本能的动物,完全脱离了马克思本人的思想语境。

在马克思那里,人的本质并不是单个人所固有的抽象物,在其现实性上,它是一切社会关系的总和。所以,在马克思那里,并没有关于人的本质的固定的说法,人没有固定的本质,人的本质是在不断地去存在的对象化活动中形成并不断改变的,是存在着的东西,并非某一个固定的存在者。对于马克思来说,人是在社会中存在的,而社会是一个不断存在着的东西,它本身也不是一个固定的存在者。同样,正像社会是在自然的基础上存在着,自然本身也是从自身而来存在着的东西。在这里,没有任何东西是固定着的,因此不可能有一个关于人的本质的固定的理论想法。马克思在一切社会关系的总和的基础之上来把握人之变动着的本质,这里似乎有某种固定性,但是,我们要知道,马克思在这里有一个前提条件,这就是"在其现实性上"。何谓"在其现实性上"?这实际上就是说,对这些不能固定下来的东西,如果一定要把它固定下来的话,那么,就以"一切社会关系的总和"这个貌似固定实质仍然是不固定的东西来把握那无法固定的人之本质领域。这与海德格尔本人的说法有相同之处。海德格尔不愿意将物称之为物,因为作为存在着的东西,物只是看起来像是物,事实上,物是在存在着,也就是物物化、世界世界化。

在这里,海德格尔完全脱离马克思本人的语境,将马克思存在着的现实的历史性的人,直接理论化为为满足生存需要而劳动的动物,理论化为按本能而活动的动物,这是对马克思的形而上学式理解。这种理解不仅背离马克思的实质,而且背离海德格尔本人的存有历史性思想。这显然是非法的。

由于海德格尔认为马克思有一个关于人的固定本质的理论想法,所以他认为马克思主义就是一种人道主义,以主体性的人为基础的人道主义。这种人道主义,总是包含着一种 Studium humanitatis [对人性或人道的研究],而

---

① [德] 海德格尔:《路标》,孙周兴译,商务印书馆2001年版,第374页。

这种研究又以某种特定的方式回溯到古希腊对人的理解，也就是回溯到形而上学的开端。所以，"一切种类的人道主义，都把人的最普遍的'本质'假定为不言自明的。人被看作 animal rationale［理性的动物］。这个规定不仅仅是希腊文的 ζῶον λόγον ἔχον［具有逻各斯的动物］的拉丁文翻译，而且是对它的一种形而上学的解释"①。

在这里，理性作为一种形而上学的存在领悟的结果是植根于、源于存在真理之发生的；同样，随着"animal"［"动物"］即 ζῶον 一道，也已经设定了一种对"生命"的解释，这种解释依据于对作为 ζωή［生命］和 φύσις［自然］的形而上学的存在领悟，这种存在领悟同样植根于、源于存在真理之发生。这就是形而上学作为天命的意义，形而上学作为占主导地位的存在领悟，源于存在真理之发生。不是人们驳斥、颠倒，就可以将它克服的。唯有从中跳出来，进入存在真理之发生中，才能在新的开端中重新思考在形而上学中久未得到思考的有待思的东西，才能真正地克服形而上学。"形而上学在体系中首次由黑格尔把它的绝对地被思的本质表达出来了。正如形而上学是真的，黑格尔对历史的规定亦是真的。绝对的形而上学连同马克思和尼采对它所作的颠倒，都归属于存在之真理的历史。源自这种历史的东西，是不能通过各种反驳来抵制、甚至消除的。这种东西只有被接受，这是由于它的真理更原初地隐回到存在本身之中，并且逸离了那个纯然属人的意见之区域。在本质性的思想之域中，一切反驳都是愚蠢的。思想家之间的争执乃是实事本身的'爱的争执'。这种争执使思想家互助，促使他们进入那种简单的对同一者的归属状态之中，而他们就从这个同一者中发现存在之天命中的命运性的东西（das Schickliche）。"②

也就是说，人道主义、人是理性的动物、形而上学等，都是植根于存在真理之发生的，都是植根于对存在本身的解蔽与遮蔽的存在领悟的，所以都是天命般的东西。形而上学植根于存在之历史。

马克思对形而上学的倒转，并不能克服形而上学。马克思不过是在另一

---

① ［德］海德格尔：《路标》，孙周兴译，商务印书馆2001年版，第377页。
② ［德］海德格尔：《路标》，孙周兴译，商务印书馆2001年版，第396页。

极致的意义上完成了形而上学的基本建制，最终导致一种极致的人道主义："无论人道主义的种类随目标与根据，随实现它的方式与手段，随它的理论的形式之不同而如何不同，总之这一切种类的人道主义在一点上是一致的，即：人道的人的人性或人道，总是从一种已经确定了的对自然、对历史、对世界、对世界根据，也就是说对存在者整体的讲法的角度来规定的。"① 也就是说，无论是将理念还是将实践理解为世界的根据，都是在遗忘存在的基础之上预先有一个关于什么是人、什么是人道的固定的理论想法和形而上学的存在领悟。海德格尔认为，人性、人道都只是在与存在的关联中、在历史性此在的生存中才会不断地澄明，而确定的对人道是什么的讲法，不过都是将存在等同于现实的、在场的东西，等同于永恒的在场，都是缘于一种谬误已久的在场形而上学式的存在理解。这种关于人的理论预设，这种人道主义，决定了马克思思想的限度，即仍然从属于传统形而上学。哈贝马斯也指出："实践哲学仍然是主体哲学的一个变种，它虽然没有把理性安置于认知主体的反思当中，但把理性安置在了行为主体的目的合理性当中"②，因而"马克思未能摆脱黑格尔的总体性思想"③，马克思哲学仍然属于"主体哲学"这一传统。

马克思主义同样是一种主体性哲学，同样以形而上学的存在理解为基础，仍然在形而上学的哲学传统之中，并且是这种人道主义的极端代表。驳倒了这个最极端的代表，就可以找到克服传统形而上学的道路。马克思试图给予存在相对于人的优先性的努力，最终归于失败。原因在于马克思对存在的理解，他将存在理解为生产、社会自身的生产。而在海德格尔突出强调的存在学差异之中，生产、生产过程、历史过程同其他的事物一样，只是存在者。但存在不是存在者。马克思和胡塞尔、萨特一样，最终站在了"一个只有人的平面上"。虽然马克思提出了改变世界的要求，但仍然属于当今之思想，

---

① ［德］海德格尔：《关于人道主义的书信》，引自《海德格尔选集》，孙周兴选编，上海三联书店1996年版，第366页。
② ［德］哈贝马斯：《现代性的哲学话语》，曹卫东等译，译林出版社2004年版，第75页。
③ ［德］哈贝马斯：《现代性的哲学话语》，曹卫东等译，译林出版社2004年版，第386页。

即一种人道主义。

总之,我们可以看得非常清楚,海德格尔是在黑格尔的劳动辩证法的意义上来理解马克思的。由此,马克思才成了海德格尔最极端的对立面。实际上,存有历史性思想,它的对手始终是坚持存在者相对于存在的优先地位的主体性哲学、形而上学,马克思只是被当作了后者的代表而已。前者,也就是主体性的形而上学,才是海德格尔终生的对象。撇开海德格尔对马克思的误读,其对主体性哲学的批判实际上是非常有力的,这是一代又一代的学者们沉迷海德格尔的原因之所在。下面,我们就来详细看一下海德格尔对主体性哲学的实践误区的分析。海德格尔分析了这种极端主体性的存在方式的灾难性后果,同时指出了可能的出路,一种新可能性开启的新的道路。

第二章 主体性哲学的实践误区及其出路

在《晚期海德格尔的三天讨论班纪要》中,海德格尔对"进步强制"及其存在论性质进行了追问,实际上是其对当今时代困境之思索,构成了晚期海德格尔存在之思的一个主题。海德格尔曾经说过,哲学就是对异乎寻常的事物做异乎寻常的发问。在这个意义上,黑格尔说,哲学是时代精神之精华。伟大的哲学,作为对人类其时生活方式的探索,关涉的总是时代最核心、最为急迫的问题,并对之做出反应。作为20世纪影响最为深远的哲学家,海德格尔并不是一个远离时代的存在哲学的空谈者,他那貌似深远缥缈的存在之思实际上在更加宏阔的基地上关涉着我们这个时代最为急迫的问题,即他所把握到的时代困局。对于时代困局,海德格尔认为,这是由这个时代有两重独特的现实——经济发展和这种发展所需要的架构——带来的。这两重独特现实的"匿名的统治",带来了人类自身毁灭的危险。这个危险在两个方向上获得了展开,一个是技术的全面统治,一个是根基持存性的丧失、价值虚无和无家可归。实际上,最根本的危险并不在于原子弹的爆炸,而在于人们对于存在的遗忘,在于人们在遗忘存在之际丧失了自己从存在本身而来的根基持存性,只能在虚无主义的天命中自我毁灭。这样一来,我们就要问人类今天最为核心的问题:是拯救还是毁灭?

晚期海德格尔认为,这个问题根源于一种已经非常久远的对存在的理解方式:西方传统的在场形而上学、主体性哲学。因此,晚期海德格尔通过对"进步强制"及其存在论性质的追问,清理了传统在场形而上学对存在的遗忘，追问了与遗忘存在相反的另一种道路的可能，指明了一条唯一性的、罕见的、突破危险的出路。

第一节 时代困局："进步强制"及其危险

海德格尔将今天的两重独特现实指认为"进步强制"。这种将一切动摇起来的进步强制带来了人类自身毁灭的危险，于是海德格尔发出了石破天惊的追问：究竟是拯救还是毁灭？在此基础之上，海德格尔强调，要突破进步强制，就要追问这种进步强制的存在论性质。海德格尔在支架中发现了这种进步强制的存在论性质——主体性哲学。主体性哲学将人把握为主体，将自然理解为客体，将世界理解为图像，在极致的意义上完成了对存在的遗忘。所以，人类自身毁灭的危险，不仅仅在于原子弹爆炸，更重要的是主体性哲学对存在本身的遗忘，以及由于遗忘而导致的人类根基持存性的丧失——人们再也无法回到自己本质性的从存在本身而来的家，再也无法回到从存在本身而来的自己的故乡。由进步强制而导致的根基持存性的丧失、人类存在意义上的无家可归以及人类生存的虚无主义，才是最可怕的来客和最大的真正的危险。

一、"进步强制"的存在论性质与人类自身毁灭的危险

海德格尔批评马克思时指出，马克思将事情的根本直接等同于人的根本，用人的根本取代了事情的根本；所以，他认为马克思的全部论题都是以指认人的根本就是事情的根本这一论题为依据的；在他看来，这是极端主体性的论题，即站在了一个只有人的、遗忘了存在本身的层面上的极端主体性的论题。在人的根本之中，海德格尔认为，马克思所谓的人的根本，就是人的自身生产和社会的自身生产。这种生产统治了今天人们生活的方方面面，而海

德格尔认为,这种生产带来了人类自身毁灭的危险。

晚期海德格尔对"进步强制"所带来的时代困局进行了思索。海德格尔在"座架"中发现了"进步强制"的存在论性质,认为"座架"的统治也即技术的全面统治,集中展现了一种谬误已久的存在领悟——西方传统的主体性哲学。这种主体性哲学源于非常久远的对于存在的遗忘,并不仅仅是现代的事情,它植根于西方传统形而上学的天命之中,植根于一种久已谬误的、扭曲的对存在的理解。

海德格尔追问道:"是什么通过规定了整个大地的现实而统治着当今呢?〔是〕进步强制(Progrssionszwang)。"① 进步强制通过规定了整个大地的现实而统治着当今,它是如何做到的?"这一进步强制引起了一种生产强制,后者又与一种对不断更新的需求的强制联系在一起。"② 进步强制引起了生产强制,而生产强制又与需求的强制联系在一起,带来了西方学者着重批判的"消费社会"。对"消费社会",海德格尔进行了精当的描述:"对不断更新的需求的强制具有这样一种性质,一切强制性地方生方新着的东西,同样也直接地已经变老变旧,并被'又一个更加新的东西'挤掉并如此继续下去。"③ 在当下的消费社会中,刚刚购买到的商品还是"方生方新着的东西",就已经过时了。之所以会出现这种情况,原因就在于需求是被强制的,需求不是服从于自身的逻辑,而是服从于外在的强制——资本的强制所带来的"诸强制"。

关于资本的进步强制,用海德格尔的话来说,社会学和人类学用这个术语在对当今社会进行批判的过程之中,已经取得了无可置疑的分析成就。"马克思主义与社会学将那当前的现实为了它而进行强迫的东西称为'诸强

---

① 〔法〕F.费迪耶等:《晚期海德格尔的三天讨论班纪要》,丁耘摘译,载《哲学译丛》2001年第3期,第57页。
② 〔法〕F.费迪耶等:《晚期海德格尔的三天讨论班纪要》,丁耘摘译,载《哲学译丛》2001年第3期,第57页。
③ 〔法〕F.费迪耶等:《晚期海德格尔的三天讨论班纪要》,丁耘摘译,载《哲学译丛》2001年第3期,第57页。

制'（Zwaenge）。"① 面对"进步强制"的全面统治，海德格尔继续指出，"在德语里，名词'强制'（Zwang）属于动词'强制'（zwingen），后者意为迫使、施加强力"②。在"强制"概念的含义中，我们可以非常清晰地看到一种"强力"，海德格尔于是抱怨："这个社会学的或者人类学的习语尽管有无可置疑的分析成就（这个习语使得这些成就得以可能），却让'强制'概念本身在其存在论性质方面得不到规定。"③ 在社会学和人类学中，人们虽然在大量地使用"强制"概念，但却没有分析强制概念的存在论性质。海德格尔在此非常明显地是在批评"当今的思想家们"，比如法兰克福学派，比如马克思主义。在海德格尔看来，社会学家和人类学家们，由于在某种意义上关涉社会现实，因此他们使用"强制"这个习语来分析批判当今之现实，比如马克思主义的资本批判，比如后来的法兰克福学派的社会批判理论，再比如再后来的鲍德里亚的"消费社会"批判理论等等，已经取得了无可置疑的分析成就。这一点有目共睹。但是，海德格尔指出，尽管他们已经取得了无可置疑的分析成就，他们的分析却不能说是在存在论上源始的分析。或者说，包括马克思主义在内的对资本进步强制所进行的深远地影响了人类历史进程的批判，也都由于滞留于对现实现象的描述并以这种描述的方式承认了资本进步强制存在的必然性的方式，没有触及进步强制的存在论性质，也就是说，他们的分析让"强制"概念本身在其存在论性质方面没有得到讨论、没有得到规定，因而在存在论上，他们的讨论不够源始。对于海德格尔来说，对"强制"存在论性质的追问，是哲学之思的使命，是更加源始的存在之思。

对于"诸强制"，"海德格尔用支架（Ge-stell）一词称呼诸强制的共同之处。支架是集中（Versammlung），是所有安排（Stellen）方式的共同性，这些安排方式将人塞入尺度之中，当前人就是在这个尺度中生-存（ek-sisti-

---

① ［法］F. 费迪耶等：《晚期海德格尔的三天讨论班纪要》，丁耘摘译，载《哲学译丛》2001 年第 3 期，第 57 页。

② ［法］F. 费迪耶等：《晚期海德格尔的三天讨论班纪要》，丁耘摘译，载《哲学译丛》2001 年第 3 期，第 58 页。

③ ［法］F. 费迪耶等：《晚期海德格尔的三天讨论班纪要》，丁耘摘译，载《哲学译丛》2001 年第 3 期，第 58 页。

ert）的。"① 人，不是谛听、领会存在之此-在，而是在按照某种外在的尺度在生存，"在这一天命中，人已经从对象性的时代进入了可订造性（Bestellbarkeit）的时代：在我们未来时代的这种可订造性之中，凭借订造的估价，一切都可以不断地被支取。严格地说，再也没有'对象'了，只有为了每一位消费者的'消费品'，而消费者自己也已经被置于生产与消费的运转之中"②。人被资本进一步构架成"消费者"。于是，海德格尔说："按照马克思，人，每一个人（他自身就是他自己的根本），正是这种生产以及隶属于生产的消费的人。这就是我们现时代的人。然而，在存在之空明中被理解为此-在、理解为出-离渴求的人与马克思的命题陈述正相对立。"③ 人，是"在存在之空明中被理解为此-在、理解为出-离渴求的人"，而不是"生产者""消费者"。"座架摆置人，亦即挑动人把一切在场者当作技术的持存物来订造，就此而言，座架就是以大道的方式呈其本质的，而且座架同时也伪造大道，因为一切订造者看来都是被引入计算性思维之中了，从而说着座架的语言。"④ 人、物都被置于座架这现代技术无所不在的本质中，再也没有物可以如其所是地呈现的可能，再也没有物自身的语言；同样，再也没有人可以如其所是地呈现的可能，再也没有了人的语言，人的存在；留下的只是"座架的语言"。

那么，本质地说来，以技术至上和经济发展的至上性⑤表现出来的"进步强制"的"匿名的统治"的存在论性质何在？在支架中也就是在架构中，

---

① ［法］F.费迪耶等：《晚期海德格尔的三天讨论班纪要》，丁耘摘译，载《哲学译丛》2001年第3期，第57页。

② ［法］F.费迪耶等：《晚期海德格尔的三天讨论班纪要》，丁耘摘译，载《哲学译丛》2001年第3期，第57页。

③ ［法］F.费迪耶等：《晚期海德格尔的三天讨论班纪要》，丁耘摘译，载《哲学译丛》2001年第3期，第57页。

④ ［德］海德格尔：《在走向语言的途中》，孙周兴译，商务印书馆2000年版，第225页。

⑤ 关于"技术至上与经济发展的至上性关系"，在海德格尔那里，二者有相同的存在论性质，即以一种谬误已久的、占统治地位的存在领悟为基础，同属于形而上学的极致完成。但是，海德格尔并不否认在社会学上对二者之间的关系进行一番探讨。也就是说，在马克思那里的技术至上与经济至上之间关系的界定，在海德格尔看来，虽然有其意义，但依然是在存在者层次上讨论问题。这就是海德格尔一直强调的存在论差异问题。

第二章 主体性哲学的实践误区及其出路

海德格尔发现了"强制"概念本身的存在论性质。"强制的存在论规定，海德格尔继续说，我现在在支架中发现了。支架（Ge-stell）是什么？从严格的语言科学观点来看，它至少有以下的涵义：前缀 Ge-说的是所有安排方式的集中、统一与集聚。我们想更切近地探讨一下安排（Stellen）。海德格尔说，此间安排的意思是迫使（Heraus-fordern）。与此相应可以说，'就其能量安排自然界'。或者：自然界被迫供应其能量。其涵义为督促（Anhaltens）某物，在那里被督促的东西，同时也被迫接受了某种形态、扮演一个角色，通过这样的角色，被督促的东西（它将被限制在这个角色上）便在这样的一个特定形态中出现了。被督促着供应能量的自然界，将来就会作为'能量库'出现。"① 我们可以非常明确地看出，"所有安排方式的集中、统一与集聚""安排的意思是迫使""督促"，这些概念明确地表达了一种存在领悟、一种"哲学"，那就是以笛卡尔为代表的主体性哲学的诉求。在《技术的追问》中，对于"什么是技术"，海德格尔指出，"技术是一种解蔽方式"②。我们知道，在海德格尔那里，任何解蔽都同时是一种对事物存在的其他存在方式的遮蔽。如果我们对存在的领悟只留下这一种解蔽方式，那么，被遮蔽掉的就是存在本身。也就是在这个意义上，海德格尔思考了现代技术的本质。什么是现代技术？"它也是一种解蔽……解蔽贯通并统治着现代技术……在现代技术中起支配作用的解蔽乃是一种促逼（Herausfordern），此种促逼向自然提出蛮横要求，要求自然提供本身能够被开采和贮藏的能量。"③ 现代技术，就是一种促逼，一种蛮横的要求，"控制和保障甚至成为促逼着的解蔽的主要特征"④。海德格尔用"座架"（Ge-stell）一词来命名那种促逼着的要求。表现在现代技术中的这种"促逼""摆置""订造"的蛮横，已经可以明确

---

① ［法］F. 费迪耶等：《晚期海德格尔的三天讨论班纪要》，丁耘摘译，载《哲学译丛》2001 年第 3 期，第 58 页。

② ［德］海德格尔：《技术的追问》，引自《海德格尔选集》，孙周兴选编，上海三联书店 1996 年版，第 932 页。

③ ［德］海德格尔：《技术的追问》，引自《海德格尔选集》，孙周兴选编，上海三联书店 1996 年版，第 932 – 933 页。

④ ［德］海德格尔：《技术的追问》，引自《海德格尔选集》，孙周兴选编，上海三联书店 1996 年版，第 934 页。

地展示其自身的存在论性质，它是人类中心主义的完全展现。

因此，我们就可以明确地指出，强制的存在论性质在于，它是一种占统治地位的存在领悟，一种形而上学。强制的存在论性质在"支架"中表现得尤为明显，或者说，"支架"极端展现了这种存在领悟的突出特征：主体性。这种谬误已久的存在领悟——主体性哲学，对存在的遗忘已经非常久远。在这种存在领悟之中，自然与人一样，都失去了自己的存在论根基：自然被迫供应其能量，作为"能量库"出现，而不是如其所是地自身呈现；人成了资源，人力资源。

也就是说，在支架中，我们可以明确地发现西方形而上学作为一种主体性哲学的基本建制，将人设定为主体，将自然设定为对象、客体。海德格尔在《世界图像的时代》中这样说道：在今天的科学（技术）研究中，研究的对象成为研究者的表象，这种表象的目标是把每个存在者带到自身面前了，即，意识通过使对象当前化的方式表象对象、平整对象。在这个过程中，人成为存在者本身的关系的中心，成为"主体"（Subject），而世界成为图像，完全由主体摆置，"世界之成为图像，与人在存在者范围内成为主体，乃是同一个过程"①。在这里，海德格尔继续指出，"对于现代之本质具有决定性意义的两大进程——亦即世界成为图像和人成为主体——的相互交叉，同时也照亮了初看起来近乎荒谬的现代历史的基本进程。这也就是说，对世界作为被征服的世界的支配越是广泛和深入，客体之显现越是客观，则主体也就越主观地，亦即越迫切地突现出来，世界观和世界学说也就越无保留地变成一种关于人的学说，变成人类学。毫不奇怪，惟有在世界成为图像之际才出现了人道主义……它标志着那种对人的哲学解释，这种哲学解释从人出发并且以人为指归，来说明和评估存在者整体。"② 人、此-在成为"主体"，世界变为图像、客体，哲学成为关于世界观的学说，成为关于人的人类学，这是同一个过程。他说："存在者整体是由表象着的、生产着的人设置起来的，

---

① ［德］海德格尔：《世界图像的时代》，引自《林中路》，孙周兴译，商务印书馆2017年版，第101页。

② ［德］海德格尔：《世界图像的时代》，引自《林中路》，孙周兴译，商务印书馆2017年版，第102页。

从而存在者整体才始存在着。"① "在世界变为图像之处，人道主义便出台了。"② 海德格尔将这种以从人出发并归结到人的方式来阐释和评价存在者整体的那种对人的哲学解释称为人道主义、主体性哲学，并且认为传统的形而上学都是这种人类学，马克思主义也不例外，而且马克思主义还是这种主体性哲学的极致完成。由此，马克思主义成为海德格尔隐晦的重点批判对象。

实际上，资本的这种进步强制，这种使一切固定的东西都摇晃起来的冲动和本性，这种破坏"大地"固有的存在意义的冲动，这种把人从大地上连根拔起的趋势，导致了"大地的毁灭"和"诸神的逃遁"，只留下了不断的变革、更新、革新，变易成为时代的唯一目标，除此之外，一切都成了虚无。在这里，传统毫无意义，理想成了笑话，丑的成为美的，卑下的无所畏惧，高尚成为痴傻。所以，海德格尔指出："形而上学是这样一个历史空间，在其中命定要发生的事情是：超感性世界，即观念、上帝、道德法则、理性权威、进步、最大多数人的幸福、文化、文明等，必然丧失其构造力量并且成为虚无的。我们把超感性领域的这种本质性的崩塌称为超感性领域的腐烂（Verwesung）。"③ 虚无主义由此走向极致。也就是说，与从存在本身而来的吁求密切相关的，或者说与人类历史存在之新的可能性相关的那些美好的东西，比如传统之可能性，在这种进步强制之下，断裂了。

在这里，我们要知道的是，形而上学在这里并不仅仅指的是一种学说、哲学的一门专门学科。对海德格尔来说，形而上学在这里指引的是存在者整体的基本结构，是虚无主义的本质领域和发生领域。在这一基本结构中，存在者被区分为感性世界和超感性世界，超感性世界作为最真实的世界包含和规定着感性世界。

因此，无信仰、无真理、无追求、无理想的后现代主义并不是摆脱了虚无主义，反而只是虚无主义的结果。也就是说，后现代性与现代性、无信仰同基督教信仰一样，不过都是虚无主义的一个结果和构成罢了。在不断的

---

① 转引自陈嘉映《海德格尔哲学概论》，上海三联书店2005年版，第344页。
② 转引自陈嘉映《海德格尔哲学概论》，上海三联书店2005年版，第347页。
③ ［德］海德格尔：《尼采的话"上帝死了"》，引自《海德格尔选集》，孙周兴选编，上海三联书店1996年版，第775页。

"后"现代中,人们不断地求新、碎片化,不断地解构掉曾经的坚守,不断地个体化。在这一过程之中,对存在的遗忘持续着,人们对虚无主义的经受持续着,不再想到返回到自身的本质领域中去、返回到存在真理之发生中去。所以,在"新的东西就是好的东西"这样一种观念之下,再也没有什么东西是值得敬畏的了,再也没有什么东西是值得坚守的了,再也没有什么东西是值得追求的了。人类的生存整个地失去了根基和方向,留下的只是无所适从,变成了一种强制的生成与流逝。

关于这一问题,实际上马克思有多次的描述。比如,在《共产党宣言》中,马克思指出:"资产阶级除非对生产工具,从而对生产关系,从而对全部社会状况不断地进行革命,否则就不能生存下去……生产的不断变革,一切社会状况不停的动荡,永远的不安定和变动,这就是资产阶级时代不同于过去一切时代的地方。一切固定的僵化的关系以及与之相适应的素被尊崇的观念和见解都被消除了,一切新形成的关系等不到固定下来就陈旧了。一切等级的和固定的东西都烟消云散了,一切神圣的东西都被亵渎了。"① 在这里,资本的进步强制具有一种自相反对的逻辑,资本的进一步扩张是以不断让自己的创造物过时、贬值和毁灭为前提的,就如美国著名学者马歇尔·伯曼所指出的那样,"'一切坚固的东西'——从我们穿在身上的衣服,到织出它们的织布机、操纵机器的男男女女……一直到将所有这些人与物包容在内的城镇、整个地区乃至国家——所有这一切都是为了在明天被打破,被打碎、切割、碾磨或溶解制造出来的,因此它们能够在下星期就被复制或替换,而这整个过程能够一而再、再而三地、希望能永远为了获得更多的利润而不断地继续下去。"②

人们能否摆脱当今之经济发展及这种发展所需要的独特的架构所造成的"强制之网"的统治?这应该就是晚年海德格尔思索的核心问题,以至于在讨论班中,针对这一问题,他多次发问:"人自身能否在什么时候打破这些

---

① 《马克思恩格斯文集》(第二卷),人民出版社2009年版,第34-35页。
② [美]马歇尔·伯曼:《一切坚固的东西都烟消云散了——现代性体验》,徐大建、张辑译,商务印书馆2003年版,第127-128页。

强制之统治呢?"① "这个时代的人,把自己理解为一切现实的生产者并照之行动的人,今天感到身陷越来越紧密迫人的'强制'之网的人(从存在历史来看,在强制中表现出来的乃是支架),能否自己产生一种手段,来摆脱'强制'造成的困境呢?"② 这位思想家的核心关怀,就是人被规定为"生产者""消费者",唯独不是"在存在之空明中被理解为此-在、理解为出-离渴求的人",人类是否可以从这种困境当中摆脱出来呢?有这种可能性吗?海德格尔的发问,一个比一个尖锐。

海德格尔指出,人们面对"诸强制",也许唯一能做的就是放弃、弃绝。"人如何才能做到这一点,如果他不放弃自己作为生产者的规定性?此外,在当今的现实环境下,这样的放弃可能吗?这种弃绝实际上将意味着什么呢?"③ 放弃、弃绝必须有一个前提,那就是人们放弃、弃绝以后,还有一个可以安身立命的家,这是放弃能够成为可能的前提。但问题是,人们现在已经没有家了:"人也许会进而弃绝进步本身,并且参与对消费和生产的普遍限制。一个简单、直观的例子:在这种弃绝的视野中,'旅游'也许就不再可能了,相反人们会节约一些并呆在家里。然而,在这个时代,还有诸如'在家'、寓所、住处之类的事情么?不,只有'居住机器'(Wohnmaschine)、都市的稠密地带,简言之,只有工业化的产物,却再也没有家了。"④ 当然,在这里,有的人也许会提出如下质疑:难道"都市的稠密地带"就一定不可以是家?我们中国人不是通常说"我心安处即为家"吗?实际上,这样提出问题的人一定没有读懂海德格尔。这涉及海德格尔一生都在不断强调的"存在论差异"问题。海德格尔思想的出发点一定是存在而不是存在者,而上面的反驳恰恰是在存在者状态上提出质疑的。这种质疑不明白海德格尔的"家"

---

① [法] F. 费迪耶等:《晚期海德格尔的三天讨论班纪要》,丁耘摘译,载《哲学译丛》2001年第3期,第57页。
② [法] F. 费迪耶等:《晚期海德格尔的三天讨论班纪要》,丁耘摘译,载《哲学译丛》2001年第3期,第57-58页。
③ [法] F. 费迪耶等:《晚期海德格尔的三天讨论班纪要》,丁耘摘译,载《哲学译丛》2001年第3期,第58页。
④ [法] F. 费迪耶等:《晚期海德格尔的三天讨论班纪要》,丁耘摘译,载《哲学译丛》2001年第3期,第58页。

的概念是一个存在论的术语,而不是一个存在者状态上的现实存在的"房子",甚至不是类似"三口之家"的意义下现实存在的"家",而是指"家"的存在、人之为人的去存在、人之为人的根基、人之为人的世界。从某种意义上来说,"我心安处即为家"说的同样是人们的存在,而不是现实的物质的家,这也是中国哲学在存在论上的突出成就之一。这个"心"一定不是作为"意识"的心,而是人们的存在。很多中国人自己都不理解自己的文化,跟随西方的形而上学将中国的心性学说理解为意识哲学,这是一个巨大的遗憾。也就是说,在海德格尔看来,在都市的森林中,整个世界都在"经济发展与这种发展所需要的架构"的控制之下,只有工业化的产物,却再也没有人之为人的存在,再也没有自己人之为人的世界,再也没有人之为人可以安身立命的家了。

实际上,在海德格尔看来,真正的危险并不在于原子弹的爆炸,真正的危险在于这种无家可归。海德格尔将这种无家可归的状况指认为人类根基持存性的丧失。

二、真正的危险:人类根基持存性的丧失

人们通常会将进步强制所带来的人类自身毁灭的危险等同于核战争这种现象。这只是真正的危险的表面。真正的危险在于,人们沉迷于进步强制这种极端主体性的存在方式,遗忘了自己的存在本身,遗忘了自己的本质性的从存在本身而来的源始质朴性的家,遗忘了自己对存在本身的遗忘这件事情的存在,人类的根基持存性由此丧失。总之,由于对存在的遗忘,人们再也无法回家,无家可归成了人们的天命。

(一)人类根基持存性的丧失

从存在本身而来,人类的根基持存性就在于这种从存在本身而来的源始质朴性,在于可以处身于存在真理之发生这种本质性的空间中,在这种本质性的空间中存在。极端主体性的人沉迷于进步强制这种主体性的存在方式之中,离开了从存在本身而来的本质性根源,再也无法回家,再也无法回到自

己的本质性空间中,丧失了自己从存在本身而来的人类根基持存性。

我们可以发现,海德格尔不断地强调沉迷于进步强制之中的人们对存在本身的遗忘。在主体性哲学的存在领悟之下,主体迫使"自然被迫供应其能量",人们遗忘了存在,既遗忘了自然的本真存在,也遗忘了人本身的存在,其结果便是"一旦自然界被安排供应能量,同时人也就被安排去对付与回应这种被生产的能量……甚至达到了这样一种程度,可以说:对自然界的迫使越严重,人自身遭受的迫使也就越严重"①。在这个地方,我们看到,海德格尔的用语已经与马克思的用语趋同。马克思说,人的异化同时意味着自然的异化。卢梭也说过类似的话,"奴役别人的人,同时也被奴役"。这种人道主义、人类学由于人把他自己的生命当作主体带到了关系中心的优先地位,世界就变成了摆置、促逼的对象,成了图像,人类对待自然和人类自身也就只剩下计算、谋划、促逼的技术的态度,人类由此失去了根基。

所以,海德格尔认为支架根源于西方传统之天命,在于西方几千年来占统治地位的一种存在领悟:"支架决不是人类狡计的产物;相反,它是形而上学历史的最后形态,这就是说存在之天命的最后形态。"② 作为天命,海德格尔认为,"决定着现代的作为座架的存在乃源出于西方的存在之命运,它并不是哲学家凭空臆想出来的"③。换言之,"座架"不是一种思想的结果,而是源于人们的存在方式;或者更准确地说,"座架"只是在思想中被揭示为"座架",它实质上乃是作为人的存在方式的形而上学天命,是这一天命的当代性样态。也就是说,它作为有命运性的东西植根于存在本身的历史中,即植根于遗忘存在的形而上学历史中;它的根不在现代,而是根植于更加久远的形而上学的历史;它只是在思想中被揭示为"座架",实质是人们存在的天命的当代样态。

海德格尔认为,在当今之时代,人们在存在者的范围内沉沦,顺从外在

---

① [法] F.费迪耶等:《晚期海德格尔的三天讨论班纪要》,丁耘摘译,载《哲学译丛》2001年第3期,第58页。
② [法] F.费迪耶等:《晚期海德格尔的三天讨论班纪要》,丁耘摘译,载《哲学译丛》2001年第3期,第57页。
③ [德] 海德格尔:《艺术作品的起源》,引自《海德格尔选集》,孙周兴选编,上海三联书店1996年版,第305页。

的强制而追逐资本化的财富，遗忘了作为存在的存在，进而"人的自身生产带来了自身毁灭的危险"。这个危险到底是什么呢？海德格尔认为，"危险的并非技术。并没有什么技术魔力，相反，却有技术之本质的神秘。技术之本质作为解蔽之命运乃是危险"①。海德格尔认为，"对人类的威胁不只是来自可能有致命作用的技术机械和装置"②。也就是说，通常人们认为危险来自现代技术本身，比如核武器可能带来人类自身毁灭的危险，但是，这并不是海德格尔所说的最为巨大的危险。所以，盲目抵制技术世界是愚蠢的，欲将技术世界诅咒为魔鬼是缺少远见的。

那么，真正的危险在于什么？"真正的威胁已经在人类的本质处触动了人类，座架之统治地位咄咄逼人，带着一种可能性，即：人类也许已经不得不进入一种更为原始的解蔽而逗留，并从而去经验一种更原初的真理的呼声了。"③ 真正的危险在于座架似乎使得可以作为人类之希望的另一种可能性不再可能，不再显现。什么可能性？即海德格尔一生都在追求的，与在场形而上学遗忘存在的意义完全不同的另一种可能的存在理解。真正的可能性在于这种崭新的存在理解由于座架的统治而成为不可能，使得"那个不可接近的不可回避之物仍然不可显现"④。一旦无蔽领域甚至不再作为对象，而是唯一地作为持存物，与人交涉，人就走到了悬崖的边缘，在那里人本身只还被看作持存物，并神气活现地充当地球主人的角色，"但实际上，今天人类恰恰无论在哪里都不再碰到自身，亦即他的本质……因而决不可能仅仅与自身照面"⑤。技术时代的根本危险在于人类自我的丧失，海德格尔在《泰然任之》这篇文章中更加明确地指出，最根本的危险在于"当今人的根基持存性

---

① ［德］海德格尔：《技术的追问》，引自《海德格尔选集》，孙周兴选编，上海三联书店1996年版，第946页。

② ［德］海德格尔：《技术的追问》，引自《海德格尔选集》，孙周兴选编，上海三联书店1996年版，第946页。

③ ［德］海德格尔：《技术的追问》，引自《海德格尔选集》，孙周兴选编，上海三联书店1996年版，第946页。

④ ［德］海德格尔：《科学与沉思》，引自《海德格尔选集》，孙周兴选编，上海三联书店1996年版，第975页。

⑤ ［德］海德格尔：《技术的追问》，引自《海德格尔选集》，孙周兴选编，上海三联书店1996年版，第945页。

(Bodenständigkeit）受到了致命的威胁"①。什么是人的根基持存性？那就是人与存在的关联，就是人的本质，就是人的存在，也就是此-在的世界、世界的此-在。这种危险才是致命的。至此，整个时代呈现出一个共同的特征，就是"无思"："与计算性的规划和发明的最高的、最富有成效的敏感和对深思的冷漠状态结伴而来的，将会是总体的无思想状态。然后呢？人将否定和抛弃他的最本己的东西，即他是一个深思的生命本质。"② 因而，当今人类逃避思想，甚至失去了自己的最本己的深思的本质，导致人类根基持存性的丧失。"无思状态是一位不速之客，它在当今世界上到处进进出出。"③ 而且，更加重要的是，根基持存性的丧失不仅是由外部的形势和命运所造成的，并且也不仅是由人的疏忽和浮浅的生活方式造成的。人的根基持存性的丧失，"来自我们所有人都生于其中的这个时代的精神"。

于是，当今之时代最根本的危险，不在于可能的技术的灾难，而在于技术的态度是当代人的生存态度。也就是说，危险在于这种把一切都看成是可计算的、可通约的技术的态度是当代人的生活方式。这种生活方式必然由于对存在的遗忘而导致人类根基持存性的丧失，导致西方形而上学之天命的"虚无主义"，这才是真正的危险。

(二) 无家可归的虚无主义的天命

在分析了进步强制这种存在方式对存在的遗忘导致人类的根基持存性丧失之后，海德格尔将这种进步强制的全面统治指认为所有一切来客中最可怕的来客——虚无主义，并且从存在本身而来，在存有历史性的思想的基础之上，将这种虚无主义把握为一种天命。天命，并不是不可更改的宿命，而是一种极其容易发生的从存在者的存在来理解存在本身的极端主体性的倾向；天命，就是说对存在的遗忘极其容易发生，却不是必然发生；天命，说的是

---

① ［德］海德格尔：《泰然任之》，引自《海德格尔选集》，孙周兴选编，上海三联书店1996年版，第1235页。
② ［德］海德格尔：《泰然任之》，引自《海德格尔选集》，孙周兴选编，上海三联书店1996年版，第1241页。
③ ［德］海德格尔：《泰然任之》，引自《海德格尔选集》，孙周兴选编，上海三联书店1996年版，第1232页。

形而上学的存在领悟的发生,在存在本身中有其根基。形而上学的存在领悟的发生,根源于存在真理之发生的特性。存在真理之发生,是一种从自身而来的在场者的发生、在场,一种遮蔽着的澄明。形而上学将存在的澄明固定为在场者,完全遗忘了这种在场者的根据——遮蔽着的澄明。所以,虚无主义是一种天命,一种天命般的发生。

正如海德格尔所言,进步强制这个社会学的或者人类学的习语尽管有无可置疑的分析成就,却让"强制"概念本身在其存在论性质方面得不到规定。与社会学家和人类学家们不同,海德格尔对进步强制的存在论性质进行了顽强的追问,最终在更加源始的维度上,把握了时代困局的存在论根基亦即时代困局的存在论性质——一种形而上学的存在领悟。主体性哲学则是这种形而上学的存在领悟在今天的极致展现和完成,并且同时构成了当今之时代的历史性基础。

在这个地方,针对我们的表述,有人可能会产生一些质疑。他们也许会问:这种形而上学的存在领悟,不过是一种形而上学,不过是一种观点、"思想",其何以会构成当今之时代的历史性基础?作为一种观点、一种"思想",作为意识、认识,它与当今之时代的现实基础都相距甚远,更何况时代的历史性基础?

诚如马克思所言,人们在"思想"中改变世界一百次,现实世界仍然会如其所是,"批判的武器当然不能代替武器的批判,物质力量只能用物质力量来摧毁"。这就是马克思思想的现实性。马克思用其思想的巨大现实性完成了对黑格尔神秘主义的绝对观念论的批判,深刻地影响了19世纪乃至20世纪的历史,这一点不容置疑。但是,我们要明确,在海德格尔的语境中,存在领悟不是意识,而是在意识和"实践"区分之前的此在在世本身,是比理论和实践的区分更为源始的存在,是历史性此在立足自己的角落、境域构成而对存在的一种领悟、一种理解、一种揭示、一种解蔽。这种存在领悟是任何"哲学""世界观""理论""思想"的必然性的、预先的基础。在西方历史中,这种占主导地位的形而上学的存在领悟就构成了西方历史的历史性基础。

因此,作为西方历史的历史性基础,这种形而上学的存在领悟,这种谬误已久的对存在的遮蔽和遗忘,这种以进步强制的匿名统治也即技术的全面统治为极致展现的主体性哲学,构成了西方历史的一种天命、命运,一种必然性历史运动——虚无主义的不断进展。

海德格尔指出,虚无主义作为一种可怕的、必然性的来客,其可怕之处就在于"它作为无条件的求意志的意志意求着无家可归状态本身……它早已无处不在,无形地在家中徘徊"①。也就是说,虚无主义作为一种已经在全球展开的历史性运动,"返回根基之处"对它来说已经成为天方夜谭,从来都不会进入它的视野。相反,它作为无条件的求意志的意志,本身追求的就是不断地更新、更高、更强,总之,它意求的就是脱离根基、脱离家园,因此,实质上它意求的是无家可归状态本身,这就是它的可怕之处。于是,海德格尔将虚无主义的蔓延称为西方历史的天命、命运。

为什么称之为天命?他指出:"在今天,我们本身就是一个神秘的历史法则的见证人。这个历史法则就是:一个民族有朝一日不再应付得了从它自身的历史中产生出来的形而上学,而且这恰恰发生在那个时刻,那时,这种形而上学已经转变到无条件的东西之中了……只有超人适合于这种无条件的'机械经济学',而且反过来讲:为了建立对地球的无条件统治地位,超人也需要这种'机械经济学'。"② 也就是说,这种形而上学的存在领悟所构成的虚无主义的历史性运动,作为正在发生的历史,已经展开为一种可怕的命运,一种已经直指人类自身毁灭的必然性,因此,海德格尔称之为西方的命运,现在已经成了全球的命运。

在这种天命中,人们遗忘了存在本身,不去追问存在的意义问题,滞留于存在者的包围,遗忘了自己存在着的家。所以,在这个时代,不再有栖居。在异化的经济发展以及这种发展的架构之下,人们不断地为了一间舒适的住房而苦恼,经济的发展也似乎为解决这一问题而不断地行动,但人们却从来不曾思考真正的栖居困境并不仅仅在于住房匮乏。真正的栖居困境甚至比世界战争和毁灭事件更古老,也比现实中令我们苦恼的如地球上的人口增长和

---

① [德]海德格尔:《路标》,孙周兴译,商务印书馆2011年版,第456页。
② [德]海德格尔:《尼采》,孙周兴译,商务印书馆2002年版,第797-798页。

工人状况更加古老。真正的栖居困境乃在于：终有一死的人总是要重新去寻求栖居的本质，他们首先必须学会栖居。真正的栖居困境在于，人还根本没有把真正的栖居困境当作这种困境来思考，还没有来沉思自己的无家可归状态。只有当人们有勇气去开始思考无家可归状态，这种不幸才不再是什么不幸了。

主体性哲学导致了今天的时代困局。主体性哲学的极致完成导致了进步强制的匿名统治、技术的全面统治，导致了人类的无家可归、虚无主义在全球蔓延，带来了人类自身毁灭的危险。面对"座架""支架"对自然与社会，包括作为自然的一个部分的人的全面规制，面对由这种全面的"构架"展现的彻底的对存在的遗忘，面对这种现代人的无根状态、精神家园的荒芜、无家可归，人类的将来究竟是拯救还是毁灭？

是拯救还是毁灭？这就是海德格尔基于存在之思而发现的时代之困局。我们应该怎么办？海德格尔曾经有一个非常著名的貌似非常绝望的回答："只还有一个上帝能救渡我们。"① 实际上，他在不同的地方都有过类似的说法。比如，他在同一篇采访之中不断地重复："技术在本质上是人靠自身力量控制不了的一种东西"②，"我们还找不到适应技术的本质的道路"，"我全不知道任何直接改变现今世界状况的道路，即使说这种改变就是人可能做到的我也不知道"③。在另外一篇著名的演讲中，他也有同样的说法："无人能够知道即将到来的变革。技术的发展在此期间将越来越快且势不可挡，人的位置越来越狭窄。以任何一种形态出现的技术设备装置每时每刻都在给人施加压力，种种强力束缚、困扰着人们——这些力量早就超过人的意志和决断能力，因为它们并非由人做成的。"④ 言下之意，人对目前这种状况是完全无

---

① ［德］海德格尔：《"只还有一个上帝能救渡我们"》，引自《海德格尔选集》，孙周兴选编，上海三联书店1996年版，第1306页。
② ［德］海德格尔：《"只还有一个上帝能救渡我们"》，引自《海德格尔选集》，孙周兴选编，上海三联书店1996年版，第1304页。
③ ［德］海德格尔：《"只还有一个上帝能救渡我们"》，引自《海德格尔选集》，孙周兴选编，上海三联书店1996年版，第1310页。
④ ［德］海德格尔：《泰然任之》，引自《海德格尔选集》，孙周兴选编，上海三联书店1996年版，第1237页。

能为力的，不仅普通人不能，思想家们同样也不能有所作为，"哲学将不能引起世界现状的任何直接变化。不仅哲学不能，而且所有一切只要是人的思索和图谋都不能做到"①。在那篇著名的采访中，他还有更加明确的解释："这个世界之成为今天这个样子以及它如何成为今天这个样子，不能是通过人做到的，但也不能是没有人就做到的……'存在'……需要人来启示它、维持它、使它成形……座架的作用就在于：人被座落于此，被一股力量安排着、要求着，这股力量是在技术的本质中显示出来的而又是人自己所不能控制的力量。就是要帮助达到此种见地：再多的事思想也不要求了。哲学到此结束。"哲学家所能够做的是，"我们不能把他想出来。我们至多可以唤醒大家准备期待他（指上帝——引者注）"②。

当被问到他的这种回答是否太过悲观时，他说，这不是一个悲观和乐观的问题，"悲观主义和乐观主义都是太不闻大道的处世态度了"③。悲观主义和乐观主义，都不具有哲学的严肃和沉重，都不是哲学的回答方式，更加不能企及海德格尔凝重的存在之思的思想高度。

这个地方有一点是要注意的，那就是对"天命""命运"的理解。"现代技术之本质居于座架之中。座架归属于解蔽之命运。"④ 这是海德格尔晚期对技术的追问的基础性结论。但是，海德格尔同时指出："这些句子的意思全然不同于那种四处传播的说法，即所谓：技术是我们时代的命运；在后一种说法中，'命运'意味着某个无可更改的事件的不可回避。"⑤ 此处海德格尔明确指出，我们说座架归属于解蔽之命运，"天命""命运"并不是历史决定论的某种必然的不可更改的东西，而是"当我们思考技术之本质时……我们

---

① ［德］海德格尔：《"只还有一个上帝能救渡我们"》，引自《海德格尔选集》，孙周兴选编，上海三联书店1996年版，第1306页。
② ［德］海德格尔：《"只还有一个上帝能救渡我们"》，引自《海德格尔选集》，孙周兴选编，上海三联书店1996年版，第1306-1307页。
③ ［德］海德格尔：《"只还有一个上帝能救渡我们"》，引自《海德格尔选集》，孙周兴选编，上海三联书店1996年版，第1304页。
④ ［德］海德格尔：《技术的追问》，引自《海德格尔选集》，孙周兴选编，上海三联书店1996年版，第943页。
⑤ ［德］海德格尔：《技术的追问》，引自《海德格尔选集》，孙周兴选编，上海三联书店1996年版，第943页。

因此已经逗留于命运之开放领域中，此命运绝没有把我们囚禁于一种昏沉的强制性中，逼使我们盲目地推动技术，或者——那始终是同一回事情——无助地反抗技术，把技术当作恶魔来加以诅咒。相反地，当我们特别地向技术之本质开启自身时，我们发现自己出乎意料地为一种开放的要求占有了。"① 海德格尔的这种补注，实际上为他的技术的追问、存在之思留下了向另一种可能性开放的空间，一种全新的可能性的开启。在这里，无论是"命运""天命"还是"上帝"，都不是表象式思维中概念，当然也不是宿命论的悲观主义，而是从本有而来得到重新奠基的对存在本身的道说，一种跳出悲观主义和乐观主义表象式思维的从本有而来的道说、救渡。

在那篇著名的采访中，海德格尔貌似绝望的回答同样预留了一种新的可能性的开启："只还有一个上帝能拯救我们。我们所有的唯一可能是：依靠思和诗为上帝的出现作准备，或者在没落中为上帝的缺席作准备——从上帝的缺席着眼，我们是在没落。"② 与海德格尔的补注相同，这个地方同样留下了一种可能性的境域——"依靠思和诗为上帝的出现作准备。"在这里，"上帝"肯定不是基督教的上帝。正确把握这个"上帝"之所指，是理解海德格尔的关键之一。

当然这种说法也是够绝望的，但是，它毕竟留下了一种可能性：思和诗！海德格尔在这之后的一句话或者能够更加明确地展现他的答案："或者在没落中为上帝的缺席作准备。"在场的上帝，我们已经明确，是不可能出现的。那么，不在场的上帝、隐退的诸神似乎留下了存在之光澄明的可能，而我们能够依靠的，就是"思和诗"，以领会这种敞开的可能性！

还是在那次著名的采访中，海德格尔指出，"我不把人在行星技术世界中的处境看成是不可解脱不可避免的宿命，而是恰恰认为思想的任务，能够在它的限度之内帮助人们与技术的本质建立一种充分的关系"③。唯一的希

---

① [德] 海德格尔：《技术的追问》，引自《海德格尔选集》，孙周兴选编，上海三联书店1996年版，第943－944页。

② 转引自陈嘉映《海德格尔哲学概论》，上海三联书店2005年版，第355页。

③ [德] 海德格尔：《"只还有一个上帝能救渡我们"》，引自《海德格尔选集》，孙周兴选编，上海三联书店1996年版，第1311－1312页。

望，在于一种对今天这种危险状况的"沉思"，这也是当今之时代留给思想者的主要任务。

是拯救还是毁灭？面对时代之困局，在晚期的三天讨论班一开始，海德格尔就指出了讨论班的目的：直面时代困局，沉思新的可能性。他说："我正是为此呆在这里的。"① 他认为，在当今之时代，这个工作"取决于，有那么几个人在公众之外孜孜不倦于鲜活地保持一种专注于存在的思想；他们在这里知道，这一工作的目的必须是，为一个遥远的未来奠定〔对这种思想的〕传承之可能性的基础。"② 这是一个寻找家的行动！寻找人们可以安身立命、"诗意地栖居"的家的思之行动。所以，历史存在的人们必须做好准备，去追问和沉思这种无家可归状态，才会倾听到从本有而来的那种呼声，那种把终有一死者召唤入栖居之中的唯一呼声。在这里，历史性的此在，终有一死者在响应这种从本有而来的呼声，努力尽自身力量由自己把栖居带入其本质的丰富性之中，当此之际，当终有一死者根据栖居而筑造并且为了栖居而运思之际，他们就在实现此种努力。这就是依靠思和诗，为上帝的出现作出准备。

面对历史的天命，必然性的命运，自由何在？又究竟有没有"人类的自由"这回事呢？又有没有足以对抗这种必然性的拯救呢？究竟是拯救还是毁灭？如何保持一种专注于存在的思想？如何保持不懈的热烈的思？

到此，我们可以看出，海德格尔的追问，最终依然显现为那个根本性的问题，自由的问题，亦即哲学之为哲学的根本性的问题。海德格尔曾经指出，哲学就是对异乎寻常的问题作异乎寻常的追问。也就是说，哲学之为哲学，就在于对关涉人类及其命运的根本性的问题以根本性的方式作根本性的发问。而对于人类而言，最根本的问题莫过于"自由是怎么一回事情"这个问题了，这实际上就是海德格尔终生追问的"存在是怎么一回事情"的问题的根本所在。自由问题，非常明显，同样是古往今来的思想家们的追问目标之所

---

① ［法］F. 费迪耶等：《晚期海德格尔的三天讨论班纪要》，丁耘摘译，载《哲学译丛》2001年第3期，第53页。

② ［法］F. 费迪耶等：《晚期海德格尔的三天讨论班纪要》，丁耘摘译，载《哲学译丛》2001年第3期，第53页。

在。可以看出，不同的思想家，最终追求是如何地相似。这一点，海德格尔本人有清醒的认识。他在《谢林论人类自由的本质》这本书中，针对黑格尔对谢林不公正的批评以及谢林对黑格尔恼恨这段哲学史的公案，指出："最伟大的思想家们从根本上永远互不理解，因为他们个个以其唯一伟大性形态意求同一的东西。假使他们意求相异的东西，那么理谅——在这里是指听其所为——就会不那么难了。"① 海德格尔的这个评价自然可以适用于他自身与哲学史上其他哲学家的关系。哲学家们自有其共属一体的基地，不管他们对这个基地的称呼是多么的不同。当然，海德格尔也同时指出了一个关键的问题，那就是，哲学史之所以成为无声厮杀的战场，恰恰在于哲学家们表达思想的方式各不相同。比如，关于自由问题，海德格尔突出赞扬了谢林，同时借以表明了自己的思想与黑格尔关于意志自由的讨论的不同之处："这种意志自由的问题……谢林的论著与这种问题毫不相干。因为在他那里自由并非视为人的属性，而是反过来：人至多视为是自由的所有物。自由是有容括和贯通作用的本质，人反过来置于这一本质，人才会变为人。这乃是要说一点：人的本质建立在自由之中。而自由本身是整个真正的存在的高于一切人性存在的一种规定。就人是作为人，人就必须分有存在的这一规定，而人之是，也是以人完成对自由的这种分有而言。要点是：自由并非人的属性，而是人是自由的所有物。"② 海德格尔将以黑格尔为代表的思想家们关于意志自由的讨论称为虚幻的，并称这种虚幻的关于意志自由的讨论与自己和谢林的自由思想毫不相干。

"当对人的自由进行探讨，以之就随着表明，这种探讨是对作为整个真正存在本质的自由的一种特定种类进行探讨。追问人的本质，这意味着超出人进行追问，问到那种比人类本身更本质和更有力的东西里去，即自由去。自由不是作为人的意志的附赠物和摆设品，而是作为真正存在的本质，后者

---

① [德] 海德格尔：《谢林论人类自由的本质》，薛华译，中国法制出版社2009年版，第18-19页。
② [德] 海德格尔：《谢林论人类自由的本质》，薛华译，中国法制出版社2009年版，第13页。

是作为整体中存在东西的根据本质。"①

关于海德格尔对自由的讨论,由于行文所限,此处将这一问题暂时搁置。实际上,我们也不得不搁置。这根源于哲学本身。哲学作为对人类及其命运根本性问题的根本性思考,哲学追问的不断发生之所以可能,就在于这些问题没有最终的可靠的确定的答案,恰如《周易》六十四卦中的最后一卦:未济。如果有了,那倒是奇迹了,就不会有新的追问的可能性和新的历史性的可能性的展开了。

究竟是拯救还是毁灭,这个问题终将继续下去,也许,问题的答案恰恰就存在于不断的追问之中,或者说,恰恰就存在于不得不继续不断的追问之中。从中我们也可以看出海德格尔对时代困局的把握的思想深度,这也足以解释为什么整个20世纪的哲学都没有走出过海德格尔。

所以,面对这种主体性哲学所导致的巨大的危险,海德格尔要求人们在新的可能性上突破主体性哲学的基本建制,实现思想居所的革命,找到拯救时代危局的真正出路。

第二节 思想居所的革命:突破主体性哲学的根本路向

在三天讨论班中,海德格尔分析了主体性哲学由于"我思"的自身封闭而无法突破意识内在性的基本困境。作为自近代以来一直占据主导地位的存在领悟方式,主体性哲学的这一基本建制在当代呈现为可能导致人类自我毁灭的生产主义和技术主义。基于对人类自我毁灭可能性的悲悯和寻求可能出路的急迫,海德格尔强调了发动思想居所之革命的本质重要性。从存在真理

---

① [德]海德格尔:《谢林论人类自由的本质》,薛华译,中国法制出版社2009年版,第13页。

之发生平面出发，晚期海德格尔在其所展示的深度历史之思中，孕育了一条应对全球性虚无主义蔓延的可能道路。从中，我们看到了一种新的可能性的开启。

一、主体性哲学基本建制的困境

在三天讨论班中，通过对"识-在"与"此-在"的存在论辨析，海德格尔呈现了"随之而来"与"由自身而来"的本质界限，阐明了他称为主体性哲学基本建制的根本缺陷——无法突破意识的内在性。要想突破意识的内在性，必须首先追问意识的存在论根源。

在存有历史性思想的基础之上，海德格尔不再将意识称为意识，而是称为"识-在"。何谓"识-在"？在海德格尔这里，"识"乃是指意识，而"在"应该是指存在。因此，大致说来，"识-在"应该指称一种作为意识的存在。也就是说，意识，本身是有存在特性的，并且是以它的存在特性为根据的。意识本身，是不自足的。

海德格尔是从"识-在"与"此-在"的对比中来阐明"识-在"的存在特性的。海德格尔分析道："识-在（Bewusst-sein）与此-在（Da-sein）之间有怎样的关系？更好的提法是，识性之在（Bewusstheit-sein）与此玄远之在（das-Da-der-offenen-Weite-sein）之间有怎样的关系？为了切中问题，必须在两个词之中来澄清动词'存在'的意义。法语里的conscience〔意识〕一词的构造与动词'存在'并无关系。然而conscience仍然包含着一种存在特性。哪一种存在特性呢？如果我说：'我意识到我'（ich bin mir bewusst），这同时也是在说，我意识到我自身之我（ich bin mirmeiner selbstbewusst）。这个'自己意识到它的自身'（sich-seiner-selbst-bewusst-sein），意识之存在特性，是通过主体性（Subjektivitaet）被规定的。但是这个主体性并未就其存在得到询问；自笛卡尔以来，它就是fundamentum inconcussum（禁地）。总之，源于笛卡尔的近代思想因而将主体性变成了一种障碍，它阻挠〔人们〕把对存在的追问引向正途。"① 也就是说，意识之存在取决于"我"，意识本身的存在特性是通过"我思"得到规定的，亦即是通过主体性被规定的。但是，海德格尔认为，这个主体性的"我思"并没有就其存在得到询问，亦即我成为主体性的我思，这件事情本身并没有被就其存在论性质得到追问。在没有得到追问的条件下，人就成为主体并且成了一个不正自明的前提、理论预设。

但是，人，并不直接地就是主体。人称为能思的主体，来源于"人是一种理性的动物"这样一种谬误已久的形而上学规定。这种规定来自柏拉图、亚里士多德传统，并在近代科学中，在笛卡尔那里被当作不证自明的理论预设接受下来。总而言之，笛卡尔是从一个很有问题的理论预设出发的，但是他并没有也不会就这个理论预设发问，进行存在论的追问。而且，自笛卡尔以来，这个很成问题的主体性的存在追问就成了禁地，主体性变成了一种障碍，"它阻挠〔人们〕把对存在的追问引向正途"。也就是说，在意识的基本建制之中，人成了主体，并且免于被追问。而海德格尔的主要任务，就是对这个主体性进行存在论的追问，追问其合法性。

意识的存在特性是通过主体性被规定的，因此，在意识中，人成了主体。那么，物呢？我们会发现，物，成了客体，成了表象。因为明确了意识的主体性规定，我们可以发现，物被我对设为对象而发生了当前化，被禁锢于意识的内在性之中。我们发现，意识的基本建制是使自身当前化，而这种当前化的方式则是问题之所在。"我们来追问当前性（Gegenwaretigkeit）的方式，这种当前性主宰着每一个'自身使当前化'（Selb-stvergegenwaertigung），而所有的意识都是'自身使当前化'，于是我们必须承认，这种自身使当前化发生在意识之内在性（Immanenz）之中。我对我而言所意识到的东西，总也是对我而言当前的东西……这就意味着，它在主体性之中，在我的意识之中。"② 由于这种使自身的当前化发生在意识的内在性之中，即在主体性之中，所以意识的存在特性，就是在意识中的存在总是使自身当前化，就是在

---

① 〔法〕F. 费迪耶等：《晚期海德格尔的三天讨论班纪要》，丁耘摘译，载《哲学译丛》2001年第3期，第55页。

② 〔法〕F. 费迪耶等：《晚期海德格尔的三天讨论班纪要》，丁耘摘译，载《哲学译丛》2001年第3期，第55页。

主体性中的存在总是使自身当前化。这种存在使自身的当前化被意识即主体性的我思，带到了当前使之在场并保持一种当前性，这就是意识的存在特性。也就是说，物，作为存在者的存在，本应如其所是地存在于存在之空明中，但是，由于意识的基本建制，物被主体性的意识人为地带到了当前，保持为固定的在场，保持为主体性我思对它的表象，失去了与存在的关联，失去了作为对象本己的存有特性（Bestand-haftigkeit）。物被作为表象保持在意识的内在性之中，或者说，在意识与作为对象的物也就是客体之间，出现了不可逾越的鸿沟，更不要说与作为物如其所是的存在之间的巨大差别了。

故而，在意识的内在性之中，人成了主体，而物成了表象与客体；主体与客体之间，内在性与超越性之间，出现了巨大的鸿沟。这就是近代哲学所面对的"二元论"困难。笛卡尔的"神助说"、莱布尼茨的"预定和谐说"、黑格尔的"实体即主体"等，直接地说来，都是为了解决这种"二元论"的困难，但更为本质地说来，应当说是为了解决意识的内在性这种困难。然而，它们都是不成功的。

为了突破意识的内在性，胡塞尔在意向性中保留了意向客体的位置。胡塞尔认为，所有的意识，都是关于……的意识。意识客体与意识的内在性关联就在于"在意识的内在性中有意识客体的位置"。这就是意识的本己结构——意向性。何谓意向性？就是在意识中总有意向客体的位置，这是意识的最内在特征，它总是要留一个位置，否则它就不是意识。而在笛卡尔那里，问题恰恰在于，在意识中，只有表象，关于意向客体的表象，却没有意向客体的本己位置。所以，海德格尔指出，胡塞尔将意向性和意识联系起来，在意识的内在性中保留了意向客体的位置，并使意向客体也即对象取回了它本己的存有特性，从而挽救了对象，这是胡塞尔的巨大贡献。"人们把意向性与意识联系起来，因此，在意识的内在性中，意向客体也一样有它的位置……在新康德主义那里，客体只不过是一个被诸知性概念划分开来的感性材料之杂多。胡塞尔使对象取回了它本己的存有特性（Bestand-haftigkeit）；

胡塞尔挽救了对象……然而其方式却是，把对象嵌入意识的内在性之中。"①

胡塞尔使对象取回了它本己的存有特性，而不再仅仅是主体性的我思的表象，使得对象作为对象的存在特性在意识中有了它的位置，但是，胡塞尔的方式，却是把对象嵌入意识的内在性之中。胡塞尔依然滞留于意识的内在性之中，意识的内在性的基本建制并没有被突破。胡塞尔并没有就对象领域提问，更谈不上贯穿之，即主体和客体，内在性与超越性，这两个领域并没有被贯穿，依然处于对立的两极。海德格尔指出："只要人们从 Ego cogito（我思）出发，便根本无法再来贯穿对象领域；因为根据我思的基本建制（正如根据莱布尼兹的单子基本建制），它根本没有某物得以进出的窗户。就此而言，我思是一个封闭的区域。'从'该封闭的区域'出来'这一想法是自相矛盾的。"② 从我思出发，必然无法到达对象，因而必然导致怀疑论、二元论的困境，必然导致虚无主义这一西方形而上学之天命。这就是主体性哲学基本建制的困境。

所以，必须从某种与我思不同的东西出发，实现思想居所的革命，抛开那种貌似独立的意识，直接从那种存在本身而来的此-在出发，从存在本身出发，才有可能真正突破主体性哲学的基本建制。于是，海德格尔要求一种转向的发生，一种从"识-在"向"此-在"的转向，一种从极端主体性的人向历史性存在着的此-在的转向。这实质是要求向存在本身的返回、回撤。

二、"识-在"植根于此-在之中与思想居所的革命

海德格尔指出，既然时代困局即技术的全面统治，根基于柏拉图以来的在场形而上学对存在的遗忘，根基于形而上学的基本建制意识的内在性的无法突破，那么，突破意识的内在性，在更加源初的意义上重建历史性此在与存在的关联维度，就成了我们唯一的选择。如何重建？又如何突破？这要求

---

① [法] F. 费迪耶等：《晚期海德格尔的三天讨论班纪要》，丁耘摘译，载《哲学译丛》2001年第3期，第55页。
② [法] F. 费迪耶等：《晚期海德格尔的三天讨论班纪要》，丁耘摘译，载《哲学译丛》2001年第3期，第55页。

我们把握意识的本质：意识的实质，不过是一种"识-在"，一种植根于历史性存在着的人们的存在本身的存在者，一种在历史性存在着的人们的意识中存在。必须从存在本身来把握意识的无根性和对历史性存在着的人们的存在本身的寄生性。如此，才有可能找到突破意识内在的真正的出路，才能真正地突破主体性的形而上学。于是，海德格尔继续针对意识追问其存在论根源，并从其存在论根源也就是历史性存在着的此-在出发。

实际上，从此-在出发，就是从存在本身出发，就是晚期海德格尔要求的从存有的本质性现身即本-有出发，这是一回事情。从此-在出发，极端主体性的人必然已经经历了本质性的转变，转向了从自身而来的在场者、存在者，转向了存在本身、存在真理之发生、存有之本现、本-有。这些，说的是同一回事情。伴随着思想居所的革命，我们就完成了这种本质性的转变，也就真正克服了主体性形而上学。

海德格尔指出，"因此，必须从某种与我思不同的东西出发"①。胡塞尔试图通过在意向性中为意向客体保留一个位置的方式，来突破意识的内在性，贯穿对象领域，但是，胡塞尔不过是把对象嵌入意识的内在性之中，虽然保存了对象本己的存有特性，却依然无法到达对象领域，对象领域自身存在仍然是遥不可及的彼岸。因此，从意识的本己结构出发，仍然是从意识出发，从我思出发，必然不可能真正克服近代形而上学的基本建制，必然重新落入形而上学的传统之中，所以，海德格尔认为，必须从某种与我思不同的东西出发。

那么，与我思不同的东西是什么呢？海德格尔举例指出，"如果我看见这个墨水瓶，海德格尔说，那我就在目光中领会了它自身、这个墨水瓶自身，与质料、范畴则并无关系。重要的是做出关于物自身的基本经验。如果从意识出发，那就根本无法做出这种经验。这种经验的进行需要一个与意识领域不同的领域。这另一个领域也就是被称为此-在（Da-sein）的领域"②。我看

---

① [法] F. 费迪耶等：《晚期海德格尔的三天讨论班纪要》，丁耘摘译，载《哲学译丛》2001年第3期，第55页。
② [法] F. 费迪耶等：《晚期海德格尔的三天讨论班纪要》，丁耘摘译，载《哲学译丛》2001年第3期，第55页。

见这个墨水瓶，不是认识、知道这个墨水瓶的质料、范畴，而是领会到这个墨水瓶自身，领会到这个墨水瓶的存在，做出关于物自身的基本经验。一定要注意，做出关于物自身的基本经验，即是领会物自身，而不是知道、认识物自身。领会物自身，做出关于物自身的基本经验，就是与知道、认识物完全不同的东西，后者就是"识-在"，就是意识，就是传统形而上学的态度。那么，前者是什么呢？海德格尔认为，做出关于物自身的基本经验，如果从意识出发，那就根本无法做出这种经验。这种经验的进行需要从另一个不同的领域出发，从一个与意识领域完全不同的领域出发。这另一个领域也就是被称为此-在（Da-sein）的领域。

什么是"此-在"？海德格尔认为，此-在中的在与识-在中的在，完全不同。识-在中的存在，指的是意识的内在性，在意识之内。而此-在中的存在，与之完全相反，此-在中的在表达了"在……之外……存在"。在什么之外存在呢？在此之外。"如果要对此-在谈些什么，这里的'存在'（sein）一词是什么意思呢？与意识（Bewusstsein）的内在性相反——识-在（Bewusstsein）中的那个'存在'就表达了这种内在性——此-在中的'在'表达了在……之外……存在（Sein-ausserhalb-von …）。那个于其中一切可被称作物的都能自身前来照面的领域是这样一个地带，它把明明白白地'在那儿外面'（dort draussen）的可能性让渡给该物。此-在中的存在必须守护着一种'在外'（Draussen）。因此《存在与时间》中的此-在的存在方式是通过出-离被表明的。因而严格地说，此-在的意思就是：此出-离地在（das Daek-sta-tis chsein）。"① 此-在，是这样一个敞开的区域，是一个一切可以称为物（物在这里实际上只是一个形式指引，并不是概念，也不是对象——笔者）的都能自身前来照面的领域，是一个让物能够进来的区域，而不是封闭的我出不去物也进不来的我思。在此-在这个区域中，物不是被主体当前化的，不是此-在努力的结果，而是由自身而来的在场者，物自身前来与我们照面，面对面的相处，是物物相生的结果，与存在有关。因此，此-在变成了一个中间地

---

① ［法］F. 费迪耶等：《晚期海德格尔的三天讨论班纪要》，丁耘摘译，载《哲学译丛》2001年第3期，第55页。

带，使得所有的可称为物的都能够进来并腾出空间让所有的"物"进来，是一种敞开，一种让渡。此-在，作为这样一个敞开的区域，必须守护一种在外，在此之外，让那由自身而来的物明明白白地在那儿外面，共同属于这个敞开的区域。因此，此-在的含义是此出-离地在。在敞开的区域中，此-在一向是已经在外的，一定是与那可以称为物的面对面地相处、打交道的。

于是，意识的内在性就被贯穿了。于是，由意识的内在性而导致的存在论的根本困难被破除了。

海德格尔认为，此-在本质地就是出-离式的。要理解这个出-离式特性，人们必须不仅仅考虑到在场着的东西（在它与我们相对而逗留于其位的意义上），而且还要把这一特性理解为与曾在者、当前者和未来者有关的出-离。此-在之出-离，不仅仅与这个在场着的东西相关，而且与曾在者、当前者和未来者有关。也就是说，此-在本质的出-离性是有时间指向的出离，是历史性的，这个在场着的东西，并不是被主体对设的对象，并不是永恒地在场的东西，而只是与我们面对面地相处、相对而逗留于其位的。

海德格尔认为，此-在这一表达中的"存在"的意思就是生-存之出-离性（die Ek-statik der Ek-sistenz）。此-在之出-离，就是此-在之本质，就是此在之存在，就是此在之生存。海德格尔认为，胡塞尔的出发点，意识的意向性，在更源初的意义上，是建立在此-在之出-离性这个根据上的。没有此-在之出-离性，没有此在之生存，便没有意识。"一言以蔽之，必须认识到，意识是在此-在中得到根据的。"① 也就是说，对于海德格尔而言，最为重要的工作就是追问意向性的存在论根据，而意向性的存在论根据，就在于此-在之出-离之中。意识是以此-在为存在论根据的，是在此-在中得到根据的。意识，是此-在在世的一种方式。"识-在"不是一个自足的领域，它植根于"此-在"之"出-离"中。所以，海德格尔说，在《存在与时间》中，是没有意识的。不是说没有意识，而是说，识-在自身并不是自足的，没有不以此-在为根据的意识。我们知道，这与马克思的说法不谋而合，马克思说，

---

① ［法］F.费迪耶等：《晚期海德格尔的三天讨论班纪要》，丁耘摘译，载《哲学译丛》2001年第3期，第56页。

"精神没有自己独立的历史",只有精神的根基即现实个人的对象性活动所生成的物质生活关系的历史,不是人们的意识决定人们的存在,而是人们的社会存在决定人们的意识,而人们的存在就是他们的实际生活过程。

于是,识-在与此-在中的"存在"的根本不同的含义就得到了澄清。识-在中的"存在",是被主体性的我思保持在意识的内在性中的存在,这种意识内在性中的存在,是以此-在为根据的。而此-在中的"存在",则可称为物的东西的如其所是的存在,物在此-在之出-离中,就是在世之中,在存在之空明之中。此-在在世,就是世界在此-在中。在此-在在世中,再也没有识-在的独立位置。

思想不再从我思出发,而是从与我思不同的东西即此-在出发,思想的出发点的改变,带来了一种存在论革命的发生。海德格尔指出,"从此间出发可以衡量,在一种汇聚于此-在之上的思想中,一切会以怎样的尺度得到转变;可以衡量,这种转变是何以发生的。从今往后,人出-离地与那是某物自身的东西面对面地相处,而不再通过相对立的表象(按照其定义,表象是一种属于——关于存在着的东西的——影象之再现)……至少,在希腊语里确实没有一个用来谈论对象——'客体'——的词。对于希腊思想来说没有对象,有的只是:由自身而来的在场者(dasvonsichher Anwesende)。"① 海德格尔描述了这种思想出发点的改变的重要意义。那么,思想出发点的改变,从此-在出发,在一种汇聚于此-在之上的思想中,以往一切会以怎样的尺度得到转变呢?这种转变就是,人与物,面对面地相处,共同逗留、盘桓在存在之中,在此-在中,不再通过意识的中介。反倒是意识以此-在的出-离为根据。

人出-离地与那是某物自身的东西面对面地相处,而不再通过相对立的表象。人,不再是主体,不再是貌似统治一切的主人。物,不再是主体建构的表象,不再是与主体相对立的客体,也不再是无法贯穿的对象领域。海德格尔说,对于希腊思想来说没有对象,有的只是由自身而来的在场者,有的只

---

① [法] F.费迪耶等:《晚期海德格尔的三天讨论班纪要》,丁耘摘译,载《哲学译丛》2001年第3期,第56页。

是物物相生，有的只是由自身便已在。在古希腊，没有主体，更谈不上客体，作为客体的对象，完全是近代的事情，是"我思"设定自我为主体时，客体才出现的。

于是，有人问海德格尔，难道人们不可以在在场者的意义中理解对象吗？海德格尔对此回答说，这是不可能的，因为对象是通过表象被构成的。而表象（在与对象的关系中，它是在先者）在自己面前对设对象，以致对象绝不可能首先由自身而在场。对象与由自身而来的物不同，是由我思而来，不可能由自身而在场。

这就是海德格尔所说的思想之居所（Ortshaft）的革命。实际上，海德格尔认为，称之为革命，仍然有主体性哲学的色彩，不如称之为"移居"或者说"迁回""回家"，"也许，将之简单地理解为那原初意义上的'移居'（Ortsverlegung），便比理解为'革命'要好一些；也是在这个意义上，那借《存在与时间》而行的思便将哲学曾经置于意识之中的东西从一处迁移到了另一处。此外尤其应当注意，正是哲学（既然它把那个处所安置在意识中）迁移了一切，由于它在海德格尔所谓此-在的位置上设立了一个自身封闭的处所，那也就是意识。于是，我们终于就其整个范围阐述了意识与此-在的关联。这样便可理解，什么叫做意识植根于此-在之中。"① 由于是哲学把思的源初的居所从世界中、从此-在中迁移到了意识中，由于哲学在此-在的位置上人为地设立了一个自身封闭的处所即意识，那么，思想居所的"移居"或者说"返回"就指的是，那借《存在与时间》而行的思便将哲学曾经置于意识之中的东西从一处迁移到了另一处，即"移居"，或者说，思将这些离开家园已久的东西"迁回"去源初的处所。"回家"，就是把意识中的东西迁回到此-在中。

于是，意识与此-在的关联便已经被完整地阐述了，也已经可以明确"意识植根于此-在之中"的含义了。实际上，这种转变在马克思的《1844年经济学-哲学手稿》当中已经发生，而在《德意志意识形态》中，马克思已

---

① ［法］F. 费迪耶等：《晚期海德格尔的三天讨论班纪要》，丁耘摘译，载《哲学译丛》2001年第3期，第56页。

经明确地强调,这种新的世界观的出发点,是现实的个人及其活动以及他们的物质生活条件。这些现实个人的对象性的活动生成历史,必须从这些现实个人的对象性的活动出发来切近历史的真相。

因此,海德格尔指出,要想真正的思,就必须推动思想出发点的移居,回到开端,回到希腊,进入此-在的领域。"离开意识领域以及属于意识的表象之领域,这是完全必要的,如果人们愿意有能力对于希腊人所思者加以追-思(nach-denken)的话。离开意识领域,而抵达此-在之领域,这是为了正确地看到:作为此-在来理解(也就是,从出-离出发来理解)的人仅仅存在着,就人从自己出发而到达那个与他自身完全不同的东西(它便是存在之空明)而言。人不曾创造这个空明……海德格尔指出了言说这个空明的困难……这个空旷敞开者(Freie),它不是人。相反,它是那指派给人的,既然它把自己判归于人:它是给人的馈赠。"① 在这里,海德格尔再次重申,思想居所之移居的重要意义在于人的居所的变迁:人,不再是我思的主体,而仅仅存在着,仅仅是与存在相关的生存着。就存在而言,也就是说就人从自己出发而到达的那个与他自身完全不同的存在之空明而言,人不曾创造这个空明。存在之空明、这个空旷敞开者,它不是人。相反,这个空明把自己指派给人,人恰恰属于这个空明。

所以,思想居所的变迁恰恰在于要求从这个空明出发,从这个空旷敞开者出发。这是晚期海德格尔思想的核心指涉。我们知道,《存在与时间》是一部未完成的著作,似乎根源于它追问存在的意义的方式。《存在与时间》是从此-在之出-离来切入对存在问题的探讨的。虽然作者的目标一直是存在问题,但是,由于以此-在之生存作为切入点,竟然导致许多学者将此-在之出-离看成是《存在与时间》的目标,竟然导致了对一种存在哲学的人道主义的误解,似乎《存在与时间》仍然停留于主体性哲学的阴影之中,因此,晚期海德格尔抛弃了《存在与时间》切入问题的方式,不再从此-在之出-离出发,而是直接从存在的历史出发,从存在本身出发,以避免落入他所批判

---

① [法] F. 费迪耶等:《晚期海德格尔的三天讨论班纪要》,丁耘摘译,载《哲学译丛》2001 年第 3 期,第 57 页。

的主体性哲学的危险。历史,不仅仅是此-在之出-离的历史,更加是存在史。所以,在这个地方,海德格尔再次重申:"我不想再简单地谈论出-离,而要谈论守护在空明之中(Instaendigkeit in der Lichtung);这个表达又必须在两层涵义的统一中得到理解:1. 处于三重出-离之中;(三重出-离亦即上文所谓与曾在者、当前者、未来者有关之出-离。) 2. 通过整个此在守护存在且持之不堕。"① 从存在史的角度来看,此-在之出-离性,其实就是守护在空明之中。从存在之空明来看,此-在之出-离是处于三重出-离之中,是在存在的历史中的出-离。而且,此-在之出-离,并不是主体、主人,而仅仅是存在的守护者,要通过整个此-在守护存在且持之不堕。

总而言之,思想居所的革命,思想出发点的转移,对西方哲学的进展而言,可以说是一次具有重大历史意义上的转变。所谓的存在论革命,就发生于此。只有在这个革命的意义上,才能真正克服主体性哲学及其灾难性后果。海德格尔于是指出:"在其新的居所中,思想从一开始就放弃了意识的优先性及其后果——人的优先性。"② 只有人的优先性的放弃,代之以存在的优先性、人的存在的优先性,才有可能呈现人与存在的新的可能关联维度,才有可能克服技术的全面统治所带来的虚无主义在全球的蔓延。海德格尔指出:"当人们把在哲学上将人规定为意识〔这种做法〕与从此-在出发去思想人的尝试对立起来,此时明显发生的是什么的话,那就很清楚,与放弃意识优先性(这种放弃有利于一个新的境地,也就是此-在的境地)相呼应的是,对于人来说只有一种可能性,就是对这个崭新境地有所准备:这也就是,接近这个境地、投身这个境地,在那里重新得到自己的规定性,以便与那不是人者息息相关。"③ 因此,离开意识领域而抵达此-在之领域,与放弃意识优先性相应的是,人类历史性的此-在为投身一个崭新境地做出准备,接近这个境地、投身这个境地,在那里重新得到自己的人之为人的规定性,以便与那不

---

① [法] F. 费迪耶等:《晚期海德格尔的三天讨论班纪要》,丁耘摘译,载《哲学译丛》2001 年第 3 期,第 56 页。

② [法] F. 费迪耶等:《晚期海德格尔的三天讨论班纪要》,丁耘摘译,载《哲学译丛》2001 年第 3 期,第 57 页。

③ [法] F. 费迪耶等:《晚期海德格尔的三天讨论班纪要》,丁耘摘译,载《哲学译丛》2001 年第 3 期,第 58 页。

是人者也就是存在之空明、敞开状态息息相关，从而与作为存在的存在息息相关，重建人对存在之关联维度。

可以看出，晚期海德格尔从存在真理之发生平面出发，也就是从存在的平面出发，确实展示了这种存在历史之思的深度，也给我们指明了一条应对虚无主义在全球蔓延的可能的道路，一种新的可能性的开启。

21世纪仍将是一个寻求出路的世纪。这种寻求，也许是乐观的，但也许更多的是绝望。人类将走向何方？在强大的进步强制的必然规制之下，是否还存在自由的可能？康德在寻求，黑格尔、马克思、尼采在寻求，海德格尔同样在寻求。也许海德格尔的指引不是那么的明确，也许他的指引同样沦为一种无力，像黑格尔、马克思、尼采等思想家的呼求一样。但是，人类历史性此-在的本质就在于筹划，而思想家们的指引恰恰就是伟大的筹划本身。因此，让我们在这种筹划中继续前行，也许或者必定可以有新的可能性的开启，会在存在历史中呈现新的世界。因为，对出路的寻求就是我们的存在。

总之，晚期海德格尔对主体性哲学及其实践误区进行了极其有效的批判和追问，指明主体性哲学的实践困境和理论困境，并且提出了存有历史性思想的道路作为出路，提出了实现思想居所的革命的要求，要求从存在本身出发，从历史性存在着的此-在出发，这就要求我们去考察晚期海德格尔的思想实质，去把握这条道路。

第三章 从本-有而来：海德格尔主体性哲学批判思想的来历

"从本-有而来"是海德格尔于1989年发表的秘密文本的真正题名，这一题名是晚期海德格尔思想的核心。从20世纪30年代的《论真理的本质》开始，海德格尔的思想发生了某种意义上的转向，要求从本-有而来更加彻底地、更加源始地追问存有之存在的意义问题。

关于海德格尔思想转向的问题，我们要注意转向的二重性。从一方面来说，从始终追问存有之存在的意义而言，海德格尔的一生是没有任何转移的。从另一方面来说，这个转向却是存在的。同样是追问存在的意义问题，早期海德格尔是从此在之存在出发的。从此在之存在出发进行分析的基础存在论，虽然分析了此在与存在的时间有限性，分析了此在与存在的历史性，却容易被误读为一种主体性哲学，一种站立在一个只有人的平面之上的主体性哲学，比如存在主义。海德格尔认为自己的存有历史性思想完全不是一种主义，不是一种理论，而是一种更加源始的从存在本身而来的真正的思。所以，为避免这种误读的发生，也为了能够更加彻底地追问存有之意义，就必须有一个转向，一个从立足于此在向更加源始地立足于存在本身的本质现身的转向，一个要求从极端主体性的存在方式及其存在论性质——形而上学返回、回撤、跳出、转投的转向。也就是说：首先，从立足点的不同来说，转向是存在的，早期海德格尔从此在出发去追问存在的意义，晚期海德格尔从本有而来观入存在着的东西，这是立足点的转移，是转向的表面含义；其次，立足点转移的实现，不是一个主体的选择过程，而是从本-有而来的需要，必然要求从主体性形而上学返回、转向。这是转向最根本的含义。更加重要的是，这个转向是一个从存在本身而来的要求的转向，不是人的态度的某种转变，而是更加彻底地站在一个主要有存在的平面上的转向，一个从存有之本质性现身即本-有而来的转向。简言之，转向的发生，不是人的某种选择，而是存在真理之发生，也就是存有之本质性现身，也就是本-有。当然，这个从本有而来的转向的发生，同样要求历史性存在的人的某种本质性的转变，转入自己从存在本身而来的本质性空间中，守护存在本身，应答存在本身。

从前面两章中我们可以看出，海德格尔将形而上学，即以形而上学为存在论性质的极端主体性的存在方式指认为今天人类自身毁灭的危险的罪魁祸首。这种极端主体性的存在方式，也就是技术的全面统治，海德格尔称之为集-置。集-置带来了人类自身毁灭的危险，但是，真正的危险不在于某种核武技术的破坏性，真正的危险是集-置本身。集-置本身就是作为危险的危险。但这种危险之中同样蕴含着救渡的可能性，一旦集-置转化为救渡，就是世界的发生、存在真理之发生的过程，也就是存有之本现，就是本-有。由此，存有历史性思想，将集-置把握为救渡的同时，将其把握为本-有。这就要求我们面对技术的全面统治之时，能够等待，能够沉思，能够追问。也就是说，保持对物的泰然让之，让物从自身而来在场着、存在，让他人从自身而来在场着、存在，让自身从自身而来在场着、存在。

所以，在海德格尔看来，存在历史就是从本-有而来的历史。一切东西，无论是技术的统治还是人的本质转变以及对主体性形而上学的分析，都只有在存有之本质现身、存在真理之发生即本-有的基础之上，才算是得到了源始性的思考，才能构成其本质，才能够真正得到奠基。所以，从本真性的实事来思考，"本-有"一词是作为为海德格尔思想服务的主导词语来说话的，也就是作为为本质性的思之行动服务的主导词语来道说的，因为这种真正的思之行动，是从本-有而来的行动。从本-有而来，要求实现人的本质性的转变，要求从主体性形而上学返回，从存在者的优先地位向存在的优先地位回撤。从本-有而来，也要人们等待，在人的本质性转变中等待。

第一节 "转向"的二重性与作为海德格尔思想核心的"本-有"（Er-eigins）

关于海德格尔的思想之中是否存在一个转向的问题，不同的学者有着不同的理解。海德格尔本人对于这一问题却在不同的地方都有过比较详尽的论述。比如在《哲学论稿（从本有而来）》中，对于这一问题就有总括性的论述。关于转向问题，这里存在着某种意义上的二重性。从始终追问存有之意义问题来看，海德格尔的思想是不存在转向的。但是从立足点的转移来看，从是否更加彻底地、更加源始性地追问存有之意义来说，从转向的发生需要历史性的存在本身经历本质性的转变来说，这个转向是存在的，而且是从存在本身而来的转向，是从存有之本质性现身而来的转向，也就是从本-有而来的转向。也就是说，转向关涉存有之本质性现身即本-有。

转向的发生，要求从存在者相对于存在的优先性回撤，要求回到存在的优先性，也就是要求回到存有之本质性现身本-有。本-有，作为存有的本质性现身，是从存在本身而来的自行遮蔽着的澄明，也就是存在真理之发生。存有之本质性的现身，实质是"观入存在着的东西"。这是从存在本身而来的存有之光。同时，作为自行遮蔽着的澄明，存有之本质性的现身居有、需要历史性的此在，需要历史性此在的本质性启思。所以，存有之本质性现身，需要人的本质性的转变。

一、"转向"的二重性

《哲学论稿（从本有而来）》是海德格尔生前没有发表的庞大的秘密文本之一，于1989年出版，中译本于2012年出版。海德格尔要求这些秘密文本在他去世之后才能出版，原因众说纷纭，其中之一是要人们在足够熟悉海德格尔的思想之后再接触这些秘密文本,以尽量避免误读的发生。不管如何,这一文本与其他秘密文本一样,是沉思海德格尔思想的重要文献。从某种意义上来说,要把握海德格尔的实质诉求,从这一文本出发,才有可能事半功倍,才有可能真正切近海德格尔的沉思。

海德格尔本有之思的线索是:早在1935—1936年的《艺术作品的本源》中虽然没有正式地提出"本有"一词,但有关本有思想的轮廓与影子却基本上出现了。1936—1938年海德格尔写成了对本有作系统探讨的《哲学文集(论本有)》的手稿。在1946年的《论人道主义的书信》中,海德格尔以一种含蓄而模糊的方式谈到了本有。1949年的四个演讲《物》《座架》《危险》与《转向》,尤其是《物》较为清晰、成熟地论述了本有。最为清晰的本有之论是在有关同一性的演讲,即1957年的《同一与差异》和1962年的《时间与存在》中。①

关于是否存在转向以及转向的双重性,海德格尔指出,从《存在与时间》到"本有",在这"条"道路上,始终要追问一个关于"存有之意义"(Sinn des Seyns)的问题,而且只是追问这个问题②。虽然追问的立足点各不相同,虽然有过跌倒和爬起,但由于只追问一个关于"存有之意义"的问题,所以,从前者到后者,就是行走在一条道路上,一条本质性的追问之路。在这里,从前者到后者,没有所谓的"发展",只有更彻底的转变自己,更源始的追问。这就是说,从只追问一个问题而言,前、后期海德格尔之间并不存在转向。但是,就后期的追问是在一个比前期更加彻底的意义上的追问来说,或者说从后期的追问的实施要求一个彻底的转向,一个从形而上学回撤、返回的转投而言,转向是存在的。这是一个从此在出发的存在追问,到投入本有、从本有而来追问存在的意义的转向。从本有出发,才能更彻底地、更源始地进行存有之存在意义的追问。

这个转向之所以存在,是因为在存有之思想中一切都驶向唯一者,所以

---

① 涂丽平等:《论海德格尔本有之思》,载《佳木斯大学社会科学学报》2008年第5期。
② [德]海德格尔:《哲学论稿(从本有而来)》,孙周兴译,商务印书馆2012年版,第92-93页。

要求更加彻底的转变、转向。这仿佛就是颠覆。转变和转向是本质性的，因为这些"变化"产生于存有问题本身的不断增长的离基深渊特性。随着更加彻底的转变、转向的发生，这条道路本身就变得越来越具有本质性意义。在这条道路上，历史性存在的人们不断地努力，在彻底地转变自己的同时努力把存在者中的存有本身带向其真理。所以，作为形而上学终结以来必定越来越确定地发生出来的东西，存有之思想并不是一种"学说"和一个"体系"；相反，它必须成为本真的历史，因而必须成为当代虚无主义的极致的统治地位背后的最隐蔽者，必须成为形而上学历史背后的最隐蔽历史。在这种隐蔽的历史中，这个荒芜时代的所有这些当代因素，作为这种存有之思想的历史，其中未经思考的存有之真理呈现出来，都具有其本真的真理性。

问题的关键在于，在存有和此-在的启思中，为把人之存在建基于存有之真理中做准备。准-备（Vor-bereitung）就是开辟道路，强制上路。在这里，存有之真理，沉思的知晓，就是全部。海德格尔指出："这条启思之路越是真正地成为通向存有的道路，则它就越是无条件地为存有本身所调谐和规定。"[①] 所以，启-思并不是指臆想和任意虚构。在存有之启-思中，存在者整体每每都必须被置于决断中。通过存有之启-思的道路并且作为这种道路而成其所是的这个地方，乃是那个"之间"，那个居-有此-在的"之间"，亦即那种本-有过程，那种存在与人相互归属的本-有过程。

另外，海德格尔在1962年4月初给W. J. 理查森的回信中，回答了后者提出的问题，这些问题几乎涉及海德格尔本人的整个思想历程以及在这个历程中的重大变化，其中特别提到的就是是否有一个思想的转向的问题。

海德格尔对如何回复这些问题有点犹豫。因为在他看来，他的答复仅仅只能是一种提示，仅仅是一些引起追问和思索的提示，仅仅只能作为人们行路的指南，思考那些已经由海德格尔提示出来的、最值得追问的、事情的本身的指南。但人们往往把这样一种指示当作意见、知识、观点接受下来并予以传播，这样一来就极其容易出现一种危险，即扭曲实事本身从而错过真正

[①] ［德］海德格尔：《哲学论稿（从本有而来）》，孙周兴译，商务印书馆2012年版，第95页。

第三章 从本-有而来：海德格尔主体性哲学批判思想的来历

有待思的东西。在我们面对事情本身的时候，解释学的循环是存在的。所以，无论是在谈话中还是对一个文本进行解释，重要的问题并不是是否像对方一样或者更好地理解了对方的观点，重要的是我们是否切中了事情本身的真相，真正思考有待思的东西。问题的关键是我们是否进入了"事情本身"方面的一种对峙中去，是否与那些关键的议题遭遇。这就要求独立的思索、追问和决断，海德格尔，只是作为指引。所以，他指出："一种正当的解释对本文的理解决不会比本文作者对本文的理解更好些，而倒是不同的理解。不过，这种不同必定是这样的，即，它切中了被解释的本文所思考的同一东西。"①

在海德格尔看来，《存在与时间》一书中展开的存在问题已经抛弃了胡塞尔意义上的"现象学"的哲学立场，因为这一哲学立场与"思的历史性却始终毫不相干"②。胡塞尔的这一哲学立场是在追随自笛卡尔、康德和费希特以来规范的哲学立场的过程中逐渐形成的。对这一立场的抛弃，是基于对他晚年仍然恪守的现象学原则的更加忠笃的坚持。在海德格尔看来，他的现象学和胡塞尔的"现象学"虽然具有相同的名称，内涵却大不相同。现象学要求面向事情本身，但对于什么是事情本身，胡塞尔和海德格尔的理解是不同的。这个事情本身，在胡塞尔那里是先验自我、先验主体性，而在海德格尔那里则是指存在本身。"如果我们把'现象学'理解为让思的最本己的实事自己显现"③，那么，《从现象学到存在之思的道路》这书名就应该读作"一条通过现象学到关于存在之思的道路"。思的最本己的实事，就是那个作为存在的存在的东西的自己显现，后来海德格尔将这个东西译为存有，以区别于容易被僵化理解的存在。他认为："这个存在之为存在（在）同时也就是那个正在思的东西的自己显现，这个东西需要一种与它相匹配的思。"④ 这个

---

① ［德］海德格尔：《尼采的话"上帝死了"》，引自《海德格尔选集》，孙周兴选编，上海三联书店1996年版，第767-768页。
② ［德］海德格尔：《给理查森的信》，引自《海德格尔选集》，孙周兴选编，上海三联书店1996年版，第1274页。
③ ［德］海德格尔：《给理查森的信》，引自《海德格尔选集》，孙周兴选编，上海三联书店1996年版，第1275页。
④ ［德］海德格尔：《给理查森的信》，引自《海德格尔选集》，孙周兴选编，上海三联书店1996年版，第1275页。

事情本身，非常明显，是不同于胡塞尔的仍然处于意识的内在性之中的意向性的自我的。

由此，海德格尔谈到了"转向"的说法。对于这个问题，如果人们老是带着毫无根据的臆断打转转，而不是对"转向"所说的、所关涉的那些东西作一番相应的沉思的话，谈论"转向"就会毫无意义。由于海德格尔是在1947年的《关于人道主义的信》中第一次公开提到转向的，所以，一些不知所谓的人们就硬说"海德格尔的思想早在1947年就发生了'反转'，甚至1945年就发生了某种'皈依'"①。海德格尔对这种说法不屑一顾，因为这种说法完全不了解思想发生的实事。他指出："人们根本没有设身处地地来考虑一下：为对某种如此关键性的实事内容反思透彻，也得花多少年的功夫呀。下面引证的文章可能说明：被称为'转向'的这一实事内容到了1947年已经振荡我的思想有10年之久了。"② 事实上，海德格尔思想的转向从20世纪30年代的《论真理的本质》就开始了，海德格尔说有10年之久还是非常克制的说法。

海德格尔明确指出，对于转向的思考不是基于立场的转变："对于转向的思考在我的思想中是一个转变。而这转变的发生却不是基于立场的改变，更不是以《存在与时间》中问题的提法作代价。"③ 也就是说，转向的前后，海德格尔的基本立场并没有发生变化，并没有从此一立场转向别的立场。而对于前期海德格尔来说，唯一的立场就是对存在之为存在的追问。存在的意义问题，是前期海德格尔的唯一立场。那么，从海德格尔自己的表述来看，这一立场仍然是后期海德格尔的唯一立场。"关于转向的思考是出于这样一种情况：我一直停留在《存在与时间》一书里有待于思的事情中，也就是说，我一直在按照在《存在与时间》（第39页）中在'时间与存在'这个标

---

① ［德］海德格尔：《给理查森的信》，引自《给理查森的信》，引自《海德格尔选集》，孙周兴选编，上海三联书店1996年版，第1276页。

② ［德］海德格尔：《给理查森的信》，引自《海德格尔选集》，孙周兴选编，上海三联书店1996年版，第1276页。

③ ［德］海德格尔：《给理查森的信》，引自《海德格尔选集》，孙周兴选编，上海三联书店1996年版，第1276页。

题下所指明的看法追问不休。"① 在基本立场完全没有变化的意义上，我们完全可以说，根本不存在所谓的转向。也就是说，追问存在的意义的问题，是前后期海德格尔的共同立场，在这个意义上，前期海德格尔与后期海德格尔并无区别，他思考的是同一个"有待于思的事情"——存有之存在的意义问题。

由此，转向既然不是发生在基本立场中，那么，何以又有了转向的说法呢？在海德格尔看来，转向确实发生了，所以我们还是要对这个转向有所把握。

这个转向的发生，不是"在发问的思中的某种进程"，而是属于在"存在与时间""时间与存在"的标题之下所谓的实事内容本身。"转向出现在实事本身之中。这种转向既不是我编造出来的，也不是只牵涉到我的思想。"②

可以看出，转向的发生与存在本身、存在真理之发生这个实事内容相关，并不仅仅是某些个人的思想中的反转；相反，个人的思想恰恰要调谐于存在，真理之发生才可能是源始性的思、真正的思。所以，海德格尔要求人们"亲身去试一下上述的实事内容"。只有人们首先投身于这一转向之中，而不是仅仅对转向的发生进行一些无休止而又毫无根据的闲谈，人们的做法才会富有成效些。这就要求人们去追问存在之遗忘状态，去经验存在之遗忘状态，经验这一存在之急难的发生，从而返回开端、返回源始性的存在真理之发生。所以，从存在真理之发生这一实事内容出发，而不是从主体性的人出发，才是转向的真正内涵。这要求人们"去存在"、去经验，也要求人们做出决断。所以，海德格尔认为，从这一实事内容出发而对《存在与时间》的批判，才能给人以启示性的帮助。

由此，在《存在与时间》中，问题就是"以摒除主体性的范围来立论的"，这种立论方式与"任何人类学的提法"都毫不相关，而倒是由与存在本身相关的"此在"的经验来定调子，这样一来，《存在与时间》中所问及

---

① [德] 海德格尔：《给理查森的信》，引自《海德格尔选集》，孙周兴选编，上海三联书店1996年版，第1276页。
② [德] 海德格尔：《给理查森的信》，引自《海德格尔选集》，孙周兴选编，上海三联书店1996年版，第1276页。

的"存在"绝不可能由什么人的主体来设定,而只是从其时间性质而表现为在场的存在而与此在相关涉。因此,"由上所述可见,其实,在《存在与时间》中的存在问题的开端处,思就已倾向于一种其行程是和转向相符合的转变了"①。也就是说,在《存在与时间》中,转向之思就已经开始在运作了。

所以,《存在与时间》中的问题提法就绝没有也不可能被抛弃掉。于是,1957年,在《存在与时间》的第七次修订版的序言中,海德格尔强调:"如果说询问存在的问题触动了我们的此在,那么,甚至在今天,这条道路也仍是必需的。"② 也就是说,如果对存在的意义的追问凸现了人们的存在之遗忘状态,激荡了历史性的此在,从而追问之思要求一种转向,要求回到开端,要求从存在之本现、存在真理之发生出发,去为历史性的东西重新奠基,那么,这条道路就仍然是一条必然的道路。《存在与时间》就是这条必然性的道路上的一个路标,无论是前期还是后期,海德格尔都行进在这一条必然性的道路上。

同时,从存在真理之发生出发,亦即在转向之思中,《存在与时间》的追问"却以一种决定性的方式得到了完善和补充(er-gänzt)"③。也就是说,《存在与时间》的提法,行进在这样一条必然性的道路上,但也仅仅只是转向之思的"在途中"的一个"路标"而已,而且是一个不充分的、非常容易引起误导的路标和提问方式。这一说法在这一后果中得到了完全的体现,即《存在与时间》问世以来,在很大程度上不是摒弃了主体性的形而上学,而是推动了主体性形而上学发展到极致。这一后果当然是在人们对《存在与时间》的误读中发生的,但不可否认,这一误读的发生恰恰是《存在与时间》的提问方式不够充分导致的。

所以,在转向之思中,从存在真理之发生出发,《存在与时间》的追问才以一种决定性的方式得到了补充。什么方式?投身于存在之中的方式,从

---

① [德] 海德格尔:《给理查森的信》,引自《海德格尔选集》,孙周兴选编,上海三联书店1996年版,第1277页。

② [德] 海德格尔:《给理查森的信》,引自《海德格尔选集》,孙周兴选编,上海三联书店1996年版,第1277页。

③ [德] 海德格尔:《给理查森的信》,引自《海德格尔选集》,孙周兴选编,上海三联书店1996年版,第1277页。

存在本身出发的方式，唯有从存在本身出发，从存在真理之发生出发，从存有出发，从存有之本现即本有出发，《存在与时间》的追问方式才能得到决定性的补充。唯有从这一最值得思的实事出发的转向之思，才是统观全局者，才能对此在作出完全不同于"理性动物"的"人"的充分的规定，"即从存在之为存在的真理方面来想出的对人的本质所作出的充分的规定"①。在这里，要紧的不是对真理概念的修正，也不是对我们熟知的想法的补充，至关重要的是指"人的存在本身的变化"，要紧的是人之存在本身的一种转变。这种转变不是一种见解和说法的转变。这里的人不再是任何"科学""人类学"的对象。主体性的"人"才是这种人类学的对象。与存在相关的此在，总是比"理性动物"的"人"要"多些"、丰富，是在一种决定性的意义上对历史性此在的完善性的把握、补充。所以，海德格尔指出："人在这里是在那种最深刻而又最广泛，真正探本的洞察中成为问题的：人与存在相关——或转过来说也一样：在（Seyn）和在之真理与人相关。"② 历史性的此在，在一种决定性的意义上以一种决定性的方式得到补充和完善的人，也就是在一种最深刻而又最广泛的、真正探本的洞察中的人，也就是从存在真理之发生、存有之本现出发得到洞察和建基的人。这种作为历史性此在的人与存在相关，或者说存在本身即存有、存在真理之发生与历史性的此在相关，不同于主体性的"人"，后者遗忘存在并且遗忘了对存在的这一遗忘状态从而使对存在之遗忘这一急难无法得到经验。

总的来说，转向之"发生"就"是"存有之为存有，就是存在真理之发生。这一转向归属于、取决于存在如何给出、时间如何给出的这个"有、给出"（Es gibt）。这一转向本身倒没有什么特别的发生方式，问题关键在于这个"给出、有"是如何给出了、有了存在与时间的。

在这里，无论是存在还是时间，都不是存在者，都不是某种存在着的东西，所以，海德格尔用"对在场之自身遮蔽之澄明"来代替"时间"，于是，

---

① ［德］海德格尔：《给理查森的信》，引自《海德格尔选集》，孙周兴选编，上海三联书店1996年版，第1277页。

② ［德］海德格尔：《给理查森的信》，引自《海德格尔选集》，孙周兴选编，上海三联书店1996年版，第1277页。

"在场（存在）被归入对自身遮蔽的澄明（时间）中。对自身遮的澄明（时间）导出了在场（存在）。这个归属和导出基于发生（Er-eignen）"①。发生（Er-eignen）又被译为居有，并且被叫作本有（Er-eignis）。所以，存在如何给出、时间如何给出，都是基于本有。转向，由此归属于本有。

这个本有，既不是海德格尔的提问的功劳，也不是他的思的独断专行；相反，他的提问和思，只有在和对自身遮蔽的澄明相应、和本有相应并归属于本有时，才是始源性的，才是真正的思。比如，我们今天称为"真理"的东西，在古希腊人那里称为无蔽，这并不是古希腊人的发明和捏造，这是存有、存在之真理本身对古希腊人语言的最高馈赠，是存有之本现即本有的馈赠，它归属于存有之本现。在这一赠礼中，作为这样一个在场者，达到了无蔽境界，但同时也达到了、完成了自身隐蔽，隐蔽于后来被称为存在者的这一在场者之中，从而完成了整个自身的遮蔽。这就是自身澄明着的遮蔽。这就是真理之本现。所以，真理不仅是无蔽，而且是自身遮蔽，以无蔽的方式自身遮蔽。真理就是自身遮蔽着的澄明着得到时。所以海德格尔指出，"如果人们仅仅满足于确定：海德格尔将真理把握为无蔽状态，那就显然思得太浅，或者说干脆没有思。"② 因为无蔽恰恰植根于有蔽，恰恰就是一种自身遮蔽。这一切，这种自身遮蔽着的澄明着得到时，即是本有，即是存在真理之发生。真正的思，归属于、调谐于、应合于本有并取决于它。

所以，"海德格尔Ⅰ"和"海德格尔Ⅱ"之间所作的区分，在前者和后者所思的是同一个有待于思的东西的意义上，是毫无意义的。但是，在下面的条件下是可以成立的："只有从在海德格尔Ⅰ那里思出的东西出发才能最切近地通达在海德格尔Ⅱ那里有待思的东西。但海德格尔Ⅰ又只有包含在海德格尔Ⅱ中，才能成为可能。"③ 只有从海德格尔Ⅰ那里把握到存在之遗忘状态这一存在之急难，要求返回开端，才能通达海德格尔Ⅱ那里的存在真理之

---

① ［德］海德格尔：《给理查森的信》，引自《海德格尔选集》，孙周兴选编，上海三联书店1996年版，第1278页。

② ［德］海德格尔：《给理查森的信》，引自《海德格尔选集》，孙周兴选编，上海三联书店1996年版，第1273页。

③ ［德］海德格尔：《给理查森的信》，引自《海德格尔选集》，孙周兴选编，上海三联书店1996年版，第1278页。

发生、存有之本现、本有，从而追问新的开端的可能性，转向才有可能发生。但是，反过来说，只有从海德格尔Ⅱ所思出的东西即本有出发，海德格尔Ⅰ对存在问题的追问才有可能是富有成效的，否则，只会重新走向存在者的真理、存在之遗忘状态。在根本而且重要的意义上来思，要从存在真理之发生、从存有之本现、从本有出发，从此-在出发，而不是从"人"出发，才是真正的思之事业；真正的思，只有应合于存在真理之发生、本有，才是可能的，才能够达到对这种实事内容的实事的相应的道说，语言才能够成为存在之家，否则，当语言变成了毫不应合于存有的闲谈，语言就只能成为存在之尸了。

这也就是说，转向的发生，源于存在真理之发生，源于存有之本质性的现身，也就是源于本-有。所以，晚期海德格尔的一个重要口号，就是"从本-有而来"，也就是从存在本身而来，不再突出强调存有之本质性现身对历史性此在的需要和居有。下面，我们来看一下何谓"从本-有而来"。

二、从"本-有"而来

要把握何谓"从本-有而来"，首先要把握海德格尔所说的存在论差异问题。对于海德格尔来说，判断一种思想是形而上学的还是存有历史性的，存在论差异就是最初的标准。几千年来，人们一直都在追问存在问题，但都是行走在将存在理解为存在者、在场者的轨道上，都是一种在场形而上学。完全忘记去追问存在者、在场者得以成为存在者的本质性的根源何在。这就是存在遗忘。所以，传统的形而上学，无论是绝对唯心主义还是实在论，都是在追问某种存在者的存在，都或隐或显地坚持存在者相对于存在本身的优先性，都是一种在场形而上学，必然导致虚无主义走向极致。

与这种传统的在场形而上学不同，存有历史性思想，应答从存在本身而来的要求，倾听存在本身的声音，要求从存有之本质性的现身也就是本有而来追问存有之意义的问题，也就是要求从存在真理之发生来思存有之意义的问题。从本有而来，就是从存在本身而来，就是从存在真理之发生而来，这是一回事情。只不过，后两种说法是海德格尔通常的说法。

相反，从本-有而来，从存有之本质现身而来，是后期海德格尔言说的核心、关键词。用存有来取代存在，是为了避免那种对存在的实体化的理解，避免将存在本身理解为存在者。将自己的思想称为存有历史性的思想，也是为了强调存有的时间有限性。存有之本质性的现身，就是本-有。既然是本质性的现身，就是说存有发生了遮蔽着的澄明，这也就是存在真理之发生。作为存在真理之发生，作为遮蔽着的澄明，就产生了一个从存在本身而来的本质性的境域，经历了本质性转变的人本质性地处身于这一境域，也就在存有之历史性的思想中呈现了一个新的可能性的存在。在这一可能的境域中，历史性的此在不再是一种征服自然的主体，而是从自身而来的存在着的存在者的守护者。在这里，无论是历史性的此在还是那些看起来像是存在者的东西，都从自身而来存在着。所以，从本有而来，也就是"观入存在着的东西"，也就是在存有之光中，让那些看起像是存在者的东西从自身而来存在着，就是让存在着。

（一）从本-有而来的转向的发生：从存在者的优先性到存在的优先性

在《哲学论稿（从本有而来）》这一文本之中，海德格尔谈到了存在本身与存在者的差异以及实在论与唯心论中存在者的优先地位。

存在本身与存在者的区分，海德格尔称之为"存在学差异"，对形而上学的初步克服，就要从存在学差异、区分开始。通过这种区分，必定可以明见源始的丰富性，以及人之存在的所有危险中的危险，即人之本质建基与本质毁灭的危险①。这种区分，把形而上学的本质概括为一种生发事件（Geschehnis），一种不能也不可由形而上学来决定的生发事件，这就是本有的发生。由此，形而上学的隐藏历史就走向了存有之历史。

哲学乃是对存在的追问。不过，这种追问由于有两种出发点和两种追问对象，从而区分为以往的哲学和将来的哲学，并且暗示了从前者到后者的过渡。以往的哲学，从阿那克西曼德到尼采，所有的追问都是追随存在者，从

---

① ［德］海德格尔：《哲学论稿（从本有而来）》，孙周兴译，商务印书馆2012年版，第447页。

存在者而来又返回到存在者,都具有把存在思考为存在者之存在的简单统一性。在这种追问里,被问及者始终只是存在者,所探问者被规定为一切存在者所共同的东西。存在者在这种存在追问中的优势地位,对形而上学来说都是本质性的,贯穿了形而上学的历史,这也是 φὐσις [涌现、自然] 和 ἀλήεια [无蔽、真理] 之权力受到剥夺的原因所在。

容易引起误解的是,存在具有存在状态(Seindheit)之特征,人们往往将存在状态把握为存在本身。原因在于,存在状态作为一切存在者中最持久的在场者,是最具存在性者,也是比确定的个别存在者更先者①。绝对唯心论,由于不执着于确定的个别存在者,表面看来是对存在者之优先地位的克服,建立起了存在状态相对于个别确定的存在者的优先地位。实际上,唯心论也保持着存在者对于存在状态的优先地位,只不过被掩盖起来了。因为,对象性本身是从对象而来得到规定的,即从某种起于存在者的关于存在者的特定解释而来得到规定的,也就是说,它是奠基于绝对主体性之中的。存在状态奠基于绝对主体性之中,显示了主体(Subjektum)这个存在者相对于存在状态的一种提高了的优先地位。主体这个存在者,在这里,乃是一切于自身面前的摆置的关联中心(Bezugsmitte),在存在历史性的意义上,这只不过是把持久的在场状态变换为主体的于自身面前的被摆置状态(Vor-sich-Ges-telltheit)。在这里,绝对唯心论似乎消解了一切确定的个别存在者,使之归属于存在,实际上,在这里得到贯彻的,仍然是对存在的权力褫夺。存在者由此仍然获得了一种无可争议的和无限制的优势地位。

与绝对心论相对应,存在者的优先地位直接产生的就是实在论。我们知道,人们通常的存在方式是以沉沦的方式存在,在这种存在方式中,人们对存在有着最初的领会。这种最初的领会不同于系统化的哲学、存在论,这种初步的存在领会是前存在论的,因而,这种存在领会主要是把存在理解为实在,而把世界理解为现成的事物之总和的"世界"。所以,人们最初的存在领会一般都是实在论的,存在者拥有着相对于存在的优先地位。同样,在一

---

① [德]海德格尔:《哲学论稿(从本有而来)》,孙周兴译,商务印书馆 2012 年版,第 448 页。

般的唯物主义的存在论中，存在者同样拥有优先地位。在沉沦这种存在方式中，无论是在存在者层次上的经验还是在存在论上的领会，存在之解释都首先是依循世内存在者的存在制定方向的①。这是人活着的必然，这种存在理解不但不错，而且还是相当合理的，但并不全面和源始。依据这种合理性，"实在论"对存在者的追逐取得了合法性，隐含于其中的对存在的权力褫夺获得了辩护。

所以，19世纪的"实在论"是完全乞灵于绝对唯心论的，因而只能是加引号的实在论，其形式上是实在论，实质依然是唯心论。所以，认为"唯心论"是不现实的，必须有一种向"实在论"的突变来纠正唯心论，这种观点是毫无意义的②。"实在论"相对于绝对唯心论，不仅没有发生突变，而且只是降格，从具有地道的哲学姿态的存在论降格到对唯心论的非哲学解说。可以看出，海德格尔对"实在论"是相当不屑的。如果说"唯心论"中完成的是对存在的哲学上的权力褫夺，那么在"实在论"中完成的则是一种对存在的无哲学的权力褫夺。

当对存在者的追逐保持足够的审慎，人们便会认识到，甚至对现实和"生命"（也就是存在者）的无条件的肯定，也还需要非-存在者的某种踪迹，而对于这种非-存在者，人们当然不再能够把它认作存在了——这时候，这种追逐就必定会遁入价值思想之中。③ 这就是说，从唯心主义纠正而来，纠正到立足于现实的唯物主义，或者纠正到立足于人的"生命"存在的生命哲学，也就是说纠正到无条件地依赖于对现实或者"生命"这种存在者的肯定的哲学，必定会认识到自己对非-存在者的某种踪迹的需要，这就出现了价值哲学。所以，价值哲学不过是追逐存在者的传统形而上学的一个变种。

在这里，对现实的无条件的肯定的哲学，我们的理解如果正确的话，指向马克思的思想。在这里，对于现实的理解，海德格尔应该是在现成之物、

---

① [德] 海德格尔：《存在与时间》，陈嘉映、王庆节译，三联书店2006年版，第231页。
② [德] 海德格尔：《哲学论稿（从本有而来）》，孙周兴译，商务印书馆2012年版，第451页。
③ [德] 海德格尔：《哲学论稿（从本有而来）》，孙周兴译，商务印书馆2012年版，第451页。

在场状态、现实条件的意义上来把握的。但在马克思那里,现实的,是指从事物本身而来的,并不就是指现存的。

总之,传统唯物主义和传统的唯心主义统合在一起,构成了传统形而上学,构成了从存在者出发并回归存在者的传统的对存在者之存在的追问。将来的哲学,对存有的追问不再从存在者出发来思考,而是通过存有之启-思。存有之启-思通过使存有作为"之间"而跃起,在这个"之间"的自行澄明的本现中,诸神与人类互相结识,相互归属,共属一体。作为这样一个"之间",存有是那个本质现身者,即存有之真理,亦即本-有。在存有之真理中,从本-有而来,存在者才可能进入存在者之保存中。

(二) 本-有之为存在真理的发生:"观入存在着的东西"

何谓本-有?"本-有"一词源于那种发育好的语言,也就是源于一种在严格意义上从本-有而来道说的语言。"'本-有'的原初意义是:er-augen,即看见,在观看中唤起自己,据有(an-eignen)。①"所以,本有必然与目光相关涉,在目光中,人与存在本身相互归属并本质性地呈现自身,也就是进入澄明之敞开域中,同时将存在的本身的自行遮蔽作为遮蔽、黑暗保存下来。这就是本-有。与目光相关,也就是与本真性的思之行动相关。

本-有一词,作为如此这般被思考的主导词语,就像希腊语中的 λόγος [逻各斯]和中文的"道"一样,几乎不可译。在这里,本-有并不是我们通常所理解的某个事件、某个事情,不是通常所理解的历史中某种历史性的东西。本-有,作为存在真理之发生,则是这些历史性的东西、事件、事情得以成其本质的本质性的来源。这种存在真理之发生,是罕见的、独一无二的。我们在技术世界中对集-置的经受、经验,我们所经受到存在之遗忘状态的急难,所有这些存在与人的情势,不过是本-有的一个前奏,存在真理之发生的一个前奏。

本-有,作为存在真理之发生,在它即本-有经受了集-置的单纯支配作用之际,在本-有之中有一种源于本-有自身的可能性在发出呼求,要求从集-置

---

① [德]海德格尔:《同一与差异》,孙周兴等译,商务印书馆 2011 年版,第 42 页。

这种存在之遗忘状态中回撤，撤入源初的具有亦即本-有中去。这实际上是一种向着自身的回撤，一种从本-有而来进入本-有之中的对集-置的经受，一种通过对技术世界的经受而向本-有的本有性的（ereignishaft）回撤，从技术世界的统治地位向其服务地位的回撤。这种回撤，不是单单由人控制的，当然不是人之行为的产品，这是一种源于存在真理之发生的真正思之行动，源于与本-有的关联。思，应合于存在本身、本-有，完成这一回撤，实行这一回撤，而不是制作这一回撤。这是在存在真理之发生的领域发生的，在这一本质性的领域之中，在本-有中，历史性的人才本真性地到达这个领域、向这个领域开放自身而成为本质性的人，才成为与存在相关涉的人，也就是与本-有相关涉的人。

在这里，我们如果要本真性的思想，那么，我们的思想就要严格地从本-有而来获得调谐和规定，就要转投入本-有这种朴素的东西中去。只要从我们在其严格的词语意义上将其命名为本-有的东西而来，就只有这个东西径直向我们说话，我们就已经居留于、居住于这一最切近我们的东西的近处。这个使我们接近于我们之所属的东西，即我们将之命名为本-有的东西，让我们在归属于这个东西之际成为我们之所是。本-有是最切近于我们的东西。

本-有，是一个自身颤动的领域，一个自身飘荡着的建筑，从这个领域而来，人与存在在它们的本质空间中相互通达，相互归属，相互归本，在重新得到奠基的基础之上获得它们本质性的东西。"把本有思为本-有，这意味着：从事这一在自身中颤动着的领域之建筑的建造工作。"① 在这一过程中，归属于存在本身的思想，从本-有而来的思想，借助于语言，从而将存在本身带出来，语言由此成为存在之家，成为本-有之飘荡着的领域的建造工具。语言，在本质性地道说存在真理之发生亦即本-有飘荡着的领域之际，成为本质性的语言，成为归属于、应和于本-有之领域的存在之家。同时，作为对存在本身的倾听，语言是存在本身的克制着、维持着、忍受着的忍住一切的颤动，一种最无力的颤动，一种相对于存在本身的无与伦比的"寂静力量"的"最

---

① ［德］海德格尔：《同一与差异》，孙周兴等译，商务印书馆2011年版，第44页。

无力"的颤动。所以，只要我们的本质归本于从本-有而来进行道说的语言，那么我们就居住在本-有中，也就是居住在已经很久被我们遗忘的、我们原本拥有的家中。

本-有之为本-有，同时与人与存在相关涉，所以，本-有同"闪烁"（Blitzen）有关，同时也与目光（Blick）有关。本-有既是一种观入（Einblick），又是一种闪入（Einblitz），也是一种看入（Einsicht），在这里，人与存在相互归属，共属于本-有。在《转向》一文中，海德格尔指出，本有（Ereignis）乃是有所居有的洞见（eignende Eraugnis）①，本-有作为一种洞见，是从存在本身而来的洞见，是由所居有的洞见，也是归属于存在本身的人对存在本身的洞见。

海德格尔于1949年在不来梅的演讲以"观入存在着的东西"（Einblick in das was ist。）为标题，就是要表明：本-有，作为一种观入，它征用人；观入，是一种从存在本身而来的看，看的是存在着的东西的本质性根源。所以，观入存在着的东西，就是从本-有而来，从对存在之本质的拒绝转向存在之守护的居有，就是在存在中的转向之本-有。观入存在着的东西，这就是本-有本身。存在真理之发生就是作为这种本-有对存在着的东西的观入。这种对存在本身的观入，与对存在之遗忘状态即失真的存在相对。观入存在着的东西，这是在存在之本质中的情势（Konstellation）。这一情势乃是存在作为危险在其中成其本质的那个维度。②

观入存在着的东西，并不是我们人类从自身出发向存在着的东西投去的一道目光。在这里，存在着的东西并不是在传统形而上学的存在者，而是从本-有而来的"存在"（Sein）。在这里，一切都反转过来了，一切都是从本-有而来得到思考的。所以，观入并不是我们用来认识存在者的洞见，作为闪入的观入，它是在存在本身的本质中的本-有，亦即在集置之悬搁中的转向之情势的本-有。

集置通过对物的订置，将自身摆置于物的面前，完成了对物的消灭过程，

---

① ［德］海德格尔：《同一与差异》，孙周兴等译，商务印书馆2011年版，第116页。
② ［德］海德格尔：《同一与差异》，孙周兴等译，商务印书馆2011年版，第117页。

让物之为物无所维护、失真。因此，集置就伪置了那在物中临近的世界之切近。集置甚至伪置了这种伪置，遗忘了这种遗忘。尽管如此，集置在其本质中作为危险，同时呈现为一种救渡，所以，在一切集置之伪置中还亮着一线世界之光，还闪烁着存在之真理。作为存在之天命，集置中仍然有一丝源于存在之闪光的光明本质性的现身。这一光明的现身虽然隐蔽，但仍然是从本-有而来的目光。集置作为危险，并不是完全意义上的灾难，并不是完全遮盖着的盲目天命，而是非常容易地转投入本-有的救渡。在完全的意义上，集置应该被经验为本-有。

本-有，作为观入存在着的东西，就是存在之真理向着存在之遗忘状态的闪入，就是存在本身向着失真的存在的闪光。当观入发生时，人类就在归属于存在本身之际被观看，成为被观看者，同时也就是人类被存在之闪光击中并由此进入从存在本身而来的、自身之为自身的本质性的空间。

综上，我们可以看出，从本有而来，才会有转向的发生，才会有从存在者相对于存在的优先性转向存在本身的优先性。从本有而来，实际上就是从存有之本质性的现身而来，也就是从存在真理之发生而来。这要求站入存有之本质性现身的本质性空间中，站入存在本身之遮蔽着的澄明中，站入自身的本质性存在中。从本有而来，就是观入存在着的东西，在这里，所有的看起来像是存在者的东西，包括人，都是从自身而来在场着。观入存在着的东西，不是观入存在者，而是观入存在本身。从本有而来，这需要历史性此在的本质性转变的发生，也需要从本有而来把握时代危局，把握我们今天的技术的全面统治。下面，我们就来看一下，从本有而来，集-置究竟意味着什么？时代危局有没有破解的可能？

第二节　从集-置到本-有

关于集-置问题，我们已经在第二章中有过初步的讨论。在那里，我们谈到了从集-置而来的人类自身毁灭的危险，主要的危险在于人类根基持存性的丧失。集-置的存在论性质，就在于一种主体性哲学。要想避免人类自身毁灭的危险，对于集-置就还需要深入的讨论。首先，存有历史性思想，从本有而来，追问了集-置作为对存在本身的遗忘，追问了这种遗忘从存在本身而来的来源；其次，存有历史性思想，同时沉思了在集-置所导致的存在之急难状态中，生长着从这种存在之遗忘状态、存在之急难状态中返回、回撤、转投、跳出的可能性，也就是生长着救渡的可能性；最后，存有历史性思想在作为危险的危险的集-置中，存在着一种从存在本身而来的呼求，这就有了从存在之急难状态转投入本-有的必然性，由此，集-置被经验为本-有。

面对集-置，海德格尔不同意通过那种极端主体性的实践去改变这种状况、这种存在之急难。因为任何这种执意改变世界的行动都仍然不过是极端主体性的活动，都在加深着这种存在之急难本身。由此，他拒绝任何的执意的活动，他要求我们等待，要求我们去经受存在之急难，要求我们从存在本身而来，对物泰然让之，对神秘虚怀若谷。但是，泰然让之，并不是人们的选择，而是从存在本身而来的让存在、让予。泰然让之，是从本-有而来的让存在，因此同本-有一样，也是观入存在着的东西，观入存在本身，进入存有之本现的本质性空间中，进入存有的遮蔽着的澄明中。泰然让之，与存在本身相关涉，与本-有相关涉。当然，泰然让之，从本-有而来，也要人的本质性转变，转投入那从存在本身而来的本质性空间中，守护存在、应和存在，让自身、自然与他人都能从自身而来在场着、存在着。

一、集-置作为天命

集-置不是没有本质性来源的东西，实际上它是一种解蔽方式，而且是一种极其容易发生的天命般的解蔽方式。所以，从本-有而来考察集-置，就会发现集-置作为天命具有某种必然性。集-置在存在真理之发生中，有其本质性的来历。

海德格尔指出，"集置"（Gestell）的本质，是于自身中聚集起来的"摆置"（Stellen）。这种于自身中聚集起来的"摆置"随着存在之被遗忘状态而后置（Nachstellen）于它本己的本质真理。这一后置，将一切作为持存物的在场者把握为持存的存在者，从而遗忘了这些作为在场者的存在者得以成为存在者的可能的条件，遗忘了存在真理之发生本身，遗忘了自己本己的本质真理。所以，由于这一后置展开自身为对作为持存物的一切在场者的订置（Bestellen），在其中设置自身，并作为这种持存物而起支配作用，由此便伪置（Verstellen）了自身。① 由此，"集置"遮蔽了自身，掩盖了存在之遗忘状态，并将这一遗忘状态遗忘了，且以这种方式伪置了自身。

所以，在海德格尔看来，"集置"是作为危险（Gefahr）而成其本质的。"集置"带来了人类自身毁灭的危险。但是，这还不是"集置"的最危险之处。最大的危险在于，这种自身毁灭的危险掩盖了作为危险的危险。作为危险的危险的要义在于，尽管生态危机等各种危险和困厄时时处处过度地逼迫着人类，但这种危险，亦即在其本质的真理方面使自己受到威胁的存在本身，却依旧被掩盖和伪置起来了。存在依然处于遗忘状态之中，这一存在之急难被掩蔽起来了。这种伪置乃是危险中最危险者。比如，在"集置"这一伪置中，技术看起来只是人类改造世界的一种手段，但在海德格尔看来，人之本质已经被要求去应合于技术之本质，成为遗忘存在的极端主体性的人。

那么，从这种伪置作为危险的危险、危险中最危险者而来，人类就要完

---

① ［德］海德格尔：《同一与差异》，孙周兴等译，商务印书馆2011年版，第109页。

全听从技术的摆布了吗？情况恰恰完全相反。这种伪置作为危险中的最危险者，作为危险而存在，本身隐藏着转向的可能性，本身就是救渡。这种从危险到救渡的转投，需要人之本质的根本性转变，转变到人之本质的源始的丰富性中去。随着人之本质的这样一种本质性的转变，危险呈现为救渡的转投才有可能呈现自身。

海德格尔对此种转投、转向的发生，有详细的讨论。"集置"乃存在本身的一个本质天命。"集置"作为存在本身的一个本质天命是存在之本质发生方式的一种发生方式，是一种必然性的天命。作为一种天命性的发生方式，作为一种命运性的东西，"集置"听命于每一种天命发送（Schickung），听命于、归属于从存在真理之发生、存有之本现即本有而来的每一种发送。听命于，实际上就是归属于、应合于、顺应于。听命（Sich schicken）意味着准备去顺应被给予的、从本有而来的指令，意味着去期待另一个依然被掩蔽着的天命亦即从本有而来的、仍然被遮蔽着的另一个开端。命运性的东西本身每每走向一个别具一格的瞬间，这个瞬间就把命运性的东西发送到另一种天命中去，但命运性的东西并没有简单地在另一种天命中灭亡或消失，而是在新的开端的基础上得到了重新奠基。①

对于这种天命性的东西的本质，我们思得太少，因此不能在最值得思的东西的基础之上来思天命、天命发送和听命，不能从存有之本现、存在真理之发生来思这种天命性的东西的本质，即不能从本有而来思天命和天命发送。由于形而上学作为某种天命性的东西过早地霸占了我们的存在领悟本身，所以我们特别容易习惯于把天命、天命发送理解为一个事件、一个发生过程、一个存在者，理解为一个历史学上的事件。这样一来，我们就把存在历史把握为了历史性的东西、存在者，就不是从历史性的东西的本质来源、天命来思存在历史本身。

但只有真正的思才能够知晓，天命本质上乃是存在之天命，而且是存在本身的自行发送，向来作为一种命运而本质性地现身，并且因此命运性地发

---

① ［德］海德格尔：《同一与差异》，孙周兴等译，商务印书馆2011年版，第110页。

生变化。天命归属于存有之本现、存在真理之发生。它从本有而来,是一种自行遮蔽。所以,如果说在存在中,现在也即在集置之本质中,发生了一种变化,那么,这绝不是说,以集置为其本质基础的技术会被消除掉。① 实际上,在这里,海德格尔已经指出了在"集置"的本质中可能或者必然要发生的变化,这种变化的根基在于存在本身,在于存在真理之发生这一种海德格尔意义上的必然性。从某种意义上来说,他与马克思所讲的异化和异化的扬弃走的是同一条道路,是同一意思。但是,海德格尔同时指出,在"集置"的本质中发生的变化,并不意味着以之为基础的技术会被消灭掉。"技术既不会被打倒,也不至于被打碎砸烂。"② 技术,只会被经受,从而经受存在之遗忘状态,从而期待一种转投的可能性。

在技术与人类和人类行为之间,海德格尔不断地强调人类的被抛性。由于技术的本质乃是"集置",而"集置"作为危险的危险、存在中的危险,乃是存在本身,也就是说,这一作为危险的危险在根本上是来自存在本身的,所以从根本上来说,技术就不能通过一种单单凭靠自身的人类行为而得到掌控,无论是积极的还是消极的。"以存在本身为其本质的技术,绝不能通过人类而被克服。倘若能,就意味着人类是存在的主人了。"③ 海德格尔在这里已经重申得非常明确:技术,是以存在本身为其本质的。海德格尔在这里强调的是技术的存在性,而这一点常常被人们忽略。人们常常将技术看作人类行为的能力和方式,忘记了技术在存在真理之发生中,有其本质,忘记了在存在真理之发生中,有技术之存在根源。将技术看作人类改造世界的能力、人类的行为方式,那么,技术就可以通过人类行为而得到克服,这是主体性的人的逻辑这是遗忘存在的逻辑。这种逻辑是一种无根性的虚假。技术由于其在存在本身的根源而绝不可能单单凭靠人类行为而得到克服,人类并不是存在的主人,当然也不是技术的主人。主体性的人以及技术,都是在存在本

---

① [德] 海德格尔:《同一与差异》,孙周兴等译,商务印书馆 2011 年版,第 110 页。

② [德] 海德格尔:《同一与差异》,孙周兴等译,商务印书馆 2011 年版,第 110 页。

③ [德] 海德格尔:《同一与差异》,孙周兴等译,商务印书馆 2011 年版,第 110 页。

身中、在存在真理之发生中、在本有中成其本质的。

在这里,海德格尔强调技术在存在本身中成其本质,却并不是说存在本身在技术中完全地呈现自身。恰恰相反,在技术中,存在本身已经作为技术之本质而听命于"集置"了。实际上,在技术中,存在本身已经自行遮蔽。由此,人不是存在的主人,也不是技术的主人,那么,面对"集置",面对作为危险的危险,人类如何呢?实际上,集-置本身就蕴含着救渡的可能性的生长。下面我们来看一下海德格尔是如何从集-置中看到救渡的可能性的生长的。

二、集-置作为救渡以及世界的发生

我们已经知道,集置的本质乃是危险。"集置"乃是作为危险的危险。在这一作为危险的危险中,存在进入了存在之本质的遗忘状态,转身背向存在之本质的真理,远离了存在之本质。因此,在这一危险中,存在对存在之本质的真理的远离、背离和转身,起到了支配作用。这种存在情势,目前为止,还没有被深思。这加剧了这一危险的危险性,从而将危险推到了极致。但是,海德格尔非常认同"但哪里有危险,哪里也生救渡"①,在危险作为危险而发生,因此才毫无遮蔽地成为危险之处,救渡已经隐藏其中了。

集-置中呈现着救渡可能性。一旦历史性存在的人们再也无法忍受存在之急难,从而开始追问存在之意义问题,集-置就转化成了救渡的产生,转化成了向存在本身的转投、转入,存在之真理也就由此发生。历史性此在就会同时转入存在本身之中,从自身而来在场着,物就会从自身而来物化着,世界由此从自身而来进行世界化。集-置转化为救渡,物物化,世界世界化,其实就是存在真理之发生、存有之本现也就是本-有。

集-置中蕴含着救渡的可能性,海德格尔对这一点是非常坚持的:"在危

---

① [德]海德格尔:《同一与差异》,孙周兴等译,商务印书馆2011年版,第113页。

险之本质中,隐藏着一种转向(Kehre)的可能性。"① 当存在自遗忘状态已臻极致,虚无主义走到了极致,无根性就会充分凸现出来,这必然会要求返回虚无主义的本质根源,从而促使转向的发生。这种转向,必然指向新的开端的开启、新的可能性的开启。因此,在此转向中,存在之本质的被遗忘状态如此这般地被经受了,变成了存在之急难。在这一转向之中,存在之被遗忘状态就如此这般地转变了,存在之急难呈现自身为一种急难,这样一来,存在之真理就随着这种转向和呈现而呈现自身,存在之本质的真理由此而特别地投身于存在者之中。

但是,转向并不会随便地发生。只有当作为危险的危险在其遮蔽着的本质中首度作为它所是的危险而特别地得到揭示时,只有从存在本身、存在真理之发生而来,将存在之遗忘状态经验为存在之急难之际,这种转向才会真正地发生。这种转向的实质,就是那种存在之被遗忘状态向对存在之本质的守护的转向。也许我们已经站在这一转向到达的先兆中。但是,这一转向何时发生、怎样发生,都是命运般的东西,是没有人能够知道的。如果人们计算这一转向的发生,则是对这一转向的最大戕害。因为,人的本质在于期待存在之本质,在思想之际看护存在之本质。在人们期待存在之真理的时候,人们才能够期待存在之天命的到达,期待转向的发生,从而不会陷入单纯的知识意愿中。

在危险作为危险而存在处,救渡已然生长了。救渡与危险,并不是并排出现的,也不是并肩而立的。如果危险作为危险而存在,那么,危险本身就是救渡,危险本身昭示着、期待着、成就着救渡。危险乃是救渡,因为它从其隐而不显的转向性本质中带来了救渡。何谓"救渡"(retten)呢?救渡意味着解开、放开、释放、爱护、庇护、保护、保存。救渡就是回置入正当之物、本质之物中去,在其中加以保存。真正的救渡乃是保存、守护。② 因此,危险作为危险呈现之处,同时就是救渡处身之所。就存在本身而言,危险没

---

① [德]海德格尔:《同一与差异》,孙周兴等译,商务印书馆 2011 年版,第 113 页。

② [德]海德格尔:《同一与差异》,孙周兴等译,商务印书馆 2011 年版,第 114 页。

有任何不同于它自身的位置。危险是存在的悬搁（Epoche des Seins），作为集置而本质性地现身。① 因此，在危险之危险之处，在存在本身的悬搁之处，集置之本质现身之处，也是救渡之所在。

海德格尔详细地分析了从作为危险的危险到转向的发生。危险作为危险而存在，危险的本质，就是以一种特别的方式发生的。何种特别的方式呢？"集置"作为危险，它的本质是后置。在后置中，在存在之遗忘状态中，存在本身以"集置"的方式把自己放在了存在之守护的后面，向存在之守护遮蔽了自身。在这里，存在把它本己的真理撤掉了，使之进入了遗忘状态。存在如此这般地拒不给出自己的真理。存在本身在这种后置中后置于存在之真理。如若这种"随着-被遗忘状态-而后置"（mit-Vergessenheit-Nachstellen）特别地发生，那么，被遗忘状态本身就转投而出现了。② 存在之被遗忘状态转投为存在之急难，这样通过转投，存在之遗忘状态已经在追问之思中被经验为无根的荒芜，从而要求返回存在本身的丰富性和质朴性，由此就消除了被遗忘状态，它就不再是被遗忘状态了。因此，在这样一种转投中，存在之守护的被遗忘状态不再是存在之被遗忘状态，而是在转投之际转向了存在之守护，真正的思之行动，由此开启自身。

由此，如果危险作为危险而存在，那么，存在之守护便由于被遗忘状态的转向而发生了，在思之行动中，存在之真理由此而获得本质性的现身，存在本身之本质由此而远远到来。这样一来，世界也发生了。世界作为世界而发生，物物化，这就是存在真理之发生、存有之本现、本有的发生。海德格尔1950年在巴伐利亚艺术协会的演讲《物》，谈到了世界的发生。在这篇演讲的开篇，海德格尔谈到了人们对距离的消除，一切都变得同样地疏远、同样地切近，完全是千篇一律。一切都被搅入了无距离状态之中。这是一种比原子弹更加可怕的事情。因为，这一令人惊恐者，已经使一切存在者从它原先的本质中脱离出来了。所以，距离的消除，并没有带来任何切近（Nähe），

---

① ［德］海德格尔：《同一与差异》，孙周兴等译，商务印书馆2011年版，第114页。

② ［德］海德格尔：《同一与差异》，孙周兴等译，商务印书馆2011年版，第114页。

而是切近的消除。这一令人惊恐者,以万物如何在场的方式自行显示并且自行遮蔽,拒不给出自己的真理。也就是说,在这里,尽管有种种对距离的克服,存在者的切近却仍然杳无影踪。这一令人惊恐者,就是存在本身。存在本身拒不给出自己的真理,拒不给出自己的切近。这就是切近的情形和本质。切近是存在本身的切近。

首先,物物化、物化作为聚集。对切近的经验,需要从追踪切近中存在的东西开始,后者通常被称为物(Ding)。什么是物?海德格尔谈到了"壶"。作为一个独立之物的自立(Selbststand),壶区别于一个对象(Gegenstand)。物之物性因素既不在于它是被表象的对象,根本上也不能从对象之对象性的角度来加以规定。① 壶立于自身中,是因为它已经通过一种摆置(Stellen)、置造(Herstellen)而被带向一种站立(Stehen)了。在这里,壶已经被当作一个对象,虽然不再是单纯的表象的对象,却是置造的对象,它由置造摆到了我们的面前。这不是一条通向物之物因素、物自身的道路。

只有当我们的思想首先达到了物之为物时,我们才能达到物自身,也就是才能切近物之为物。置造使壶进入其本己因素之中,但壶之本质的这种本己因素绝不是由置造所制作出来的。在置造过程中,壶当然必须预先向置造者显示出它的外观(Aussehen)。但这种自行显示者,即外观(εἶδος[爱多斯],ἰδέα[相]),只是从置造者的对象的这一个角度标志出这把壶。所以,壶之壶因素,决不能通过对外观即ἰδέα[相]的观察得到经验,更不消说由此得到合乎实事的思考了。所以,柏拉图及其以后的思想家,并没有思考物之本质。柏拉图把一切在场者经验为置造之对象了,这在决定性的意义上决定了西方传统形而上学的本质走向。

壶之物性因素在于:它作为一个容器而存在。海德格尔在这里批评了对待壶的科学的对象性的方式。在他看来,科学的知识是强制性的。科学强制性在于它所实施的对物之为物的消灭过程。原子弹的爆炸,是对早已发生的物之消灭过程的最粗暴的证实。在这一过程中,物之物性始终被遮蔽、被遗忘了。物之本质未达乎显露,也即从未得到表达。这种消灭是十分可怕的,

---

① [德]海德格尔:《演讲与论文集》,孙周兴译,上海三联书店2005年版,第174页。

在这一过程中，物被保持为虚无。这一过程是如此根本地发生着，以至于物不再被允许成为物，而且物根本上还决不能作为物向思想显现出来了，还不能要求思之行动对其本质进行沉思。科学的探讨方式产生了一个貌似可以给我们以启发的咄咄逼人的假象。在科学的方式中，我们并没有让壶的虚空成为它自己的虚空，而是将这一虚空和其他物中的虚空进行了科学的抽象，抽象出了千篇一律的物理学的虚空，一个远离物之自身的东西。这就是没有让物成为物自身的意思，也就是物的消灭过程的含义。在这一过程中，我们没有注意物之为物的本质性来源，没有思索物之为物是如何成其自身的。

在壶之倾倒（Ausgieβen）中，对倾注的承受与对倾注的保持，二者共属一体，构成了入于倾注的双重容纳。海德格尔把入于倾注的双重容纳的聚集称为赠品。这种聚集作为集合才构成馈赠的全部本质。赠品聚集那属于馈赠的东西：双重的容纳、容纳者、虚空和作为捐赠的倾倒。壶之壶性在倾注之馈品、赠品中成其本质。壶之壶性就在于倾注之赠品，在倾注之赠品中，同时逗留着大地与天空、诸神与终有一死者，因而，在壶之本质中，总是栖留（Verweilen）着天空、大地、诸神以及作为终有一死者的人这共属一体的四方（Vier）。四方本就是统一的、纯一性（die Einfalt der Vier）的。它们先于一切在场者而出现，当然更加先于所谓的存在者而存在，已经被卷入唯一的四重整体（Geviert）中了。在倾注之赠品中，栖留着四方，居有着四方，把四方带入它们的本己要素的光亮之中，入于其无蔽中。赠品聚集，即在有所居有之际让四重整体栖留。这种多样化的质朴聚集乃是壶的本质因素。这种聚集叫作 thing ［物］。

所以，物物化（Das Ding dingt）。物化聚集。物存在着，即聚集着。物在聚集中，在物化中，成其自身。物物化即聚集着-居有着的四重整体之栖留。在居有着四重整体之际，物化聚集着四重整体的逗留（Weile），使之入于一个当下栖留的东西（ein je Weiliges），即入于物。

其次，物之物化与世界之世界化。从这种物之物化（Dingen des Dinges）出发，壶这种在场者的在场才首先得以自行发生，并且得以自行规定。物化之际，物居留四方，让它们居留于在它们从自身而来统一的四重整体的纯一性中。居留之际，物使在它们的疏远中的四方相互趋近，这一趋近即是近化

（das Nahren）。近化乃切近的本质。切近在作为物之物化的近化中运作。诸神（die Gottlichen）是暗示着的神性使者。诸神乃是神秘的使者，在神性中呈现自身。神秘（Geheimnis）则是最阴森可怖者。神秘的运作，才构成了存有之本现，才构成了存在之真理，才构成了神性隐而不显的支配作用。在这种隐而不显的支配作用中，神显现而成其本质。神由此与在场者同伍。终有一死者（die Sterblichen）乃是人类。不同于动物的消亡，只有人能够承担作为死亡的死亡，只有人能够赴死。死亡乃是无之圣殿（der Schrein des Nichts）。无现身在场，但并不是存在者。无乃是存在本身之神秘。死亡作为无，庇护存在之本质现身于自身之内，乃是存在之庇所（das Gebirg des Seins）。终有一死者之所是，就在于归属于、现身于存在之庇所中，就在于与存在之为存在的现身着的关联。终有一死者能够承担作为死亡的死亡，就是能够承担无，就是能够承担与存在的本质关联。所以，只有人能够赴死，只有人能够本质性地知晓、经验无，只有人能够本质性地知晓、经验存在本身。

　　四方共属一体，相互映射（Spiegeln）、相互转让（Vereignung）。以这种居有着-照亮着的方式映射之际，四方相互游戏（Spiel），相互都在转让之际，为进入某个本己而失去本己。这样一种失去本己的转让就是四重整体的映射游戏（Spiegel-Spiel）。①海德格尔将这种四方之纯一性的居有着的映射游戏称为世界（Welt）。世界通过世界化而成其本质。世界之世界化（das Welten von Welt）是无法进行说明和论证的，人类的说明根本就进入不了世界之世界化的质朴要素中。世界之世界化是通过居有着映射游戏而成其本质的。世界的映射游戏就是世界的世界化。世界的映射游戏乃是居有之圆舞（der Reigen des Ereignens）。这种圆舞乃是起环绕作用的圆环（Ring），它在居有之际照亮四方，使四方处处敞开而归本于它们的本质之谜。世界的如此这般环绕着的映射游戏的被聚集起来的本质乃是环化（das Gering）。在映射着游戏着的圆环的环化中，四方依偎在一起，得以进入它们统一的但又向来属己的本质之中。从圆环之环化的映射游戏而来，也即从世界之世界化而来，物

---

　　①　[德] 海德格尔：《演讲与论文集》，孙周兴译，上海三联书店 2005 年版，第 187—188 页。

之物化得以发生。任何一物居留四重整体。物物化世界（Das Ding dingt Welt）。物化中的物，如果从世界化的世界而来成其本质，那么，我们便思到物之为物了。在如此运思之际，我们为物的世界化所关涉，为物之为物所召唤。真正的思之行动，就在于守护物之为物、物之本质，让其进入其本质来源的领域，由此领域而来，物之为物才得以现身出场。

物化乃是世界之近化。因此，只要我们保护着物之为物，我们就居住在世界的切近中。切近之近化，乃是世界之世界化的真正的和唯一的维度。物之为物，何时以及如何到来，这不是人之行为的结果。不过，如果没有终有一死的人的留神关注，物之为物也不会到来。对这种关注来说，首要的是实行一种返回的步伐，即从一种表象之思返回到思念之思（das andenkende Denken）。这绝不要求一种态度的转变，任何一种态度已经行走在表象之思中了。这个返回步伐寓于、归属于一种应合。这种应合存在于世界的本质中并为这种本质所召唤。这种应合在它自身之内应答着世界之本质。物是从世界的世界化中发生的，即从世界之映射游戏的环化中生成、发生的。只是当世界作为世界而世界化，圆环才闪烁生辉，同时，四方的环化才从这个圆环中凸现，进入其纯一性的柔和之中。只有作为终有一死的人，只有栖居于与存在本身关涉中的人，才能够在栖居之际通达作为世界的世界。也只有在世界之世界化中聚集自身者，才能物化为物。

再次，世界的发生与存在真理之发生。世界作为世界而发生，物物化，此即存在本身之本质的远远到来。在存在之遗忘状态的转投中，在这样一种遗忘状态转向存在之守护之际，物之物化，世界之世界化，就都发生了。这种转投是存在自身的自行转向，使这种自身拒绝的自行转向。在危险的本质中，这种自行转向作为一种源于存在本身的恩惠，本质性的现身。在危险作为危险而存在的地方，有向守护的自行转向，有存在之守护本身，有存在之救渡。

这是一种自行转向，所以它是突然发生的。在转向中，存在之真理突然发生，存在之澄明突然照亮自身、闪烁（das Blitzen）。"闪烁"（blitzen）乃是观看（blacken）。在目光中并且作为目光，本质进入它本己的闪耀中。在闪耀之际，目光将它所看到的东西庇护到观看中去，同时，又把其来源遮蔽着的黑暗作为未被照亮的东西保存下来。因此，存在真理之闪烁的转投，就是观入。在《演讲与论文集》中，存在之真理曾经被思为四方整体的映射-游戏，思为世界的世界化。海德格尔认为，在存在之遗忘状态的自行转向发生之际，在世界作为存在之本质的守护转投而出现之际，便发生世界向物之荒芜的闪入。也就是说，在世界作为世界出现之际，就发生世界向集置的闪入，就是存在本身中的本有，就是存在之真理的发生，亦即存有之本质现身。同时，这种向集置的闪入，就是存在之真理向失真存在的闪入。

总之，集-置作为危险的危险，蕴含着救渡的可能性。一旦集-置转化为救渡，实际上就是物物化、世界世界化的存在真理之发生，也就是存有之本现，也就是本-有。所以，在这种意义上，天命般的集-置就被存有历史性的思想把握为救渡，乃至引向作为存在真理之发生的本-有，被理解为本-有。

三、集-置作为"本-有"

前面我们考察了集-置的天命性以及集-置中生长出来的救渡的可能性、集-置向世界之发生、存在之真理的通达，在这里，海德格尔要求我们进一步在本-有的意义上来理解集-置。也就是说，集-置导向存在真理之发生，也就是导向本-有。

总的来说，海德格尔是在追问同一性的过程中通达本-有的。所以，虽然本-有和同一性毫无关系，但是，同一性和本-有倒是有很多关系。本-有使人与存在共同归属于它们根本的、特有的共同（Zusammen）中，是一种"让归属"（Gehörenlassen）。因为，人与存在的相互共属，源于本-有。所以，在技术世界之本质即集-置中，有一种人与存在相互促逼着的共属，这是本-有第一次的逼人的闪光，一种在 A-Λήθεια［无蔽］之往昔中的遥远闪光。在集-置中，本-有作为一种让人与存在以相互促逼的方式相互归属的"让归属"，首先规定着共同的特性及其统一性。对同一者意义的追问，不同于传统形而上学把同一性表象为存在的一个基本特征，海德格尔看到了存在与思想对于一种源于"让共属"亦即源于本-有的同一性的归属。这种使得人与存在的共属、同一性得以可能的东西，在词语的严格意义上被命名为本-有。同一性的本质，不过是这种本-有的所有物。而且，这种把思想指引到同一性的本质来源处的东西，还是本-有。在对集-置的经受中，在对同一性的意义进行追问的过程中，要求一种跳越，一种从表象式思维的跳出。这种跳越摆脱了作为存在者之根据的存在，并因而跳入深渊（Abgrund），实际上就是向本-有的进入。在本-有中，回荡着关于存在本身的思之行动，回荡着从本-有而来的道说，回荡着以语言的方式而呈现自身的存在本身的发生。语言，由此成为存在之家。所以，通过对同一性的本质意义的追问，我们听到了一种要求跳越的呼求。只有我们实行了这种跳跃，人与存在的共属才能够进入本-有的本质之光中。

所以，在集-置中，最危险者作为本-有向我们发出呼求，向我们说出自身，由此，就有一种可能性在发生，即本-有使人与存在进入他们的本真状态中，这样一来，我们就获得了一条敞开的道路，在这条道路上，我们可以更源初地去经验存在者，去经验现代技术世界整体，自然和历史，而首先是去经验它们的存在。① 但是，海德格尔指出，只要我们对技术世界沉思的目标是推进对原子能的和平利用，我们的思想停留于半道上，就仍然行走在形而上学的思维方式之中，并继续确保了形而上学的统治地位。因为，在这里，本-有依然处于被遗忘状态中，集-置没有被经验为本有。在这里，自然本身依然是要被征服的对象，而历史也同样必定是远离存在历史的历史学的对象。

从本-有而来，集-置被经验为本-有，本-有不再处于被遗忘状态中，虽然我们既不能把现代技术世界当作魔鬼的作品而抛弃掉，也不可毁掉技术世界——除非技术世界自己毁掉自己，但是，不可否认，技术世界并不禁止一种从技术世界的跳离，并不禁止一种从存在之遗忘状态中苏醒的准备，相反，只要集-置被经验为本-有，就是在呼求着这种跳离。一种真正的思，作为一种先思（Vordenken），就是要直面地观看那种东西，那种作为人与存在的同一性之本质的召唤而到来的东西，也就是要直面本-有。这样一种运思着的向同一性之本质来源的转投，需要一种跳越，所以，这种转投需要自己的时间，思想的时间。

---

① ［德］海德格尔：《同一与差异》，孙周兴等译，商务印书馆2011年版，第46页。

只要我们开始思想，传统就一定在起支配作用。无论我们试图思想什么和如何思想，我们都是在传统的运作空间中思想，即使是在我们从追思（Nachdenken）而进入一种不再是规划的先思（Vordenken）之中时，也是一样。也就是说，我们在运思之际，随时有可能重新落入传统形而上学的窠臼，因为传统作为传统，不仅仅在于它是传统，而在于它同样源于本-有，虽然是以掩盖、遗忘本-有的方式。所以，在运思之际，我们要把我们的注意力指向那已经被思想的东西，在一种返回步伐中，在从传统思想的产品回撤之际，我们才被本-有征用，为这种依然有待于思的东西尽力，从而完成自己从存在本身而来的任务。在这里，集-置被经验为本-有，本-有作为一种"让归属"，使人与存在的相互归属成为可能。

面对技术的全面统治，集-置被存有历史性思想经验为本-有，由此，海德格尔要求我们从自身而来在自身的本质性空间中守护存在，要求我们去等待、去沉思、去追问，也就是对物的泰然让之和对神秘的虚怀若谷。那么，泰然让之是人们的一种态度吗？如果不是，那么泰然让之意味着什么呢？

四、泰然让之：从本有而来的等待和让予

在存有历史性思想将集-置把握为救渡和本有之际，究竟应该怎样面对技术的全面的统治？海德格尔要求我们从存在本身而来让物存在，从存在本身而来对物泰然让之，对那些遮蔽着的东西以及神秘保持虚怀若谷。对于神秘的虚怀若谷，实际上要求我们对存在本身保持敬畏，特别是对那些遮蔽着的存在本身保持敬畏。这个我们不再多谈。我们要把握的是对物的泰然让之。泰然让之，实际上仍然是与存有之本现相关涉的，是与本-有相关涉的。

在《泰然任之》一文中，面对技术的全面统治，海德格尔指出："我们让技术对象进入我们的日常世界，同时又让它出去，就是说，让它们作为物而栖息于自身之中；这种物不是什么绝对的东西，相反，它本身依赖于更高的东西。我想用一个古老的词语来命名这种对技术世界既说'是'也说'不'的态度：对于物的泰然任之……在这种态度中我们不再仅仅在技术上来看物……与在其他领域一样，在这里，人与自然以及世界的关系发生了深

刻的变化，这是无疑的。"① 泰然任之，是哲学家给出的建议的第一部分。

同时，由于技术世界的意义遮蔽自身，并以这样的方式使我们置身于一个向我们遮蔽自己的东西的区域中，这个"显示自己同时隐匿自己的东西，乃是我们称之为神秘的基本特征。我称那种我们据以对在技术世界中隐蔽的意义保持开放的态度为：对于神秘的虚怀敞开"②。对神秘的虚怀敞开，是哲学家给出的建议的第二部分。

另外，"对于物的泰然任之与对于神秘的虚怀敞开是共属一体的。它们允诺给我们以一种可能性，让我们以一种完全不同的方式逗留于世界上。它们允诺我们一个全新的基础和根基，让我们能够赖以在技术世界范围内——并且不受技术世界的危害——立身和持存。对于物的泰然任之和对于神秘的虚怀敞开给予我们达到一种新的根基持存性的前景。这种新的根基持存性或许甚至有一天能够唤回旧的、正在迅速消退的根基持存性，唤回到一种变换了的形态中……重要的是拯救人的这种本质。因此，重要的是保持清醒的深思。不过——对于物的泰然任之与对于神秘的虚怀敞开从来不会自动地落入我们手中。它们不是什么偶然的东西。两者唯从一种不懈的热烈的思中成长起来"③。

另外，海德格尔作于1944—1945年的谈话体文章《泰然让之》，是以虚构的研究者 F、学者 G 和老师 L 之间交谈的方式写成的，讨论了泰然让之。《思的经验（1910—1976）》收录了其中的一个部分。从中译作者陈春文的提醒④中，我们可以看出，Die Gelassenheit，以"泰然让之"一词翻译它极有可能造成对海德格尔从本有而来的道说的误读。在中文中，泰然让之有听任自然、顺其自然的意思。但是，在海德格尔那里，Die Gelassenheit 指的是存

---

① ［德］海德格尔：《泰然任之》，引自《海德格尔选集》，孙周兴选编，上海三联书店1996年版，第1239页。
② ［德］海德格尔：《泰然任之》，引自《海德格尔选集》，孙周兴选编，上海三联书店1996年版，第1240页。
③ ［德］海德格尔：《泰然任之》，引自《海德格尔选集》，孙周兴选编，上海三联书店1996年版，第1240 - 1241页。
④ ［德］海德格尔：《思的经验（1910—1976）》，陈春文译，人民出版社2008年版，第32页。

在本身的让予、给予、赋予，是从本有而来的让。这一让，让我们在语言中道说它，让我们在实行这一道说之际归属于它、服务于它。所以，泰然让之并不是人们面对技术世界的一个避世的态度，并不是人的一个态度，而是存在本身。所以，在泰然让之中，实施这一让的，是存在本身，而我们本身就是存在之让予，让我们以归属于它的方式存在。泰然让之，绝不是指我们作为主体主宰、摆布存在，当然也不是指在面对技术世界的时候随波逐流。所以，不同于《海德格尔选集》中将此词译为"泰然任之"，译者在这里将其译为"泰然让之"，以尽可能地表明这种让予的非主体性、非态度性。

海德格尔在这个讨论的开篇指出，对人的本质之追问，并非是在追问人。那么，应该是在追问什么呢？从海德格尔的思想实事来看，显然是在追问人之为人的本质性来源及存在本身。所以，对人的本质的追问，就至少有两种可能：一种是在形而上学的道路上找到某种最高的存在者或者某种最根本的存在者作为人之为人的固定性的根据；另一种就是在真正的追问之思中实行一种从固定存在者而来的返回步伐，返回那自身颤动着的、自行给出又自行拒绝的存在真理之发生，即返回自身遮蔽着的澄明。所以，对人之本质的追问，是否真的那么本质，还是存有疑问的，绝大多数的人们仍然会走上第一条道路，一条并不那么本质的道路。这就是说，在人与人之本质之间，有一种差异存在着。由于这一差异的存在，对人之本质的追问，就要从完全不是人的东西出发来沉思人之本质。可以看出，这一追问的实施无疑是艰难的，从形而上学上来讲也是难以理解的。所以，对人之本质的真正追问，就要在抛开人的情况下，洞察人之本质；如果思是人之本质的话，那么，只有当我们远离思时，我们才能通达这一本质的本质来源、源始来源。

在传统的表象式思维方式中，思是作为表象来把握的。思是不同于表象的东西，通过表象当然不能完成和达至真正的思，但是通过非表象式的理解，也许我们能靠近一些有待思的东西。所以，思想与表象的关联，呼唤着、推动着思者的沉思。这种沉思要求在一种消解的意义上来思一种非表象式的思想，经过这种转换，我们就可能进入一种非表象式的思的本质空间中，或者为进入这一本质空间做出准备。如果从这一本质来源处而来的众神还没有远遁的话，还没有完全拒绝向人本质现身的话，那么，诸神就会向我们指出，

第三章 从本-有而来：海德格尔主体性哲学批判思想的来历

上面这种从一种表象式思维的返回步伐中，有某种本质性的东西现身。

同时，这一本质空间的进入，并不是人的功劳，而是源于从存在本身而来的遮蔽着的暗夜的自身召唤、自身垂落、自身聚集，是存在本身的让予。而真正的思，则是为存在本身服务的，是在存在真理之发生中被给予的。思想本身的被给予性，常常被人们所忽略。我们要知道，真正的思是被给予性的，并不是主体的品质，是应和于存在本身的发生。这种从存在本身而来的给出、让予，同时给出我们沉思的时间。它才是给予者，人之本质就在于归属于它、倾听于它，只有在这种向着存在本身的抑制情调中，人之为人才能获得自身。这也是我们在追问人之本质的时候要远离人的东西的缘故。

这种从存在本身而来的东西，一直在向我们说话，如果我们本质性地倾听的话。并且，这种一直在起支配作用的让予，一直在不着痕迹地庇护、护送着我们，推动着我们的沉思、交谈，承诺着给予我们从存在而来的发送。如果没有这种自行到达的护送，要保证一种本质性的交谈就会很艰难。这种艰难在于，如果没有从存在本身而来的发送、馈赠，人们一不小心就会执着于自己的意愿而遗忘自身从存在本身而来的本质空间，难就难这种执意（das Willen）很难戒除。

当我们本质性地倾听从存在本身而来的让予时，我们已经切近了对泰然让之的令人激动不安的期待。只要我们已经领略了真正的泰然让之，那么那种仍然存在着刻意的、带着主体性的印迹的戒除就立即不需要了、烟消云散了。在我们戒除这种表象式思维之际，我们就在为泰然让之而保持醒悟。但这不能称为觉醒，因为我们不能从我们自己出发、基于我们自己而唤醒泰然让之；恰恰相反，我们是在回应这种从存在本身而来的让予召唤而得以进入自身与存在本身的本质性关联的，在此一过程中我们才得以保持醒悟。

我们要知道，泰然让之不是由什么东西引发的，而是从其自身而来的让予。与此同时，人之本质就是被让予的。当我们被让予到不是由表象式思维而来的地方，也就是说当我们被让予到与存在本身的关联之中，在这一本质性的敞开空间中，在这一澄明中，泰然让之就醒悟开来了。让予，不是被动的，但也不是主动的。在泰然让之中隐匿着一种比世界的任何行为方式和人类所有的制作方式都更高的作为。这是一种"寂静的力量"。泰然让之处在任何的主动与被动之外，后者的区分是由人而来的状态，泰然让之在这一领域之外，它不属于执意的领域。泰然让之当然也不是人们为上帝的执意而放弃自己执意的意思。因此，从思想过渡到泰然让之是非常困难的，尤其是在泰然让之的本质还遮蔽在黑暗之中的今天。这种困难还表现在，泰然让之的本质呈现，还需要征用思想，还需要在思想的领域之内甚至是在执意的领域之内才是可思想的。

泰然让之是无法表象的，也是难以描绘的。泰然让之与表象式的"思想"之间存在巨大的鸿沟，泰然让之不能进行表象式的思维；那么，泰然让之与非表象式的、真正的思的关系如何呢？海德格尔指出，我们正在设法通入的泰然让之就是思的本质，真正的思就是从泰然让之而来得到规定的。从某种意义上来讲，泰然让之与表象式的思维是毫不相干的，而只是与本质性的思相关联。但是，一方面，绝大多数的人们都行走在表象式思维的道路上；另一方面，另一些思者在实行真正的思的过程之中，由于我们的思都活动于传统的表象式的思维方式之中，由于我们必然要受到传统的支配，所以，真正的思也非常容易滑向表象式的思维方式，甚至随时会滑向表象式思维。同时，泰然让之也与我们的执意毫不相关。我们越是挖空心思地试图接近泰然让之，我们越是不能真正地切近、通达它。

也就是说，我们既无法通过执意也无法通过表象式思维切近泰然让之，那样只会造成泰然让之拒绝向我们本质性地现身。这样一来，我们应该怎么办呢？我们不应该有任何作为，我们只能等待。我们的任何作为都会走向不顾泰然让之、远离泰然让之和对泰然让之的遗忘，都会走向远离自身根基的主体性。所以，我们只能等待。那么，等待什么呢？何谓等待呢？如何才能做到等待呢？我们应该在何处等待呢？虽然给出等待作为回答是一个非常不像样的安慰，但是，我们根本就不应该期待有任何的安慰，无论安慰是好还是坏。这一存在情势，这一从存在本身而来的存在情势，本身就是阴森可怖的。而且，如果我们沉浸在对安慰的期待当中，而这种安慰又是注定无法实现的，那怎么办呢？虽然我们不知道如何道说等待，但是我们总有自己的路，总有我们受到指引的本质性的道路。不过，我们总是要么受到表象式思维的支配，要么沉迷于自身的执意之中，由此，我们就太容易也太快忘记自己的本质性的道路,所以,我们就会太快地忘记思。

等待与真正的思相关联。进入真正的思就与如何等待、等待什么、在何处等待相关。这样,在我们追问等待之际,我们就要本质性地转到并进入我们迄今为止都没有经验过的思的本质,转入到真正的思的本质来源处。我们该如何运思?这就是要沉思那些从其出发就能使这一转入独自发生的东西。真正的思转入自己的本质领域,是受到了使这一转入得以可能的东西的召唤和规定,这种使思得以可能的东西是自行发生这一转入、自行发出这一召唤的。

总的来说,泰然让之,由于我们不熟悉它,不好安顿它,所以我们就应该把它放在与思的本质关联中来看。事实上,泰然让之是从超验的表象中自行解脱出来,自行让入到向着寥廓所属的契机的,在此一契机的开启之中需要留下表象式思维的痕迹,然而此一痕迹会消失在自行让入中,并彻底在泰然让之中归于无痕。因为,从本有而来,就要求从表象式思维返回,返回到那历史性此在的本质空间中,在这一空间中,原有的表象式思维的痕迹肯定就不会再存在。所以,泰然让之,作为等待,作为让予,从本有而来,总会发出自己的本质性的赠品,在我们真正的思之行动中,我们会在开放自身之际获得这些赠品,这也就是我们等待的东西。存有之存在意义的启思,就是一条在等待中获得自己从存在本身而来的赠品同时完成自己为存在而存在、而思的任务的道路。

第三节　人的本质性转变及与存在本身的相互归属

一、人的本质转变对于技术的天命转变的意义

技术之本质的转变，需要人类的协助。存在之本质呈现，是需要人类的。为了作为存在而根据其自身本质得以保持在存在者当中，并因此作为存在而本质现身，存在之本质需要人类。这是人与存在的本质关联，人类之本质是归属于存在之本质的。这当然需要从存在本身而来的人的本质的转变。所以，在存在本身中成其本质的技术，它的本质的转变必然是需要人类协助的。"若没有人类的协助，技术之本质就无法被引导到其天命的转变之中。"① 何谓技术的天命转变？

技术之本质的转变对人类协助的需要，并不意味着技术被人类行为所克服，并不意味着技术因此被人为地克服（überwinden）了。"与此相反，技术之本质将被经受（verwinden），进入其依然遮蔽着真理中。"② 人类对技术之本质的经受，是对"集置"的经受，实际上经受的是存在之遗忘状态，这是一种对存在之天命的经受。这种经受，每每总是随着另一种天命的到达而发生，期待着新的开端的开启。这就是技术的天命转变：从技术的存在遗忘状态转投于存在本身之中，转投于存在真理之发生，期待新的开端的开启，新的可能性的产生。

这种发生，实质是一种存在真理之发生，它不是一个历史性的东西，同

---

① ［德］海德格尔：《同一与差异》，孙周兴等译，商务印书馆2011年版，第110－111页。
② ［德］海德格尔：《同一与差异》，孙周兴等译，商务印书馆2011年版，第111页。

样不是历史学上被表象的发生之事。它不是历史学的对象，相反，作为天命发送者，它规定这些历史性的东西；这些历史性的东西和表象，每每都已经是一种存在之天命的命运性的东西了。技术之本质需要人类去经受，在这一经受中，人类是在其与这种经受相应的本质中被需要的。在这里，人类之本质必然已经同时发生了本质性的转变，一种从本有而来的转变，弃绝了那种无根基的极端主体性的、"理性动物"的"人"了。在这种转变的过程中，人类之本质必须首先向技术之本质开启自身，呈现自身与存在本身的本质性关联，这是在本有意义上发生的。这必定全然不同于人类肯定和促进技术及其手段之类的过程，后者仍然处于存在之弃绝状态。

为了使人类留心于技术之本质，为了在技术与人类之间从它们的本质角度形成一种本质关联，现代人首先必须返回到其本质空间的广阔浩瀚之境中去，必须返回存在真理之发生，返回开端，从本有而来呈现自身的本质丰富性。在存在真理之发生中，历史性的人类抛弃了那种极端主体性的虚假本质，转变到对存在之守护中，转变到、归本于这一为存在所需要的人类之本质。只有在这一转变之中，在存在真理之发生中，历时性的此在才有可能发现技术和人类之间的从它们的本质角度而形成的一种本质的关联。海德格尔认为，人类原本是居于其本质空间中的，即人类原本是居住于存在真理之发生中的。今天的人们则已经失去这一本质性的家园，已经无能于知晓这种本质性的东西了，这种掩蔽在今天起支配作用的天命范围内的本质性的东西。

人类的伟大本质在于，它归属于存在之本质，为存在所需要，并把存在之本质守护在它的真理中。在这里，这种历史性的人类的当务之急，在于首先要把存在之本质思考为最值得思的东西，与此同时，我们要去经验在何种意义上我们受到召唤，并为这种经验的实现探索道路。在追问"我们应当做什么"之前，我们应当思考一下：我们必须如何思想？相对于追问"我们应当做什么"从而要求直接的行为来实现某种效应、目的，比如采取某种行为来克服技术、形而上学，海德格尔更加强调思想作为真正的行动的重要意义。守护存在之思，才是至关重要的行动。真正的思，也就是要守护存在，听命于存在，呈现人与存在的本质性关联并使之达乎语言，从而为存在建立一个家。

这里，涉及思想与行动的关系、它们与存在本身的关联、理论与实践的关系等等。我们可以参看《关于人道主义的书信》的开头部分。在海德格尔看来，我们对行动的本质还没有充分明确地加以深思。人们往往把行动认作某种作用的产生，往往从作用的效果来评价行动的现实性和意义。但是，行动的本质乃是完成，乃是要把某种东西展开到、带入到它的本质性的丰富性之中，即生产出来、完成。由于唯有已经存在的东西才是可完成的，而首先存在的东西乃是存有、存在，所以完成首先是存在本身的完成，是存在对人的本质关系的完成，这一完成，是思之事业。思，完成了存在与人之本质的关联。在这一意义上，思想乃是真正的行动，而行动就是去协助存在之本质、完成存在之本质。在这里，思想并不制造和产生这种关联，思想仅仅是把这种源于存在本身的关联向存在本身呈现出来，在这一呈现之中，存在达乎语言。语言是存在之家。人居住于语言的寓所中，并守护存在。在这一过程之中，历时性此在作为看护者，把存在之敞开状态带向语言并保持在语言中。看护，就是对存在之敞开状态的完成，是真正的行动。在思运思之际，思完成了人与存在的本质关联，思就行动着。这是一种最质朴的行动，同时又是最高的行动，因为这一行动关乎存在与人的关联，完成这一关联。与这种真正的行动相反的是行为、作为、作用。一切行为、作为都是基于存在而以存在者为目的的。与这种以效用为目的的行为、作为相反，思之行动让自己归属于存在，让自己为存在所占用、居有，并去道说存在之真理。思想实行这一让，完成这一让。实行、完成，就是行动。思想，这一完成和实行，这一让，就是真正的行动。行动，即是去存在、去思、去完成这一让。在这里，思与行动，乃是同一个东西、同一个发生。

真正的思想和行动，必定与存在本身相关涉。思想乃是通过存在而为存在的任务。思想，即存在的任务。存在为了呈现自身需要思想。思想，不仅是为存在者和通过存在者的动作中的任务，而且是通过存在之真理和为存在之真理的任务。存在真理发生，需要历史性此在的思想、行动。存在之真理征用历史性此在。在这一思之行动之际，存在之历史呈现自身。所以，存在之历史从未过去，它永远在当前，在历史性此在的运思之际，在存在之历史到时。人类历史中的每一种人类的条件和境况，都是由这种存在之历史的到时来承担和规定的。这种存在之历史规定了我们通常意义上的所谓事件性的东西的历史、人类历史。

如果我们想要学会纯粹地经验和完成上述思想的本质，我们必须把自己从对思想的技术阐释中解放出来。在这种对思想的技术阐释中，思想本身被视为一种技艺，一种为行为和制作服务的技艺、方法、思维方式、思考方法。这是从为了更好地为行为和制作服务的角度来规定的，在这种规定之中，被技术阐释的"思考"已经是从 πρᾶξις（实践）和 ποίησκ（创造）的角度来看了。就思想本身来看，就思想的本质意义来看，思想肯定不是"实践的"，同样也不是与这种"实践"相对立的"思考的"；思想比"实践"和与其相对立的"思考"源始得多。在思想被技术阐释为"思考"这一意义上，πρᾶξις（实践）和 ποίησκ（创造）、行为和制作，具有相同的存在论性质，它们与"思考"相对，都是在存在者而非存在之本身的意义上来谈的历史性人类的行为、实践、创造。这种 πρᾶξις（实践）和 ποίησκ（创造）已经处于对思之行动的技术阐释中，并已经作为"实践"的而与同样在这种技术阐释中的"思"即"思考"、θεωρία（理论）相对了。

可以看出，在源初的意义上，是没有理论与实践的对立的。理论与实践，都是源出于从存在本身而来应合于、听命于存在本身的思之行动。在源初的思之行动中，是没有理论与实践的分离的，并且源初的思之行动，要比这种理论与实践分离的状况丰富得多，也质朴得多。把思想称为 θεωρία（理论）与把认识规定为"理论"行为，都已经是在对思想的技术性解释范围之内了。海德格尔将这种解释称为一种"反动的企图"，这是一种将源始性的、整个的思之行动人为地分割为貌似具有完全独立性的、与行动和行为脱离的"思考""理论"，以及貌似具有完全独立性的、与"思考""理论"脱离的行动和行为。所以海德格尔说："这种解释乃是一个反动的企图，还想把思想也挽救到一种相对于行动和行为的独立性之中。"[①] 也是说，"思考""理论"作为思想完结之后的东西，具有脱离与存在本身关联的性质，是貌似拥有相对于行动和行为的独立性的。但作为以存在为思想要素的思想来说，思

---

① ［德］海德格尔：《路标》，孙周兴译，商务印书馆2001年版，第368页。

想是存在的，是一种存在方式，是一种最高的行动，归属于存在本身；同时思想又是存在的思想，又是以存在为思想要素的思想，在思想之行动之际倾听存在的声音。所以，思想，从其本质来源看，不具有相对于行动和行为的独立性，否则就会导致思想之本质的牺牲。

随着这种反动的企图而来，源初的、与存在本身相关涉的、具有完整丰富性的哲学之知晓、思想之行动，被狭隘化为人们所熟悉的"哲学""理论"。哲学成为一门独立的"科学"，后者是在源始的思想完结的时候出现的。这样一来，哲学就牺牲了自己的思想之本质，牺牲了作为思想之要素的存在本身。人们按照一种与思想格格不入的尺度来评判思想，忘记了思想之为真正的思想的本己的尺度——与存在的关涉。因此，那种努力使思想返回到其存在要素中去的努力，就是一种真正的思之事业、思之行动，这种思之行动与"非理性主义"是毫不相关的。思想的严格性不只在于概念的精确性，而是在于这种道说是否纯粹地保持在存在之要素中，并且让存在本身的多样维度的质朴性得以起支配作用。

也就是说，思想之严格性在于，它是否盘桓于与存在的关联之中。当思想偏离其要素的时候，思想就完结了。思想的要素就是存在本身，就是使思想成为一种思想的存在本身。存在本身作为思想之要素，支持思想并因而把思想带入其本质之中，带入其对存在的看护、道说之中。因而，存在本身作为思想之要素，乃是真正有能力的东西。总而言之，思想乃是存在的思想：一方面，思想为存在所居有，归属于存在本身；另一方面，思想在归属于存在之际倾听着存在。作为倾听着归属于存在的东西，思想就是按其本质渊源而存在的东西。思想存在着；存在向来已经命运般地支持着思想之本质了。支持，就是爱、喜欢，更源始地来看，这种喜欢就是把本质发送出来、赋予本质。这种喜欢是存在之要素的能力的真正本质，这种能力能够让某物在其来源中"成其本质"，也即能够让某物作为某物而存在，让它存在。这种喜欢的能力是某物得以真正存在的能力，是真正可能的东西。由于这种喜欢，存在使思想成为可能，存在才有能力思想。作为有能力的喜欢者，存在乃是"可能的东西"。作为要素的存在就是有所喜欢的能力的"寂静力量"，也就是可能的东西的"寂静力量"。在这里，可能的东西的"寂静力量"，"不是指某种仅仅被表象的 possibilitas［可能性］的 possibile［可能的东西］，不是指作为某种 existentia［实存］之 actus［现实］的 essentia［本质］的 potentia［潜能］，而是指存在本身"①。存在本身有能力喜欢着担当思想，有能力思想。由此，存在本身有能力担当人之本质，也就是担当人与存在的关联，有能力将人保持在其本质中。这是存在的力量，存在本身的"寂静力量"。

当思想偏离其要素，偏离于存在本身，思想就终结了。这样一来，思想没落成了技艺、教育活动甚至文化活动，哲学就成了"哲学"、某种主义。因此，完成存在与人之本质的关联，从存在真理之发生而来的思，才是真正的行动。思、行动的实质是守护存在、道说存在。在思之行动之际，已经为存在之本质建造了、准备了一个场所，一个存在可以入于其中并把自身及其本质带向语言的场所，语言由此成了那个源初的维度，在这一维度之中，人类才能响应存在及其呼声，并且在这种响应中归属于存在。这样，思之行动完成了存在与人之本质的关联。这样一种完成，这样一种源初的响应的实行，就是真正的行动，就是思想。只有在思想之际，我们才学会居住于一个本质性的空间、一个丰富性的领域。存在天命之经受、集置的经受，都是在这样一个本质性的领域中发生的。只有在思想之际，我们才会真正经验到存在天命之经受、集置之经受，从而在经验存在之荒芜之际，为新的开端、新的可能性的开启做准备，才能真正响应存在的呼声。

二、同一性与人和存在的相互归属

在本有中，我们与存在本身相互归属，就具有了某种共属性。我们来看看《同一律》这一的演讲。在这篇演讲之中，海德格尔通过对同一律的分析道说了本有及其对经历了本质性转变的人的居有，呈现了人与存在的相互归属。

---

① ［德］海德格尔：《路标》，孙周兴译，商务印书馆 2001 年版，第 371 页。

（一）同一性之统一性作为存在着存在的一个基本特征

按照流行的公式，同一律就是：A = A。在传统的形而上学的存在领悟中，这一定律被认为是最高的思维定律。同一者（das Identische），即拉丁语的 idem，在希腊文中就是 τὸαὐτό［自身、身、同一］，翻译为德语，τὸαὐτό 就是同一者（das Selbe）。这个同一律，到底要说什么呢？很显然不是为了同语反复。公式 A = A 的双方等同，所以这个公式恰恰掩盖了这个定律所要说的东西：A 是 A，即每个 A 本身都是同一的。没有双方，只有 A 的自身同一。所以，对同一律而言，更适当的公式"A 是 A"，即每一个 A 本身都是与其自身同一的。虽然"A 是 A"说的是自身同一，但这并不是在同语反复，在同一性中有一种"与"（mit）的关系。所以，同一性并不是那种单调的同语反复的空洞，并不是只有千篇一律的东西的空洞，并不是在其自身之内没有任何关系的空洞，而是有着丰富的与自身相关的关系的。也就是说，在同一性中，有一种中介、一种关联、一种综合。同一性是在一种进入统一性之中的统一过程中成其本质的。所以，同一性都显现于统一性的特征中，这一点贯穿了西方思想的历史。与此同时，这种与其自身同一的东西的关系，作为在同一性中早已流露出的、起着支配作用的关系，明确而有影响地显露出来。西方思想走过了漫长的两千多年的历史，也就是说，西方思想花了两千多年，才使这种与自身同一的东西的关系，作为这样一种中介作用显露在同一性的内部，为其在同一性的内部的显露找到一个住所（Unterkunft）。为在自身中综合的同一性之本质创建一个住所，是在德国思维唯心主义哲学中完成的。从思辨唯心主义时代起，思想就不再允许抽象地表象同一性，不允许再把同一性之统一性表象为纯粹的千篇一律，这样一来，在统一性中起支配作用的中介就得到完全的关注。

不过，即便是在修正过的公式"A 是 A"中，也仍然只有抽象的同一性，这个定律已经把何谓同一性以及它归属何方设为前提了。所以，需要对"A 是 A"进行沉思。在这个"是"（ist）中，同一性传达了存在者是如何是的，亦即存在者是如何存在的；存在者是以自身同一的方式存在的。所以，同一律讲的是存在者的存在。正是由于同一律是存在者的存在本身的一条规则，所以，同一律才会被看作思想的一个规则。从存在者的存在而来，每一个存在者都包含着自身同一性，即与它自己的统一性。

不同于传统形而上学仅仅把同一律看作是思想特别是表象思维的一条原则，海德格尔看到了同一律中所道出的这种同一性的呼求的重要意义。从同一律的基本音调即主音来看，同一律说出了存在者之存在（Sein des Seienden）中的一个基本特征：同一性之统一性。也就是说，在同一性中起支配作用的"统一性"，统一着的一，是存在者之存在中的一个基本性的特征。整个西方思想所思的东西，就是这个存在者之存在中的同一性之统一性，这是形而上学的主要内容。这种同一性之统一性的呼求，主导着人们对存在者之存在的讨论。如果没有这种同一性的呼求，存在者就无法成其本质，也就无法在其存在中显现出来。同样，如果没有这种同一性的支配作用，也就不会有什么科学。因为，科学恰恰是以这种自身同一性为基础的，恰恰是以这种总是预先得到确保的同一性的存在者为其对象的，否则它绝不能返回到同一个"对象"，因而也不能由此保持在其进展的持续性中。

科学是以这种同一性为基础的。但是，反过来，无论科学如何对待这种同一性的呼求，不管它是倾听还是不倾听这种呼求，对象之同一性的呼求都依然在说话。这是一种必然性，也是一种源始性。同一性总是要说话的。在巴门尼德那里，在存在者之存在最早形诸语言的地方，τὸ αὐτό，即同一者，就在说话。巴门尼德的说法，通常被译作"思想与存在是同一的"，海德格尔认为应译为"因为觉知（思想）与存在是同一者"。海德格尔将巴门尼德的 νοεῖν 译为 Vernehmen，孙周兴先生将其译为"觉知"。作为前苏格拉底的"思者"，巴门尼德还不是一个即将走上形而上学道路的哲学家，因此，他的思想还不是那种即将离开存在本身的哲学，而是在从存在本身而来的一种道说、一种觉知。

（二）人与存在的共属

"因为觉知（思想）与存在是同一者"，这是在说什么呢？形而上学认为这是在说：同一性（Identität）属于存在。与之相反，巴门尼德说的是：存在归属于一种（eine）同一性。在传统形而上学那里，同一性是存在者之存在中的一个基本特征,归属于存在;与之相反,存在归属于一种同一性,在更源始的意义上,只有一种同一性在说话。在思想之早期,早在同一律成为思想的一条原则之前,同一性本身就已经在说话了。巴门尼德的箴言中规定:"思想与存在归属于同一者,并且由于这个同一者而共属一体。"①

在这里,τὸαὐτό,即同一者,已经被解释为共属性。存在与思想已经被说出归属于同一者。存在从这种同一性而来被规定为这种同一性的特征。与此相反,在形而上学那里,同一性被表象为存在者之存在的一个特征。巴门尼德所道说的思想与存在的同一状态(Selbigkeit),比形而上学中从存在者之存在而来的作为其一个特征的同一性(Identität),要源始得多。海德格尔在这里区分了同一状态与同一性,以强调后者的形而上学性。

海德格尔已经把思想和存在的同一状态规定为两者的共属性。何谓共属性?如果我们在传统形而上学的范围内讨论这种共属(Zusammengehören),那么,我们的重点应该是"共"(Zusammen)而不是"属"(Gehören)。这一点不仅可以从 Zusammengehören 这个词的重音来表明,也可以从下面这点看出来:在传统形而上学的范围之内,起支配作用的是在"共"中运作着的统一性。在这里,"属"之谓属就在于,通过一种决定性的综合的统一中心的中介作用,属要被安排到一种"共"的秩序中、一种多样性的统一性中。

与传统形而上学的规定相反,共属性也可以被思为共属。"共"应该是从"属"中得到规定的。与传统形而上学从"共"的统一性中来表象"属"不同,海德格尔要求我们从"属"那里来经验这种"共"。从"属"来"共",按照巴门尼德的暗示,如果我们在同一者中把握思想与存在的互相归属,我们就会更加切近事情本身。与此同时,思想通常是人的标志,思想与存在的互相归属、共属,就是人与存在的共属。在这里,我们一定要避免受制于传统的表象式的思维方式。在这种思维方式中,立足点是人与存在的传统概念,人与存在就像两个现成的、自为持存的事物。它们的共属就理所当然地被表象为一种归列(Zuordnung)。这种归列的设立和说明,要么以人的传统概念为立足点,要么以传统的存在概念为根据。在这种思维方式中,人

---

① [德]海德格尔:《同一与差异》,孙周兴等译,商务印书馆2011年版,第32页。

与存在的共属就被理解为在事后被放置在一起，被安置入一种归列之中的共属、统一性。

以一种非表象式的思想来沉思这种共属，我们会发现，在人与存在的共属中，在这一"共同"中，首先有一种相互归属（Zu-einander-Gehoren）在起作用。人作为存在着的东西，属于存在整体。但是，人之不同之处就在于，作为能思的动物，他向存在敞开。在人之存在中，在思之行动中，人被带到存在面前，与存在相关联并与存在相应和，这是因为人在其人类存在中与存在者相应合。人本来就是（ist）这种应合的关联，并且只是这种应合的关联。① 向着存在本身、寓于存在本身并且与存在本身一道在场，这就是历史性的人与存在本身的关联。所以，在历史性的人之存在中，有一种向存在的归属在起支配作用。这种对存在的归属，在倾听着存在之际，在遭受存在之急难并且同时为存在所急需之际，就被转本给存在了，亦即被归本于本有了。

三、转投、跳越作为"本-有"

从存在本身而言，存在在其源初的意义上被思为在场（Anwesn）。这种在场需要征用历史性存在的人，因为唯有为存在而敞开的人才让存在作为在场而到来。历史性的人在向其本质来源回撤，即向存在本身回撤、倾听、应和存在本身之际，作为敞开领域而到场，向存在本身敞开自身。由此，存在本身才获得一种澄明的敞开领域，才让作为在场而到来。这种向存在本身的敞开，构成了人之为人的本质，一种通过这种需用而从存在本身转本而来的本质。所以，存在本身必然使人在场。恰恰由于存在本身通过它的呼求关涉（an-geht）到人、需求到人，存在本身才成其本质并持续着。

可以看出，存在本身需要历史性的人向存在本身敞开，历史性的人也只有向存在敞开、应和于存在本身，才能成其本质；所以，这里发生的是人与存在相互共属，亦即是说：人与存在相互转让，相互归属。直到今天，人与存在的这种相互归属，并没有得到切近的思考。人们在表象式思维中将这种

---

① ［德］海德格尔：《同一与差异》，孙周兴等译，商务印书馆2011年版，第34页。

相互归属把握为联结、交织。所以，我们还没有在本真地沉思这种相互归属之际转投（einkehren）入这种共属之中，或者，更加严格地来说，不称之为转投，而称之为从被遗忘状态中苏醒（Erwachen）、觉醒（Entwachen）。如何才能完成这样一种转投或者说苏醒、觉醒呢？这需要我们从表象式的思维中自行脱离、跳离。这种自行脱离是一种跳越（Sprung）意义上的跳跃（Satz）。① 这一跳离同时完成的是从存在者那里的跳出。在跳出之际，我们释放（Loslassen）自己，脱离睡眠，从开端性的本有之被遗忘状态（隐匿）中苏醒，从而本真地在我们已经被允许进入的地方成为在家的，即栖居、居住。所以，这是一种向对存在的归属的跳越，跳入对存在的归属之中，跳入本有之中。在这一跳跃中，我们完成了向存在本身的转投。同样，存在本身也归属于我们，因为存在本身只有在我们这里存在，它才能作为存在而在场、成其本质。

要经验人与存在的共属，必须完成这样一种跳越。这种跳越是一种突然地转入那种归属中，在这种归属中，人与存在已经在其本质中相互到达、相互转本。思想的经验，就是由向这种转本的领域的进入来调谐和规定的。这种跳跃暗示了这种人与存在的情势的不足：我们在我们本来就已存在的地方停留得还不够，所以才需要一种跳跃。在今天的技术世界中，技术通常被视为人所规划出来的筹划，由此将技术首先从人出发解释为人的制作品。人们把一切限制在人身上，认为技术仅仅是人的事情。这是一种过于简单的对处境的分析。因为在这种分析中，在技术之本质中说话的存在之呼求，没有得到沉思、应和。原子时代的对技术世界的指示绝不会切近将人与存在从中得以相互关涉的情势。

跳跃，就是对这种在技术之本质中说话的存在之呼求的应和。在我们这个时代里，所有的存在者，就其存在而言，都处身于这种呼求之中，特别是人这种唯一可以倾听、应和这种呼求的存在者。在座架中，人与存在，都受制于从集置、座架而来的促逼。技术世界中的人与存在得以处身其中、由之而来并且相互关涉的东西，以集-置的方式发出呼求。海德格尔指出，作为这

---

① ［德］海德格尔：《同一与差异》，孙周兴等译，商务印书馆2011年版，第37页。

种发出呼求的东西，它恰恰没有发出呼求，它是以集-置的方式呼求，恰恰是以集-置的方式掩盖这种呼求的方式来呼求的，所以它没有发出呼求。在海德格尔看来，只有那已经从遗忘状态中苏醒的在本有中弃言的（ent-sagende）思想才发出呼求。在集-置中，存在本身的以自行拒绝的方式的自身显示，没有受到追问，更没有得到思量或者思考。

集-置，在实质上，比任何东西都更具存在特性，因而它虽然不再像某种在场者那样关涉到我们，却轻易地使我们转投入本有，由之而来，存在与人之情势才得以成其本质。所以，人与存在在集-置中以相互促逼的方式的共属，告诉我们："人归本于存在以及人如何归本于存在，而存在赋本给人类以及存在如何赋本给人类。在集-置中有一种罕见的归本和赋本起支配作用。①"在这里，无论是"归本"（Vereignen）还是"赋本"（Zueignen），都要从"本-有"（Er-eignis）而来得到思考，它们都是归属于"本-有"词簇，都表示人与存在的共属方式。人与存在的共属，只有从"本-有"而来，才能得到本质性的沉思。人与存在从集-置中转本、转投入本-有之中，这就是存在历史的发生，从本-有而来的发生。

---

① [德] 海德格尔：《同一与差异》，孙周兴等译，商务印书馆2011年版，第41—42页。

第四章　本有之思的理论启示与症结

从本有而来的追问主要对象乃是主体性哲学及其存在方式。纵观海德格尔的思想，海德格尔在不遗余力地追问存有之存在意义的过程中，主要的质问对象是科学和技术在今天的绝对统治地位以及它们的存在论性质——主体性哲学。他终生都在质问这种主体性哲学的完全统治，指出当今之思想由于对存在本身的遗忘而导致了人类根基持存性的丧失，带来了人类自身毁灭的危险。他认为，马克思主义是这种主体性哲学的最大代表，是虚无主义的极致。这实际上是一连串的混淆和误读。首先，他混淆了马克思的历史唯物主义和极端主体性的主体性形而上学，把马克思的思想误读为主体性形而上学；其次，他混淆了去存在的感性活动和极端主体性的异化的生产、制造，在否定异化的生产、制造的过程中，将马克思的去存在的感性活动误读为极端主体性的制造和无条件的生产；再次，他混淆了真正的人的优先性与极端主体性的人的优先性，误读了马克思对真正的人的优先性的强调，将马克思主义误读为极端主体性的人道主义；最后，他忽视了人类历史与存在历史的同构性，轻视现实的存在着的人类历史。

第一节　从本有之思而来的启示

尽管海德格尔对马克思哲学有误解，但在一般意义上，他对作为理智形而上学的主体性哲学的批判在本质上是正确的、有警示意义的。这一批判的意义在于时刻警醒我们，不能在主体性哲学的思维框架内去理解马克思哲学。

"本有之思"是我们跟随张一兵对海德格尔的存有历史性思想的一种简称。用本有之思来指称晚期海德格尔的存有历史性思想，是符合海德格尔本人的思想旨趣的。比如张一兵指出：

> 海德格尔在1937年前后秘密写下一篇名为《道路回顾》的自我思想总结，这可能也是他生前唯一写下的秘密自我评点文献。与此文第一部分主要评点一直到1927年以前他公开发表的论著（包括《存在与时间》）不同，此文的第二部分"愿望与意志之增补（关于已探索道路的葆真）"中，海德格尔对自己多年以来的各种讲座和最重要的文本都进行了细心的评点，特别是精心说明了他于1936—1938年写下的《哲学论稿——自本有而来》一书的背景和具体思想构境：海德格尔在这里十分确定地指认了一个从1932年开始的全新计划。显然，这不再是第一部分中指认的那个启始于1922—1927年的"人的此在存在论"计划。如果说，《存在与时间》中的"此在的存在论"是通过深入探究希腊哲学中的第一开端启始的第一条存在之路，使全部以追逐存在者对象的西方形而上学复归于自己的存在本质（根据）；那么，新计划则是跳出第一条存在之途所开辟的"另一开端"中的另一条道路，即进一步弃绝存在本身，通过追问存有之真理让本有本现的全新思想构境。①

---

① 张一兵：《走向本有之思的道路——海德格尔的秘密自我思想总结》，载《学术月刊》2011年10月。

本-有，是晚期海德格尔思想的核心关键词。在这里，"弃绝存在本身"，张一兵指的是对那种将存在硬化为实体的倾向的拒绝，对那种在存在者的意义上来把握存在本身的拒绝。所以，晚期海德格尔在存在这个单词上打叉，后来又用存有（Seyn）这个自造词来取代存在（Sein），意旨对存在者向对于存在本身的优先性的拒绝。存有之本质性的现身，就是本-有，也就是存在真理之发生。在这一意义上，我们将晚期海德格尔的存有历史性思想称为本有之思。

海德格尔的思想无疑是一种哲学。不过，非常明显，海德格尔的思想肯定不同于传统的形而上学，他称之为对存在真理之发生即本-有的真正知晓。这种真正知晓，作为历史性的把握，是归属于存有本身之本现的。哲学的历史性使命的极致，就在于"能够-倾听"那种从存有之可疑问性而来的说话的"能够-道说"，由此，哲学被把握为存有之思想。这种思想绝不能从存在者形态而来得以获得。存有之思想，也完全不同于任何一种对象的依循，它本身就"是"真理之本质现身。真理，即自行遮蔽着的澄明，这种真理本身就开启出作为历史的存有。

从本有而来，可以说是海德格尔思想的核心。海德格尔的一切存在道说，都在于强调存在真理之发生即存有之本质性现身亦即本有在其沉思中的基础性地位。他的一切道说，无论是什么问题，都要在这个意义上得到理解。这就是海德格尔思想的实质，也是他的思想实质之所在。只有从本有而来，我们才可能真正把握存在论差异问题；也只有从本有而来，我们才能够真正把握形而上学的实质奠基于何种本质空间中，才能够把握绝对唯心论与实在论的同构性。

一、重现主体性哲学的存在论根基

海德格尔思想的实质，在于反对主体性哲学，要求从主体性哲学回撤。但是，他也同时将主体性形而上学看作一种天命。海德格尔的目的并不是要否定一切非海德格尔式的思想和行动，并不是要否定一切遗忘存在本身的思想和行动，并不是要否定马克思一直在强调的人们的现实的生活过程。人们的存在就是人们的实际生活过程。海德格尔并不是要否定这些，也否定不了，比如人们对利益的追求，比如人们往往是在存在者的意义上生活，等等，在他看来，这些对存在本身的遗忘具有天命性。与否定这些天命相反，海德格尔的诉求在于承受这些天命。在忍受存在之危难之际，返回开端去倾听从本有而来的东西。否则，这种遮蔽着的急难可能带来人类根基持存性的丧失，带来人类自身毁灭的危险。他实际上是在要求为人类历史中的一切存在者重新从存在本身而来得到奠基，使得一切被看作是存在者的东西在存有之本现中得到保存。海德格尔分析了人的主体性，但是，他反对的实质是极端主体性。他所呈现的主体性哲学的存在论根基，实质是极端主体性的主体性哲学的存在论根基。

形而上学，这个名称被用于表示整个传统哲学史，与此同时，这个名称要表示的是，存在之思想把在场者和现成者意义上的存在者当作出发点和目标，为的是那种向存在的超越，而这种超越同时立即又成为向存在者的回降。① 这种传统意义上的哲学，是通过对存有即存在真理之发生的不断逃遁而进行的对存在者的辩护，海德格尔称之为"物理学"的辩护。在这种形而上学中，存在本身以某种方式成了一种存在者。

海德格尔指出，"存在与思想""存在与时间"这两个标题展现了形而上学思想与存在历史性的思想两者之间的对立。在"存在与思想"这个标题中，存在被理解为存在者之存在状态；在"存在与时间"这个标题中，存在被把握为存有之历史性追问。在第一个标题中，"思想"的实质是表象性陈述；而在第二个标题中，"时间"意指对真理之本质现身的最初显示，这是从本有而来的指引。此所谓真理之本质现身，则是在那个移离式的敞开的运作空间之澄明意义上讲的，在此运作空间中，存有自行遮蔽，并且在遮蔽之际首次特别地委身于其真理。② 所以，在这里，决不能说我们仍然行走在表象性陈述的道路上，只是用"时间"取代了"思想"。这两个标题行走在完

---

① ［德］海德格尔：《哲学论稿（从本有而来）》，孙周兴译，商务印书馆2012年版，第446－447页。
② ［德］海德格尔：《哲学论稿（从本有而来）》，孙周兴译，商务印书馆2012年版，第456页。

全不同的存在追问道路上。与此同时，非常重要的是，从本有而来的存有历史性思想，即在存在与时间这个标题之下的存在追问，已经创造了一种新的可能性，那就是，在存有历史性思想的追问道路上，人们已经有可能"更原始地、也即在存在历史意义上，来把握'存在与思想'这个标题意义上的存在问题的历史，并且通过指明 φύσις [涌现、自然]、ιδέα [相、理念] ούσία [在场、实体] 的本质现身意义上的在场现身和持存状态的支配作用，首先在存在的时间特性中来揭示在形而上学历史中必然未经追问的存在之真理。"① 这就是海德格尔思想的实质诉求了。他实质上是在要求在存在历史性思想的道路上为一切形而上学意义上的"存在者"重新奠基，阐明其中未经追问的存在之真理，使得那些以"存在者"的名义被命名的东西在存在历史性的思想中得到守护和保存，从本有而来的守护和保存。从存在的时间特性来指明形而上学历史中未经追问的存在之真理，则存有历史性的隐蔽历史就会清晰可见。

（一）海德格尔以不同于传统的方式重新提出了从主体性哲学返回的问题

海德格尔以对此在与存在的时间有限性强调凸现了时间与存在的共属一体性。在与存在的关系问题上，相较于空间问题，时间问题具有优先性。晚期海德格尔试图重提空间问题的重要性。实际上，空间与时间一样，与存在的意义相关。空间，作为意义空间，不是物质性空间，也不是认识的对象，它是我们存在的世界，是由历史性此在对存在的领悟而开启出来的对存在的解蔽。同时间一样，它是本体论上的，如果在海德格尔这里有本体论的话。

同样，基于存在历史之思，从存在领悟的先行性出发，世界不再是一个空的容器，而是我们生活的世界。它是一个先行的意义空间，是我们的存在领悟构成了我们的世界。世界是对存在的解蔽，世界可以有很多个。我们知道，在海德格尔的意义上，任何解蔽都在某种意义上构成一种遮蔽。因此，

---

① [德] 海德格尔：《哲学论稿（从本有而来）》，孙周兴译，商务印书馆 2012 年版，第 457 页。

对世界的任何固定为某种世界观的做法，都是远离了人与存在的源初关联的做法，都构成了对存在的遮蔽和遗忘。

所以，在存在真理之发生的意义上，需要我们不断地重返人与存在的源初关联，不断开启新的世界。人类决不能只有形而上学这一个世界。实际上，人类原本就归属于不同的世界，只是形而上学同一性的力量太过强大，其他的世界渐渐归于消亡，人与存在的源初关联逐渐被遗忘。只有立足于存在，立足于人与存在的源初关联，在新的可能的存在领悟的基础之上，才有可能不断重新开启新的世界、新的可能性、新的意义空间，自由才有可能。在这里，自由不是人类意志的自由，不是人类的属性。自由源于存在的自行解蔽与遮蔽。人类的意志自由源于存在的自行开启与自行锁闭，是派生性的东西。人类的自由源于人与存在的关联，人，历史性的此在，在存在论上就是自由的。

（二）在存在论上，海德格尔提出了关于解释、人的本质的新的规定

在海德格尔看来，理论与实践的统一、解释世界与改变世界的同一，不仅奠基于新的世界概念，而且与解释的先行性、人的本质（如果在这里我们可以谈人的本质的话，当然不是指固定不变的本质）的新的规定有关。在《存在与时间》中，此在的存在领悟先行构成了意义空间、世界。因此，此在之为此在，关键在于与存在的关联，而与存在的关联就在于理解存在、领悟存在或者说解释存在。在这个意义上，理解、领悟、解释，指引是相同的，都指向与存在的关联。人之为人或者说人的本质，不在于关于人是理性动物的预设。在黑格尔那里，家庭中的纯粹自然的人在伦理实体的意义上只是虚幻的阴影，"因为一个人只作为公民才是现实的和有实体的，所以如果他不是一个公民而是从属于家庭的，他就仅只是一个非现实的无实体的阴影"[①]。黑格尔认为，人之为人在于人的社会性，归于共同体的属性，而不是动物性。

---

① ［德］黑格尔：《精神现象学》（下卷），贺麟、王玖兴译，商务印书馆1979年版，第10页。

在海德格尔这里，他始终强调从存在者的存在方式来理解存在者，也就是从存在来理解存在者。他关于人的理解也是这样。他认为，从人的存在方式来理解人，人之为人，就在于人与存在的关联——理解存在。所以，把人规定为理性的动物，不是抬高了人，而是把人降低为动物。动物没有对存在的理解，因而不可能有世界。人的存在就在于对存在的理解，就在于有世界，世界一定是人的世界。可以看出，海德格尔对人的规定完全不同于那些历史学的和社会学的规定。他是从人的存在来规定所谓的人的本质的，人的存在当然不可能有固定不变的本质。

（三）海德格尔着重呈现了理论与实践相同的存在论性质

许多学者指出，海德格尔也有极强的还原论的倾向。这似乎有非常充足的证据。海德格尔几乎谈论任何问题都会将这个问题引导至存在论上，都会对问题的存在论性质进行追问，这样做的必然结果是对哲学史上的思想家的思想一网打尽，统统归结为在场形而上学。在处理黑格尔和马克思的关系的时候，海德格尔做了同样的工作。他以其存在论差异的思想将黑格尔和马克思都归结为人类学、人道主义，认为他们都遗忘了存在。

对于海德格尔的这种做法，由于行文所限，我们在这里不想做过多的评论。我们只想指出一点：海德格尔对理论与实践的不可分离性的分析同样给我们以重要的启示。在古希腊的世界中，理论作为最高的实践，两者作为人与存在的关联维度，不可分离。在黑格尔那里，理性作为社会实践的基本形式，同样强调理论与实践的统一。马克思对异化劳动的批判同样要求在人的存在上恢复理论与实践的统一、人与社会的和谐、人与自然的和谐。海德格尔也认为："哲学应当思考存在者之存在；思想和追问的一种更高、更严格的约束性在哲学中是没有的……因为哲学思想中起支配作用的是最高可能的约束性，所以，一切伟大的思想家都思考同一个东西。而这同一个东西是如此根本和如此丰富，以至于绝没有某个个人能够将其穷尽，不如说，每个人都只是更严格地约束着其他所有人。"① 可见，在这个问题上，思想家们有基

---

① ［德］海德格尔：《尼采》，孙周兴译，商务印书馆2002年版，第37页。

本相同的诉求，只不过他们提出问题的方式各不相同罢了。海德格尔的突出贡献在于，他以新的方式在存在论上提出了理论与实践之间的狭隘联系与时代困局之间的共生关系，以新的方式即以对存在的意义问题的强调揭示了虚无主义在全球的蔓延，揭示了这种带来人类自身毁灭的危险的技术实践的存在论性质，石破天惊地提出了究竟是拯救还是毁灭的问题。在海德格尔这里，已经没有了黑格尔与马克思那里的对人类未来的信心。在黑格尔和马克思那里，虽然他们都看到了市民社会的必然分裂，虽然马克思在经验异化之际体会到了人类的无家可归，但是，他们毕竟还有着对人类社会理性的极强的信心。但在技术日益发展到极致的今天，在生态危机日益凸现的今天，在人类毁灭的危险日益加深的今天，作为时代的思者，海德格尔已经不可能有他的先辈们所具有的信心。他所能提供的道路，仅仅只能是立足于存在而不是主体性的人，仅仅只能是强调只有一个上帝能够救渡我们，仅仅只能说对事物泰然任之、对神秘虚怀若谷，仅仅只能叹息般地祈望"有那么几个人孜孜以求地守护存在"。

因此，海德格尔对存在的强调、对虚无主义的指证、对进步强制的分析无不显示了其思想的深度，而面对时代危局，他对出路的寻求同样体现出大思想家悲天悯人的情怀，在生态危机日益加深的今天，守护存在，重建家园，重建历史性此在与存在的源初关联，也许是人类应对、对抗资本逻辑统治的一条可能的道路。

二、从本有之思而来的批评的警示意义

不论人们是否接受海德格尔对马克思主义哲学之作为主体性哲学的批评意见，我们都应该承认，他的立足于本有之境对一般意义上的主体性哲学，以及在特殊意义上对被视为主体性哲学的马克思主义哲学的批评，都是有意义的。批评的意义在于：当我们依据马克思的文本，试图重新诠释马克思主义哲学的本质，呈现马克思发动哲学革命的本质境域时，必须时刻清醒地划清马克思主义哲学与一切主体性哲学的理论界限。

在我们看来，以时代命运、人类生存境况为核心指涉的哲学，不同哲学

家的思想之间如果没有共同之处,那将是不可想象的。海德格尔曾经指出,"伟大的思想家之所以大,是因为他能够从其他'伟人'的著作中听出他们最伟大的东西,并且能够以一种原始的方式改变这种最伟大的东西。"① 又说:"哲学应当思考存在者之存在;思想和追问的一种更高、更严格的约束性在哲学中是没有的……因为哲学思想中起支配作用的是最高可能的约束性,所以,一切伟大的思想家都思考同一个东西。而这同一个东西是如此根本和如此丰富,以至于绝没有某个个人能够将其穷尽,不如说,每个人都只是更严格地约束着其他所有人。"② 也就是说,伟大的思想家,因为都关涉最高的可能性,所以在他们思想的深处,必定有其共通性。更何况,这里讨论的是对现代性的本质都同样进行了不遗余力的、深刻的、影响深远的批判的马克思和海德格尔。

(一) 存在的平面与真正的对手

海德格尔认为马克思仍然从属于一种人类学、一种人道主义,虽然马克思在批判黑格尔之后强调要改变世界。从存在之思的角度来看,在理论与实践分离、狭隘的联系之下,与解释世界(理论解释,理论与实践分离以后的解释,而非先行的存在领悟,实际上,先行的形而上学的存在领悟是这种理论解释和与理论分离的实践的共同的存在论基础)对立的改变世界,同样是一种此-在的非本真的存在方式,是与作为存在的存在的关联甚远的一种存在方式。在遗忘存在的意义上而言,二者之间没有区别。改变世界和解释世界都带有"强力意志"的诉求,而强力意志恰恰是以主体性的人为中心的人类学的主要特征。因此,马克思改变世界的要求必定不同于谛听存在的此-在之生存的本真状态。更何况,马克思的改变世界,主要是在生产中的改变,而这种改变与技术的态度直接勾连。海德格尔声称他的批判是"从最极端的对立方出发",也就是从马克思主义出发。在这种意义上,海德格尔是将马克思视作了真正的对手。

---

① [德] 海德格尔:《尼采》,孙周兴译,商务印书馆2002年版,第37页。
② [德] 海德格尔:《尼采》,孙周兴译,商务印书馆2002年版,第37页。

（二）存在的平面与共产主义

早期人们以为的共产主义，是共产共妻的共产主义。这种"共产主义是扬弃了的私有财产的积极表现；起先它是作为普遍的私有财产出现的。共产主义是从私有财产的普遍性来看私有财产关系，因而共产主义在它的最初的形式中不过是这种关系的普遍化和完成。"① 所以这种共产主义不是扬弃了私有财产，而是私有财产的普遍化，仍然是私有财产的普遍的奴役。在人与人、人与自然的关系上，这种共产主义不是人与人异化关系的扬弃，而是这种异化关系的普遍化。因此，"对私有财产的最初的积极的扬弃，即粗陋的共产主义，不过是想把自己设定为积极的共同体的私有财产的卑鄙性的一种表现形式"②。马克思所追求的共产主义绝不可能是这种共产主义。也就是说，马克思所追求的共产主义首先要扬弃私有财产，但又不可能止于仅仅扬弃私有财产。实际上，从这种粗陋的共产主义的要求来看，如果仅仅止于扬弃私有财产，那么也不可能真正地实现自己的目的。问题的关键在于，私有财产作为人的主体本质，是派生性的东西。"诚然，我们从国民经济学得到作为私有财产运动之结果的外化劳动（外化的生命）这一概念。但是，对这一概念的分析表明，尽管私有财产表现为外化劳动的根据和原因，但确切地说，它是外化劳动的后果，正像神原先不是人类理智迷误的原因，而是人类理智迷误的结果一样。后来，这种关系就变成相互作用的关系。"③ 私有财产作为异化劳动的结果，如果异化劳动的现实依然顽强，那么，想要如粗陋的共产主义那样通过财产的普遍共有来扬弃私有财产，是注定不可能成功的。因此，马克思所追求的社会，一定是首先扬弃异化劳动的社会。异化劳动的扬弃，将首先是人的存在的恢复，用海德格尔的话来说，就是重建人与存在的源初关联，"共产主义是私有财产即人的自我异化的积极的扬弃，因而是通过人并且为了人而对人的本质的真正占有；因此，它是人向自身、向社会的即合乎人性的人的复归，这种复归是完全的，自觉的和在以往发展的全部财富的

---

① 《马克思恩格斯全集》（第三卷），人民出版社 2002 年版，第 295 页。
② 《马克思恩格斯全集》（第三卷），人民出版社 2002 年版，第 297 页。
③ 《马克思恩格斯全集》（第三卷），人民出版社 2002 年版，第 277 页。

范围内生成的"①。在重建人与存在的源初关联的基础之上，必然会恢复人与人、人与自然、人与社会的感性活动的关系，实现人与人、人与社会、人与自然的和谐。所以，在马克思定义这种共产主义的时候，在谈完了共产主义是私有财产即人的自我异化的积极地扬弃之后，才会突然转向对人的存在描述，才会突然转向人与人、人与社会、人与自然和谐关系的呈现："这种共产主义，作为完成了的自然主义＝人道主义，而作为完成了的人道主义＝自然主义，它是人和自然之间，人和人之间的斗争的真正解决，是存在和本质、对象化和自我确证、自由和必然、个体和类之间的斗争的真正解决。它是历史之谜的解答，而且知道自己就是这种解答。"②马克思在他那个时代不可能有海德格尔对语词的规制力量的自觉的警醒，他仍然沿用前人的术语，只不过赋予这些术语以新的内涵。所以，对这种新型的人与这种新型的人们之间的社会关系，这种和谐，它称为作为完成了的自然主义＝人道主义，而作为完成了的人道主义＝自然主义，它是人和自然之间、人和人之间的矛盾的真正解决，是存在和本质、对象化和自我确证、自由和必然、个体和类之间的矛盾的真正解决。可以说，这就是马克思与海德格尔相通的地方，从某种意义上来说，立足于一个只有存在的平面，我们才能更好地理解马克思的共产主义、社会学说。

（三）存在的平面与异化问题

我们还要提出的一个问题是，海德格尔对存在的平面的强调给我们思考异化问题带来了新的启示。通常的看法是，由于异化理论有一个关于人的人本主义理论的预设，所以异化劳动的思想是早期马克思的不成熟的思想。持这种观点的学者很多。他们普遍认为，马克思在《1844年经济学—哲学手稿》中对异化劳动概念的使用带有费尔巴哈人本主义的色彩，认为因为异化劳动概念的不成熟性所以后期马克思不再采用异化劳动概念。

但是在这里，海德格尔对马克思的赞扬恰恰在于马克思的异化思想。海

---

① 《马克思恩格斯全集》（第三卷），人民出版社2002年版，第297页。
② 《马克思恩格斯全集》（第三卷），人民出版社2002年版，第297页。

德格尔指出，马克思"在基本而重要的意义上"，揭示了现代人"无家可归的命运"，在这一点上，"马克思主义的历史观就比其他历史学优越"。① 马克思对异化劳动的批判，在经验异化之际体会到了现代人的无家可归，深入到了历史的一个本质性的维度中，所以马克思主义的历史观比其他的历史学优越。这提醒我们有必要去重新审视传统的对异化思想的人本主义倾向的批评的合法性。在存在历史的境遇中，由于对存在的遗忘，可以说人类长期处于沉沦状态，也就是异化状态。在这里，当然没有关于人的理论预设，问题的关键在于，人与存在的源初关联，关键在于此在的存在方式就在于领悟存在、守护存在、应和存在。如果说在这里也有关于人的理论预设的话，那么这个预设就是人的存在方式。人的存在方式就在于对存在的领悟这个预设。实际上，从存在之思的角度出发，这不可能是一个理论预设，而是我们的存在。

因此，对于马克思的异化劳动的思想、物化思想，绝不可以作为一个不成熟的思想就将其打发。实际上，恰恰是在感性活动的这个人的存在方式的基础之上，在人之为人的存在的基础之上，在人与存在关联的维度之上，才有了对异化劳动的指证，而今天普遍存在的异化的现实、人的动物般本能的生存也不是学者们可以以理论将其消灭的。

（四）存在的平面与克服资本的新的道路

如同海德格尔一生都在处理存在问题一样，马克思一生都在与资本战斗。对于资本的进步强制，马克思进行了全面的批判。有学者强调马克思对资本的批判是双重批判，也有的学者认为马克思的批判是三重批判，总而言之，马克思对资本的批判实际上是一个系统工程。我们同意这种观点。我们认为，哲学批判、经济学批判、社会学批判在马克思那里实际上并不是分离的，任何将马克思的批判分裂为各自孤立的哲学批判、经济学批判、社会学批判的做法，都是在误读马克思。多重批判的统一性的根据不在别处，恰恰在于他所处理的问题的总体性特征。马克思并不是从《资本论》才开始进行经济批

---

① ［德］海德格尔：《路标》，孙周兴译，商务印书馆2001年版，第401页。

判的；同样，马克思也不是在《1844年经济学—哲学手稿》之后就不再对黑格尔的无批判的实证主义和无批判的唯心主义进行批判了。马克思认为，黑格尔同国民经济学家一样，是从有问题的、未经澄清的异化劳动这个前提出发的，所以，他指证黑格尔是站在国民经济学的立场之上。这同时也鲜明地表明了一个问题：黑格尔的哲学处理的是整个时代，由于这个对手的力量太过强大，因此对这个对手的批判要想彻底、成功，批判也不可能仅仅止于哲学批判。可以说，终其一生，马克思都在努力完成对黑格尔所代表的旧哲学的批判。也就是说，因为存在论是对异乎寻常的、根本性的事情以异乎寻常的、根本性的方式作异乎寻常的、根本性的追问，所以在资本进行批判的过程之中，存在论意义上的根基的批判具有非常重要的意义。因为在存在论上不确立感性活动原则这个最高的出发点，就不可能对资本的时代里所发生的事情进行有原则的、高度的批判。

与马克思相同，晚期海德格尔从追问技术的本质入手，鲜明地挑明了存在之思的时代意义，在马克思之后再一次对现代性、对资本主义进行了根基意义上的批判，并取得丰硕的成果。海德格尔在《尼采的话"上帝死了"》一文的最后指出："如果我们在'虚无主义'这个名称中听到另一种音调……也许终有一天，我们听到另一种音调，将已全然不同于以往的方式来思索这个虚无主义刚刚开始完成的时代。也许我们进而会认识到，无论是政治的还是经济的角度，无论是社会学的还是技术和科学的角度，甚至是形而上学的和宗教的角度，都是不充分的，都不足以去思考在这个时代里发生的事情。"① 对资本的彻底的批判，在于追问资本和技术的存在论性质，在更加源始的意义上来思考这个时代里所发生的事情的同一性，并对这种巨大的同一性的力量进行更加源始的批判——存在论的批判。所以，海德格尔以其存在历史之思，在这个资本和技术继续扩张的时代里，在这个求意志的意志的时代里，面对人类自身毁灭的危险，石破天惊地提出了究竟是拯救还是毁灭的问题，提供一条克服资本进步强制的新的可能的道路，追问了人类未来是

---

① ［德］海德格尔：《尼采的话"上帝死了"》，引自《林中路》，孙周兴译，商务印书馆2017年版，第299-300页。

否还有新的可能性的开启。可以说，在马克思之后，对时代问题的思索，对资本、技术的批判达到了又一个思想的高峰。

第二节　本有之思的内在理论症结

从本有而来的存有历史性思想，要求的是从形而上学的返回、跳出，返回存在本身，返回存在真理之发生，才有可能克服形而上学，生成新的可能性的道路。历史性存在的人们在忍受了集-置对存在本身的遗忘的存在之急难之际，要求从存在之急难状态的返回，在真正的思之行动中完成从主体性哲学的跳出，转投入存在本身的本质性空间之中，从存有之本质性现身中追问存有之存在的意义。这就是存有之本质性的现身，也就是本-有，同时也是前期海德格尔所说的存在真理之发生。从本有而来，就是从存在真理之发生而来，从存有之本质性现身而来，这是一回事情。从本-有而来的存有历史性思想，向我们展现了一个本质性空间的存在，在这一本质性的空间中，物物化，世界世界化，自然从自身而来存在着，历史性存在的人们同样从自身而来存在着。这里，不再有主体性哲学的执意、强制、安排，在这一本质性的空间中，那些看起来像是存在者的东西从自身而来在场着、存在着。从本-有而来，观入存在着的东西，这不是主体的一道目光，而是在存在之光中追问存有之存在的意义，追问存在本身。观入存在着的东西，就是观入存在本身。

这一本质性空间的开启，需要历史性此在的本质性转变，需要真正的思之行动。通过存有之追问、存有之启思，历史性存在的人们才能够转投入存在本身，找到切近存在本身的道路。在作为危险的危险的集-置中，历史性存在的人们在经受存在之遗弃这一存在之急难之际，必然会在危险中看到救渡，看到返回的必然性，也看到存在真理之发生，也就是本-有。所以，面对技术的全面统治，海德格尔反对任何执意的改变现状的活动，认为任何改变世界的努力都会落入主体性哲学的窠臼。取消了所有的主体性的活动之后，海德格尔要求我们去经受存在之急难,去等待。这就是对物的泰然让之和对神秘的虚怀若谷。泰然让之并不是主体的一种态度,它与存在本身相关涉,从存在本身而来,让存在、让予、等待。

晚期海德格尔对主体性哲学的追问,包括他对马克思哲学的追问极具震撼力。然而,他误读了马克思,他忽略了马克思哲学的基石——感性对象性活动的前理论的源始性,也忽略了马克思对历史性存在着的人们在感性对象性活动中思想的能力和创造历史的能力的推崇的重要意义。这是误读之一。海德格尔混淆了极端主体性的存在方式与马克思的前理论的、源始性的感性对象活动,将感性对象性活动当作了极端主体性的无条件的生产予以批判,这是误读之二。他混淆了极端主体性的、异化的、实质是真正的人的消灭的、表面的人的优先性与马克思所强调的具有源始质朴性的、丰富性的、真正的人的优先性,将后者当成前者予以批判,这是误读之三。他混淆了极端主体性的、实质的对人的消灭的、表面的人道主义与马克思对真正的、从存在本身而来的人道主义的强调,将后者当成前者予以批判,这是误读之四。

一、没有重视感性对象性活动的源始性

源始性的,这里意指前理论的、前逻辑的、前反思的。我们说感性对象性活动是源始性的,是在强调这种活动就是历史性存在着的人们的源始性的存在本身。就感性对象性活动与理论比较而言,前者更加源始。感性对象性活动,实际上就是在海德格尔的基础存在论中的历史性存在着的人们的交道性操劳,这是源始性的存在本身。我们强调感性对象性活动的源始性,意在强调这种活动与异化劳动的区别。相较于异化劳动,这种感性对象性活动具有本质性、源始性、从自身而来的非强迫性等非异化性。

对于海德格尔而言,交道性操劳着的人们,绝大部分处于常人的沉沦状态。这里就开始出现海德格尔与马克思的分野。在马克思那里,这种交道性操劳也就是感性对象性活动,是一般的创造历史的活动,具有正面的意义;与此相反,在海德格尔那里,这种交道性操劳则不具有正面的意义。张一兵已经对这一问题做出了说明:

海德格尔将关照具象为照料（Besorgen），它是关照什么（对象物或事）的解读，这是进一步说明生命"实行活动的多样方式及与交道之何所交的关涉存在（Bezogensein）的多样方式：忙碌什么、提供什么、制作什么、由什么来保障、利用什么、用什么来做什么、占有什么、保存什么、丢失什么，诸如此类"。这由十个什么构成了从对象域生发出来的关照方式，即具体打交道何所交（照料关涉活动）中建构起来的生命存在。生存不是肉身的实在，而是指向功用对象的交道式的感性做事。但细心的读者会发现，这十个"什么"的动词主语无一例外地都是海德格尔并不喜欢的世俗物性功用活动。在1845年之后的马克思那里，建构我们周围世界的基始性活动，开始在《关于费尔巴哈的提纲》中叫实践，后来在《德意志意识形态》中具象为物质生产和经济活动。马克思也十分精到地指认了"生产什么（was sie produzieren）"和"怎样生产（wie sie produzieren）这个更深入的要义。但是，海德格尔这个木匠的孩子比直接享用现成财富的富人们更知道，没有这些交道于物的照料，即没有一切生存。这是世俗生活世界最基底的活动践行场域……马克思对现实人类社会历史发展的进步趋向的肯定，恰恰会是海德格尔将来所根本否定的，但这并不排除海德格尔此处逻辑构境的深刻性。①

我们跟随张一兵，将这种基础性的、前理论的感性对象性活动称为源始性的。这就是我们强调感性对象性活动的源始性的含义所在。海德格尔对这种活动的源始性的轻视也从这里开始。海德格尔忽略了这种感性对象性活动对人类历史的重要意义；或者说，他忽略了这种交道性操劳对存在历史的重要意义。由此，他也就同时忽略了感性对象性活动与异化劳动的区别；不再区分真正的人的优先性与异化的、实质是对真正的人的消灭的、主体性的人的优先性；也不再区分真正的人道主义与异化的、实质是对真正的人的消灭的、主体性的人道主义；更加忽视了一般的人类历史与存在历史的同构性。由此，就发生了对马克思哲学的一连串的误读。

---

① 张一兵：《交道与实践：青年海德格尔与马克思的相遇——海德格尔"那托普报告"的解读》，载《马克思主义研究》2010年第9期。

从海德格尔在三天讨论班中的追问中，可以明确地看到这些内在的理论症结。比如，他强调，从此-在-在-世出发而不是从孤立、封闭的"我思"出发，意味着对存在之关联纬度的重建。此-在，是存在在此呈现。从此-在出发，把握存在之天命的最后形态，做出决断，以便为投身一个新的境地做出准备，在那里重新得到自己的规定性，以便与那不是人者也即存在息息相关。海德格尔之所以能够实现20世纪最伟大的哲学革命——存在论革命，与哲学出发点的变革息息相关。不是从必定囿于意识的内在性的"我思"、自我意识出发，而是从一向已经在外的、破除了意识内在性的此-在出发，海德格尔才得以完成其存在论革命，从而奠定其在哲学发展史上的地位。可见，在海德格尔哲学中，此-在乃是一个其展开哲学之思的核心概念和透析一切思想与现实问题的重要媒介。

但是，在海德格尔的理解中，关于此在之出离在其思想中的地位问题，展示情况又如何呢？海德格尔认为，人只能契合、应答存在之天命，人只能进行一种努力，那就是向下入思，从而在思中察觉人类存在之困境，经验存在之遗忘的无家可归状态；没有这种思之努力，人们连无家可归状态也无法经验。人们在经受存在之急难之际，被要求从形而上学回撤、返回，在这一过程中，人们经历了一种本质性的转变，进入存有之本现的本质空间中，倾听存在的声音，完成从存在本身而来的任务，这就是真正的思之行动。在这里，海德格尔承认了存有之本现即本有对历史性此在的人之启思的需要，却忽略了在思之行动之际，在新的可能性发生之际，在新的世界产生之际，人们在行动，人们在建立新的生活。存在历史之发生，不在人们的实际生活过程之外，而就是人们的实际生活过程；存在历史的发生，不在人类历史之外，而就是人类历史本身的发生。海德格尔在反对极端主体性的活动之际，连人们的实际生活过程这种现实的存在本身、现实地去存在的活动本身，一块儿当作主体性的活动批判了，这实际上是取消了真正的存在本身。这同时也取消了人们在去存在过程中所进行的对世界的改变活动本身及其影响，也就是取消了真实的历史或者说存在历史本身。后者本身就是现实的历史，人们恰恰是在现实的历史中现实地活动着并存在着的。人们不仅追问存在的意义，而且是在去存在的过程中追问、沉思存在的意义，也是在追问存在的意义之际实施着存在本身即实施着改变世界的感性活动。对思和诗的强调,不应该否定在真正的思之行动中对存在的完成、对世界的改变的感性活动,否则就不是真正的思之行动。

本-有,作为观入存在着的东西,作为存在之闪光,作为让存在本身,一定不会不让那些思者存在着、活动着。让存在本身要求从自身而来现身、在场,同样,每一个历史性存在的人们也必定要从自身的本质领域而来活着、存在着、行动着。从自身而来的感性活动,是存在着的历史性的此-在的存在本身,肯定不能因为这些去存在本身是一种活动、一种改变世界的活动而被当作极端主体性的、异化的活动而被取消。我们当然可以从异化的活动、极端主体性的活动回撤到历史性此在的本质空间中,返回存在真理的发生之处。但是,如果这种活动是从存在本身而来的活动,从本有而来的活动,一种感性活动,那么,我们又将如何回撤呢?返回到何处呢?

从某种意义上来说,海德格尔忽略了历史性此在在存在中所进行的、改变对存在的遗忘这种存在之天命状态的活动。虽然我们同意海德格尔的观点即人的尊严不在于人作为主体来控制世界,我们也同意海德格尔的下面说法:"至于存在者是否显现以及存在者如何显现,上帝和诸神、历史和自然是否以及如何进入存在之澄明中,是否以及如何在场与不在场,凡此种种,都不是人决定的。存在者之到达乃基于存在之天命"[①],但是,我们不能由此认为,在存在的意义的新的可能境域中,作为现实个人(此-在)的对象性活动对于新的存在意义、新的存在的可能境域的呈现毫无意义。如果现实个人的对象性活动在存在的新的可能境域的展开之中毫无意义,那又何谈存在历史以及人类的历史?何谈对存在的意义的追问、沉思以及对新的世界的开启?

哲学的理解、存在论的革命,可以改变人们对自身命运的理解、对存在之天命的理解,但是,人们如何面对似乎注定走向毁灭的存在之天命的最后形态呢?如果改变人的居所依然是思按生产模式来表象的,如果任何改变的诉求和行动都将重新落入形而上学之窠臼,那么,面对存在之天命的最后形态,我们难道只能被动地接受"天命""命运",依靠上帝来拯救我们?这是

[①] [德]海德格尔:《路标》,孙周兴译,商务印书馆2001年版,第388页。

我们不能接受的。

哈贝马斯指出:"存在的天命观念仍然和它通过抽象而否定的对立面联系在一起。海德格尔超越了意识哲学的视界,却停留在了其阴影之中。"① 哈贝马斯认为,虽然海德格尔终其一生都在反对意识哲学的固有缺陷——无法突破意识本身的固有建制(意识的内在性),他也只是超出了意识哲学的视界,却并没有超出意识哲学的世界。他并没有真正突破意识哲学,而是仍然停留于意识哲学的内在性之中、阴影之中。"海德格尔只是在宣扬要把主体哲学的思维模式颠倒过来,其实,他仍然局限于主体哲学的问题而不能自拔。"② 海德格尔并没有真正突破意识哲学,或者说他并没有找到突破意识哲学的路径,却对马克思突破意识哲学的方式不以为然,将作为"对象性的本质力量的主体性"的现实个人的感性对象性活动与其异化形式的对世界的技术态度等同起来并进行了完全的否定,导致海德格尔以后的思想者们对思想的进展和现实的困境均无所适从。

对于哈贝马斯的这些质疑,我们不予评论。但是,我们完全同意他下面的观点:"海德格尔用存在的天命揭示了日常交往实践的外在扭曲,而这种存在的天命难以把握,只有哲学家掌握。同时,海德格尔消除了一切揭示秘密的可能性,为此,他把有缺陷的日常理解实践当作自我持存的实践而抛到一边,因为这种自我持存的实践遗忘了存在,纯粹是建立在算计的基础上,因而是肤浅的;此外,他还剥夺了生活世界当中分裂的伦理总体性所能具有的任何一种本质的兴趣。"③ 海德格尔并没有"质疑哲学家所提出的优先进入真理的精英主张"④。

正是在这里,我们看到了海德格尔对自己哲学立场的背离:一方面,他

---

① [德]哈贝马斯:《现代性的哲学话语》,曹卫东等译,译林出版社 2008 年版,第 144 页。
② [德]哈贝马斯:《现代性的哲学话语》,曹卫东等译,译林出版社 2008 年版,第 166 页。
③ [德]哈贝马斯:《现代性的哲学话语》,曹卫东等译,译林出版社 2008 年版,第 145 页。
④ [德]哈贝马斯:《现代性的哲学话语》,曹卫东等译,译林出版社 2008 年版,第 165 页。

认为，此-在一向已经出-离在外，并在出-离中与存在相关，去领会存在、谛听存在、守护存在。按照这个逻辑，此-在之出-离是此-在存在的方式、领会存在意义的方式，并且是唯一的方式，是此-在历史性存在的原因，也是此-在存在的力量之所在。在此-在-在-世中呈现存在的意义，获得不同于意识之内在性的另一种存在的规定、另一种对存在的领悟或者另一种存在的方式，这同时是一个新世界的开启，一个新世界建立的真正的历史性的行动，一个改变旧世界中难解之困局并以新的存在方式去存在、去从事改变世界的感性活动的过程。一切历史的困局都应该在此-在之出-离中得到解释。对存在之天命的最后破除，同样应该在此-在之出-离中找到应答方案，而不是以诉诸"天命""命运"的方式承认这种困局的不可破除性，依靠上帝来拯救。另一方面，海德格尔非常突出地强调形而上学的基本建制即意识内在性的恶果。他认为，由意识的内在性必然导致意识的优先性，进而导致以生产的优先性为代表的人的优先性。人的优先性在今天的统治地位是形而上学之天命的最后形态，它必然走向虚无主义。在这里，一切都是必然的逻辑运演，已经与此-在之出-离没有任何关系，似乎在海德格尔这位大思想家发现思应当从此-在出发之前，此-在并非一向已经在外，并非在此-在之出-离之中，因此才会处于意识的内在性之中并必然导致虚无主义的极致。同时，似乎是在这位伟大的思想家发现此-在之出-离之后，现实的个人依然处于意识的内在性之中，同样必然走向虚无主义。虚无主义由此成为与此-在之出-离无关的可以独自运演的神圣逻辑，并且必将带来人类自身的毁灭。

如果是这样的话，如果从存在本身而来的感性活动不会对这种形而上学的统治地位进行沉思，海德格尔本人的存有历史性的思想就不会出现，同样，如果是这样的话，人类历史的每一个歧途都会必然地逻辑运演到人类历史的毁灭！这显然是不可能的。在人类历史特殊的急难时期，恰恰因为从存在本身而来的感性活动的力量，也就是存在本身的力量的必定凸现，人类历史才在沧桑中前进，在人们的感性实践中前进。

所以，这里存在着一个矛盾。在海德格尔的哲学中，这个时候忽略了此-在之出-离所生成的真实历史，忽略了此-在之出-离生成的历史的现实性。虽然他将时间、历史性带入了存在，强调了此在与存在本身的时间有限性，但是他忽略了无限的存有历史的无限性、曾经的人类历史的现实性。以对存在意义的追问的优先性来取代现实个人的此-在-在-世的存在的感性活动的现实性、存在性，必然导致对此-在之出-离意义的弱化，导致对从存在本身而来的感性活动的轻视和忽略；他不想记得，在此-在-在-世中，不仅领会存在、谛听存在、守护存在，而且不断地在出-离中创生新的存在方式，并带来新的存在困局，由此生成人类感性活动的历史。

因此，海德格尔的哲学，究其实质而言，没有恰当地呈现此-在之出-离的真正地位！海德格尔与纳粹的联系在这里已经非常明显，人的生命没有得到尊重。他没有做到从他本有思想出发而来尊重和让每一个活着的人平凡地存在着。虽然存有历史性思想在观入存在着的东西之际，要求让那些看起来像是存在者的东西存在，要求守护这些存在着的东西，但是，历史性的人，这种看起来像是存在者的存在着的东西，也是同样需要守护的和让其存在的。存有历史性的思想，忽略了这一点。

而且，存有历史性的思想在批判技术的统治地位的时候，论据就是这种技术的统治，不仅将自然当作能量库，而且将人安排在技术的框架中生存。在技术的统治中，历史性此在的人不是在自己的本质空间尺度中生存，而是被迫以技术所要求的尺度生存。这是人的取消。在这里，如果存有历史性的思想忽略人们从自己本质来源处出发而进行的感性活动，那么这同样是以脱离人的本质来历的所谓的存在的意义来框架存在着的人的存在，以脱离人的本质尺度的尺度来框架人的存在，在某种意义上，这也是对作为历史性此在的人的取消。

所以，海德格尔对人道主义的反对，与他的哲学不足有着深刻的关联。因此，海德格尔以自己的方式树立了一个名为存在的神，一个类似于黑格尔的绝对的神，一个神圣不可侵犯的存在之神。在存在之神面前，此-在之出-离可以领会存在，却对当前存在状况中的虚无主义难以有任何作为。因为任何作为都会被看作是背离存在的"生产""创造""改变"，都将重新落入形而上学的窠臼，人们只能经受和等待。虚无主义作为历史之天命，成了必然的逻辑运演。由此，"只有上帝才能拯救我们！"成为必然的回答和结局。

综上所述，我们要看到两方面的问题。

第四章 本有之思的理论启示与症结

一方面,我们看到,由于哲学视角的宏阔,立足于"存在的意义"问题,海德格尔对时代问题作了最为深刻并且影响深远的总括。在其之后的思想者的思想中,我们总是可以看到海德格尔存在之思的痕迹,总是可以看到海德格尔的追问以各种各样的论题和方式被一次又一次地讨论。比如"进步强制"问题、由"支架"而发的对技术的追问、由"消费强制"而致的"消费社会"的探讨、由"存在的意义"的遗忘而致的对精神家园的渴望和对"无家可归"的控诉等等,不一而足。可以说,海德格尔对"进步强制"的形而上学本质及其存在论基础的追问,由于深刻把握了时代症结,因而为后来的思想者所推崇,并由此成就了其20世纪最伟大哲学家的地位,这是有其思想根基的。即使是对海德格尔批评甚多的哈贝马斯也认为:"海德格尔认识到了,当代极权主义的本质特征在于蔓延到全球的技术,因为它主要用于控制自然、发动战争以及种族繁衍。"[1] 因此,我们必须承认海德格尔追问的重要意义。

另一方面,我们也要看到,海德格尔的哲学虽然深刻地提出并分析了时代困境,但其回答太过悲观绝望,乃至太过绝对。我们认为,海德格尔不能令人满意的对时代问题的回答恰恰给后人留下了思索的空间。比如我们上面所讨论的:第一,此-在的存在在其"对象性活动"展开,这对海德格尔毕生追问的"存在的意义"的遗忘有什么意义?第二,难道作为现实个人的"此-在"对于"诸强制"的全面统治不会有任何从存在本身而来的作为,从而只能经受,只能等待虚无主义发展到极致?提出这些问题并不意味着我们否定了海德格尔,任何一个伟大的思想家都是不可否定的,每一个伟大思想家的思想都是人类思想史与人类历史的一个环节。我们之所以提出这些客观存在的问题,只是为了提醒我们自己:我们不能止步于海德格尔的思索与结论,我们应该探讨基于我们自身的生命经验、基于我们自身时代问题的新的可能性,展开对存在之意义的新的可能境域求索。

总之,由于忽略了历史性存在的人们的前理论的感性对象性活动的源始

---

[1] [德]哈贝马斯:《现代性的哲学话语》,曹卫东等译,译林出版社2008年版,第138页。

性、基础性，海德格尔将历史性存在的人类的绝大部分的活动归结为异化的、极端主体性的活动，从而混淆了从自身的本质性空间而来存在着的人们的感性对象性活动与极端主体性的人们的异化的劳动，也就混淆了真正的人的优先性与异化劳动中实质是人的消灭的、表面的人的优先性的区别。

二、没有区分真正的人的优先性与异化的生产的优先性

是不是所有的生产都是应该被批判的？是不是不应该强调任何一种人的优先性？如果不是这样，那么，对生产的优先性和人的优先性的批判，得以可能的条件是什么呢？这个条件非常清楚，那就是，这种生产是异化的生产，这种人的优先性不是真正的人的优先性。海德格尔终其一生批判的，不过是异化的生产和异化的人的优先性，而非从存在本身而来的去存在的活动；不过是异化的主体性的人的优先性，而非从存在本身而来的真正的人的优先性。马克思的生产的优先性和人的优先性，显然都不是海德格尔的对象，在此，海德格尔误读了马克思。

（一）对生产的优先性和人的优先性的批判得以可能的条件

海德格尔认为，当今时代，将异化的生产置于优先地位，屈从于技术的全面统治，将不可避免地把作为主体的人优先地置于存在者整体中，导致作为主体性哲学之必然结果的人道主义在全球的极致进展。人们将顺从外在的强制而追逐资本化的财富，遗忘了作为存在的存在，在存在者的范围内沉沦，进而"带来了自身毁灭的危险"。

海德格尔之所以认为人的优先性会带来自身毁灭的危险，是因为当今的时代实际上是将异化的生产置于优先的地位，后者的优先地位的持续进展必然会带来这种作为危险的危险。异化的生产的优先性，这里指的是当今时代的一个独特现实：经济的发展。将异化的生产置于优先地位就是将经济发展置于统治地位，也就是将追求资本化的财富置于优先的地位。由此而来的这种类的人的优先性，在当今时代，主要表现为异化的生产的优先性、异化的经济的优先性、资本化财富的优先性。这些优先性，形成了"诸强制"的

"匿名统治",也即支架/架构的匿名统治。正是支架/架构的匿名统治构成了当今时代的另一个独特的现实:经济的发展所需要的架构。

我们知道,这种经济的发展及其所需要的架构,实际上指的是当代资本主义的社会制度及这种制度下的资本发展的至上性。这是马克思以后对当代资本主义制度及资本的绝对扩张性的又一有力的独辟蹊径的批判,当然是非常有意义的也是广为人们接受的。非常明显,资本主义生产的优先性这种异化的优先性、片面的优先性,作为对存在本身的遗忘,作为危险的危险,如果任由它发展的话,必然会带来人类自身毁灭的危险。

但是,海德格尔对资本主义制度下异化的生产的优先性的主体性形而上学的存在论性质的批判,当且仅当在异化的经济现实中有效。如果生产是从存在本身而来的生产,如果经济的发展是一种从存在本身而来的恰当的发展,强调这样的生产和这样的经济发展,就不能予以批判,反而要予以推动。所以,问题的关键在于,这种生产、这种经济发展是否是异化的和畸形的,是否是以损害世界的整个其他部分而来的盲目的发展。问题的关键也在于,这种生产是从存在本身而来的感性活动,还是脱离存在本身的无条件的生产、制造。

比如,海德格尔认为,虽然社会学家和人类学家使用"强制"这个习语来分析当今之现实已经取得了无可置疑的分析成就,却让"强制"概念本身在其存在论性质方面没有得到讨论,没有得到规定。因此,对"强制"概念的存在论性质的分析,是更加源始的批判。正是在"支架/架构"中,"强制"概念本身的形而上学本质得以呈现出来:"诸强制"的"匿名统治"以经济的发展和经济发展所需要的架构作为其极致呈现,并极致地展现出它们的存在论性质——一种形而上学、一种主体性哲学。正是基于这一真正的哲学之思,海德格尔才得以进而诉之于对"诸强制"的存在论根基的深度追问。在这里,海德格尔展现了其存在论革命所具有的强大思想威力,达到了存在论哲学乃至现代西方哲学讨论时代问题所能达到的真正哲学高度——在存在论的根基上分析时代问题的现实历史性。

但是,我们要知道,"强制"本身就意味着异化。如果我们从存在本身而来进行生产,这种生产的性质就不能是极端主体性的;同样,这种从存在本身而来的经历了本质性转变的人,对这种人的存在的强调,也不能说是极端主体性的。也就是说,存在的优先性本身中,就包含着守护人这种看起来像是存在者的存在着的东西,就包含着让作为历史性此在的人存在、让作为历史性此在的人生产,也就包含着人的在这种意义上的优先性和生产的在这种意义上的优先性。这是毋庸置疑的。

也就是说,对生产的优先性和对人的优先性的批判,得以可能的条件就是这种生产是异化的生产,这种人是极端主体性的人。没有这些条件,这种批判就不再有效。很显然,并非在任何条件下,推动生产都是极端主体性的行动。

(二) 异化的生产的优先性意味着真正的人的存在的取消

我们认为,从存在本身而来的历史性存在的人的优先性,并不能与异化的生产的优先性、异化的经济的优先性、资本化财富的优先性等带来的诸强制完全等同。异化的生产的优先性,实际上只是意味着异化的人的优先性,即极端主体性的人的优先性,同时意味着对真正的从存在本身而来的人的存在的取消。异化的生产的优先性,对于真正的人的优先性而言,不是支持,反而是消灭,是要消灭所有不符合这种异化的生产的历史性的人的存在。所以,异化的生产的优先性,不是意味着人的优先性,反而意味着人的存在的彻底取消。二者是显然不可能画上等号的。同海德格尔一样,马克思恰恰也是在反对这种异化的生产对真正的人的存在的取消这一意义上将这种生产指认为异化的并对这种异化的生产、资本主义的生产进行了不遗余力的批判。

所以,对"诸强制"之形而上学本质的批判性呈现,对当今时代双重独特现实的批判,以及对生产、经济、资本化财富优先性的批判,并不能与对真正的人的优先性的批判等同起来。这种异化的生产仅仅只能同极端主体性的人的优先性相等同,但是,后者并非真正的人的优先性,反而是对真正的人的优先性的背离。所以,究其实质而言,异化的生产的优先性与真正的人的优先性完全不同。然而,由于海德格尔混淆了异化的生产的优先性和真正的人的优先性,在批判资本时代基本建制的时候,错误地连带着批判了真正的人的优先性,导致他虽然非常深刻地在存在论根基上反思了当今之现实,但所提供的解决方案却是不能令人满意的。由于这个不足,他甚至使自己与纳粹勾连。20 世纪哲学史上的这一悲剧性事件,与他本人的哲学不足有着内在的关联。

实际上,在马克思的时代,甚至在今天的不发达国家,真正的人的优先性确实首先表现为从存在本身而来的生产的优先性。也就是说,在马克思的时代,真正的人的优先性与异化的生产、经济的资本化的发展的优先性,虽然实质目标不同,但在现实中确实有可能是重合的,都是推动经济的发展。关键是,推动什么样的经济发展?以何种方式推动经济的发展?

同时,异化的生产也不可能完全脱离存在本身而来的人的实际存在本身,否则它一刻也不可能持续下去,而且异化的生产也总是在从存在本身而来的历史性的人们的现实存在的不断矫正中进展的。这就是资本主义经济危机不断爆发但人类历史仍然在向前进展的原因。从存在本身而来的存在的抗争、感性对抗是一直存在的;否则,资本主义早就在经济危机中灭亡了,根本不用等到海德格尔来分析它的存在论性质。从某种意义上来说,非常诡异的是,恰恰是从存在本身而来的抗争延续了资本主义的发展,限制了资本主义的进展。也就是说,恰恰是工人们的从存在本身而来的感性对抗,挽救了资本主义并矫正了资本主义的发展方向。

资本以及资本所带来的"诸强制"虽然导致了人的生存与人的存在的分离,但是由于从存在本身而来的感性对抗不断地校正着资本主义的发展方向,所以人类历史在受限制的异化的生产的推动之下,仍然在不断进展。异化的生产在从存在本身而来的感性对抗之下,依然带来了非异化的生产力的巨大发展,依然带来了人类力量的巨大增长,后者关涉的不再仅仅是利润的增长、财富的增加,更加重要的是,它关涉真正的人的存在的优先性,关涉到从存在本身而来的历史性此在的发展的现实基础。

所以,真正的人的优先性与异化的生产的优先性,性质完全不同。真正的人的优先性是一个历史性概念,在马克思历史哲学的理论视野中,本质性的人的个性的全面发展,是一个在现实个人的对象性活动中历史展开的过程。在不同的时代,其首要表现各不相同。在前资本主义时代,真正的人的优先性表现为人们为了类力量的保存,被迫接受政治上的等级制;在自由资本主义时代，真正的人的优先性扭曲地表现为受到从存在本身而来的感性对抗的矫正的异化的生产的优先性；在晚期资本主义时代，真正的人的优先性扭曲地表现为受到从存在本身而来的存在的需要矫正的消费社会、消费主义；而在未来的社会中，真正的人的优先性则表现为在强大类力量基础之上的本质性的人的自由个性全面发展的优先性。显然，我们是不可以把不同时代真正的人的优先性的不同展现方式仅仅归结为某一特定时代的展现方式的，比如不能与资本化财富至上的受到从存在本身而来的矫正的异化的生产的优先性等同。

（三）应该区分感性对象性活动与异化劳动

首先，极端主体性的存在方式占据了统治地位，将一切都当作对象予以表象。我们知道，海德格尔在批判传统在场形而上学的时候，深刻分析了表象式的思维方式是如何将世界和人自身都摆置为图像，将世界和人自身都处理为谋算的对象的。所以，基于对表象式思维方式的极端不满，海德格尔反对一切将世界及人自身处理为对象和表象的思维方式与行为方式。有的学者指出，这是因为海德格尔错误地将对象等同于表象，表象的思维方式是有其局限性的，但是人类本质力量的对象化则是不可避免的。但是，传统的在场形而上学不仅将一切将存在者的存在都把握为在场的图像，而且在人们的生活方式中同样将这种思维方式进行了贯彻。也就是说，"世界成为图像与人成为主体是同一个过程"的意思并不仅仅止于人的思维方式，而且成了人们的实际的生活方式、存在方式。同时，随着全球范围内现代化的不断进展，这种生活方式、存在方式已经日益成为人们主导的生活方式。这种表象式的思维方式已经主导了人们的生活，技术成为人们的生活方式构成了人类目前所面临的最大危险。海德格尔同时试图提醒人们，这种技术的生活方式之所以是最大的危险，就在于这种存在方式几乎完全遮蔽了其他的、与存在相关联的人的本质性的存在的可能性。

其次，极端主体性的对象化：将存在解释为意志。在当今时代，在人类普遍的技术性生存中，极端主体性的对象化中渗透了表象化，并且计算和谋划的表象化日益占据主导地位，太多的现实个人走向了极端的主体性的存在方式，他们的极端主体性的对象化活动本身就是有意识的谋划的一种，而且与表象化一样充斥着意志，或者本身就是意志。可见，在海德格尔看来，极端主体性的对象化和表象本身就是同一个过程的一体两面，本质都在于"把存在者把握为意志"。而且，"我们就关于存在之意志特征的学说来指明尼采的祖传系谱……而只是要挑明，这样一个学说在西方形而上学中并不是任意的，相反地，它也许甚至是必然的……根据其基本特征把存在者把握为意志，这并不是个别思想家的观点，而是这些思想家要为之建基的那种此在（Dasein）的历史必然性"①。将存在解释为意志，根植于西方传统形而上学的存在理解，具有"那种此在（Dasein）的历史必然性"，并不是一个任意的现象。

任何一种真正的思想，都只能由它自己的要素本身来规定，亦即只能由有待思的东西本身来规定，思想只是完成从存在本身而来的任务。哲学，作为一种思想和一种追问，它的最高的和最严格的约束性只能来自存在本身，它应当思考存在者之存在。与哲学不同，一切科学始终只思考在其他存在者中间的某个存在者，某个特定的存在者区域。一般来说，它们只受这个存在者区域的约束。这种约束由于不是最高的和最严格的约束，只是直接的约束，所以这种约束从来都不是绝对的。因为在哲学思想中起支配作用的，是最高可能的和最严格可能的约束性，所以一切伟大的思想家都思考同一个东西，同一个有待思的东西——存在本身。存在本身是如此的根本和如此的丰富，以至于不可能有某个人可以将其穷尽。在这里，只可能存在的是，每个人都只是更严格地约束着其他所有的思想家。所以，根据存在者的基本特征把存在者把握为意志，这是从存在者的、看起来像是存在者的东西的共同特征而来的，是从形而上学的存在领悟出发的。因此，将存在理解为意志，这不是个别思想家的观点，而是从形而上学的存在领悟而来的必然的事件，也是从形而上学的存在领悟而来的那种此在的必然的共同基本特征，亦即主体性的那种此在的必然的共同选择。这种此在，与那种从存在本身而来的此-在相对立。前者滞留于存在者，遗忘了存在本身。

---

① 海德格尔：《尼采》，孙周兴译，商务印书馆2011年版，第39-40页。

所以，海德格尔认为，并不能因为马克思强调感性活动，就可以与笛卡尔和黑格尔所代表的主体性哲学截然分开。在他看来，马克思与其他思想家一样，在形而上学的存在领悟的基地之上，将存在理解为无条件的制造和生产的过程。马克思将存在理解为生产过程，实质就是将存在理解为意志，这是从形而上学的存在领悟而来的必然性。换句话说，在这里，也就是"这些思想家要为之建基的那种此在（Dasein）的历史必然性"在起作用，是那种形而上学的存在理解的必然性，是属于存在之天命的东西。这才是海德格尔对马克思不满的地方，也是海德格尔对马克思进行批评的着力点。

再次，海德格尔将马克思的人与自然和谐统一的感性对象性活动等同于极端主体性的对象化、表象化。非常明显，海德格尔在这里忽略了马克思所强调的人与自然统一的感性活动就是从存在本身而来的去存在的存在本身。他同时忽略了马克思这种从存在本身而来的感性活动、对象化活动，与极端主体性的对象化、表象式思维方式之间的区别。马克思指出，黑格尔思辨的幻想，在于意识、自我意识在自己的异在本身中就是在自身。这里的意思非常明确，即意识直接地冒充为它自身的他物，冒充为感性、现实、生命。之所以如此，是因为仅仅作为意识的意识所碰到的障碍不是异化了的对象性，而是对象性本身。① 在这里，绝对唯心主义首先否认的就是意识相对于存在着的东西的对象性关系。在马克思看来，这种对象性关系是不可否认的。这就是在海德格尔那里人们的存在本身而来的对象性关系的存在。对象性的存在着的关系，是基于历史性的人们的存在的感性活动关系。取消这种基于感性活动的存在着的对象性关系，就会走向绝对唯心主义，或者依然停留于存在之真理的本质空间之外。

绝对唯心主义是首先设立对象，将自己变成主体，将对象看成客体，世界由此成为一种表象、图像；而马克思主义与绝对唯心主义分享着共同的前提：首先设立对象。绝对唯心主义只是在意识之中打转，无法在本质上实现对意识的内在性的打破。但在海德格尔看来，意识就是识-在，它植根于此-在之中。历史性存在着的人们，一向已经存在着，一向已经与从自身而来在

---

① 《马克思恩格斯文集》（第一卷），人民出版社2009年版，第213页。

场着的他物处于一种感性对象性活动和感性对象性关系中，一向已经处身于共在的世界中。那种孤独的主体和孤独的意识，不过是极端主体性的想象。

在世界内共在的关系，在本质性的意义上就是一种感性对象性关系。感性活动着的感性对象性关系，不过是共在关系的另一种表述。这是一种存在着的对象性关系，各自从自身而来在场，根本没有任何设定的存在。这种感性对象性活动着的对象性关系，不过是交道性操劳中必然产生的关系。它绝对不是主体设定的结果，而是存在的关系，在本质性的空间中存在着的人这种看起来像是存在者的东西，在去存在的过程之中，发生的共在关系。否定了这种对象性关系，就是否定了存在本身。

海德格尔混淆了这种从存在本身而来的对象性的存在关系和在主体性的意识中打转的植根于前者的表象性关系。对象性关系是存在着的关系本身，是存在本身；相反，表象性关系是意识与存在着的东西的关系，植根于存在着的关系中。所以，取消了对象性关系，就是取消了存在本身。这显然会背离海德格尔本人的存有历史性思想。在这里，关键要区分是存在着的对象性关系还是设定的对象性关系，是由自身而来的对象性关系还是设立的对象性关系！所以，他没有注意到，马克思的感性活动原则已经突破了传统在场形而上学的意识内在性，已经突破了极端主体性的人的优先性为主要标志的主体性哲学，当然也突破了不是将存在的意义而是将极端主体性的人放在存在者的关联中心的那种人道主义、人类学。

实际上，只要是人生活在这个世界上，就一定会有对象化活动。从某种意义上来说，没有对象化活动，历史性的存在着的人们就会不再存在着了。就海德格尔本人来说，此-在-在-世，本身是必然要与世内那些看起来像是存在者的存在着的东西打交道的。这种交道性操劳本身就是对象化活动，这是不可否认的。所以，对象化活动就是历史性此在的存在本身，否定了对象化活动，实质上就是取消了历史性此在的存在，就是不让历史性的人存在，这是与海德格尔的本有之思相悖的，是与那种从存在本身而来的泰然让之相悖的。所以，问题的关键在于，这种对象化活动是何种性质的对象化，是否是极端主体性的对象化。只有在极端主体性的对象化活动中，才会有极端主体性的人的意志占据绝对的统治地位。从存在本身而来的对象化活动，必定会让人的意志服从于从存在本身而来的呼声，必定会在倾听存在的声音之际，从事本质性的对象化活动，绝不会让极端主体性的人的意志在这里占据绝对的统治地位。

我们知道，在从存在本身而来的对象化活动中，当然有经历了本质性转变的人的意志在起作用，但是，这种经历了本质性转变的人的意志在这里显然是在为存在本身服务的，显然是在完成从存在本身而来的任务。因此，这种经历了本质性转变的人的意志，只是在应答存在，只是在应和存在本身的要求，所以处于从属地位。

如果我们像海德格尔那样，将从存在本身而来的对象化活动与极端主体性的对象化活动等同起来，将为存在本身服务的经历了本质性转变的人的意志与极端主体性的人的意志等同起来，把从存在本身而来的对象化活动否定为以表象的方式进行的技术的态度的话，那么人们就会发现，无论是在从存在本身而来的对象化活动中还是在极端主体性的人的对象化活动中，都一定会有意志在起作用，这是不是又反驳了海德格尔对将存在理解为意志的质疑呢？这是不是反而证明了极端主体性的对象化和表象化是完全无法避免的事情？这是不是也反而证明了极端主体性的人类中心主义是完全不可避免的？因为人总是在这个世界上为了存在而欲求着的人。有意志、欲求，就一定是人类学？就一定是将人置于存在者中心地位的人道主义？

如果这样的话，这种理论显然要走向海德格尔的本有之思的反面了，显然不合情理。全盘否定所有的意志，显然是会导致理论困境的。所以，一定不能忽略从存在本身而来的对象化活动与极端主体性的对象化活动的区别，一定不能忽略经历了本质性转变的人的意志与极端主体性的人的意志在对象化活动中地位的区别。忽略这种区别，就会将一切人的活动看作是极端主体性的活动而加以否定，就会将一切为了存在着的人们的存在而进行的工作都看成是极端人道主义的、极端人类学的而加以拒绝。这样一来，就在实际上取消了存在本身，取消了存在历史本身，也就取消了人类历史本身。这显然是不可以的。

总之，由于混淆了批判的对象，海德格尔对马克思进行了一连串的误读。由于他忽略了历史性存在的人们的存在本身的重要意义，也就是忽略了感性对象性活动的重要意义，也就忽视了异化劳动和感性对象性活动的不同，并且继续在此误读的道路上混淆了极端主体性的人类学与马克思强调现实个人的存在本身的真正的人道主义，将马克思误读为极端主体性的人道主义。

三、没有区分真正的人道主义与极端主体性的人道主义

我们非常清楚，异化的人的优先性，实际上是要取消人的存在本身，不可能是真正的人的优先性，也不可能是真正的人道主义。真正的人道主义，必然包含着对历史性存在着的人们和存在着的自然的存在本身的保证、守护和坚守。所以，真正的人道主义是基于现实的个人的现实的、非异化的感性对象性活动的人道主义，是在这种非异化的感性对象性存在中人与自然真正统一的人道主义，是从存在本身而来的人道主义。真正的人道主义必然不是站立在一个只有人的平面上，而是站立在一个人与自然都从自身而来存在着的存在的平面上。真正的人道主义与存在的优先性同构，真正的人道主义不可消除。

（一）真正的人道主义与存在的优先性同构

实际上，海德格尔的存在的优先性，并不能离开此-在之出-离；离开了此-在之出-离，离开了此-在-在-世，领会存在就成了一句空话，存在就成了不可理解的东西。用马克思的话来说，离开现实个人的对象性活动的世界，对于人来说就是无。因此，海德格尔用存在的优先性理论指责马克思现实的个人的感性对象性活动的优先性，在根基上并不牢固。虽然萨特的命题——我们存在于一个其上只有人的平面上——有着从原子化的个人出发的致命缺陷，但这并不是马克思的观点。在马克思那里，并非是一个只有人的层面，而是一个从存在本身而来的真正的人的层面。这是一个从现实存在着的世界的世界化本身出发的层面，一个与存在的层面同一的东西。

海德格尔的命题——我们存在于一个其上主要有存在的平面上——虽然有着在此-在之出-离中领会存在的形而上学本质的正确性，但是，它却由对作为存在之存在的强调而将此-在之出-离领会为把握存在的工具，用对存有

的存在意义的追问弱化现实个人之现实生存状况的探讨；所以，对现实个人的对象性活动中的生命存在的蔑视已经成为必然。海德格尔与纳粹的关联也许就发源于同样的必然：他们的共同点是对现实个人生命的不尊重甚至是蔑视，虽然他们的出发点各不相同。在某种意义上，他们来自两个极端，却有着相同的对现实地存在着的人们的存在本身的蔑视。纳粹是海德格尔所批评的工具理性的极致，而海德格尔又从对工具理性的批评走向了"无人身的存在"。

对此，在《形而上学批判对西方理性主义的瓦解：海德格尔》一文中，哈贝马斯曾有深刻的批判。针对海德格尔的"我们所说的现代……其自我规定性在于，人成为存在者的中心和尺度。人成了决定一切存在者的主体，也就是说，人成了决定现代一切对象化和想象力的主体"[1]，哈贝马斯认为："海德格尔的独创性在于把现代的主体统治落实到形而上学历史当中"[2]。但是，在对现代主体主义的批判中，哈贝马斯认为："海德格尔几乎没有留意理性和知性的区别……正是海德格尔自己，而不是狭隘的启蒙运动，把理性与知性等同起来。存在理解把现代性变成了对自然和社会的对象化过程的支配力量的无限扩张……由此出发，海德格尔才会彻底摧毁理性，以致他不再区分人道主义、启蒙运动，甚至还有实证主义的普遍主义内涵与种族主义、民族主义的特殊主义的自我捍卫观念。"[3] 由于对前逻辑的、前反思的、前概念的生存经验的推崇和对形而上学的否定，海德格尔在其存在之思中反对一切形而上学的知识论态度，将理性与知性等同起来也就成为必然。由于海德格尔没有区分理性与知性，由于存在论哲学固有的反理性并知性的立场，海德格尔不再区分推崇从存在本身而来的真正的人的优先性的人道主义与形而上学的、科学主义的启蒙运动，导致他在否定启蒙运动的计算的、控制的态度时，一同否定了对这种从存在本身而来的、凸显真正的人的优先性的人道

---

[1] ［德］哈贝马斯：《现代性的哲学话语》，曹卫东等译，译林出版社2008年版，第138页。

[2] ［德］哈贝马斯：《现代性的哲学话语》，曹卫东等译，译林出版社2008年版，第138页。

[3] ［德］哈贝马斯：《现代性的哲学话语》，曹卫东等译，译林出版社2008年版，第138－139页。

主义的强调。海德格尔将推崇极端主体性的人的观点和行为方式称为人道主义。这种人道主义从既定形而上学理解出发来把握自然、历史和世界本身。他指出:"homo humanus[人道的人]的 humanitas[人性、人道]都是从一种已经固定了的对自然、历史、世界、世界根据的解释的角度被规定的,也就是说,是从一种已经固定了的对存在者整体的解释的角度被规定的。每一种人道主义或者建基于一种形而上学中,或者它本身就成了这样一种形而上学的根据……任何一种人道主义就都是形而上学的。"①

但是,由于海德格尔不再去区分从存在本身而来的人道主义和极端主体性的人道主义,将前者也看成是极端主体性的而予以批判,导致了对马克思的误读。他完全看不到马克思在其早期哲学中已经突破了主体性哲学的意识内在性的重要哲学意义,把包括马克思主义在内的思想都称为主体性哲学的形而上学,称为人道主义。因此,在对主体性哲学进行批判的过程中,由于对知性态度、技术理性的否定,海德格尔同时否定了人类理性能力本身。因为否定了一切从存在本身而来的人道主义的观念,否定了一切从存在本身而来的真正的人的优先性的这一人类存在的必然境域,所以海德格尔对纳粹屠刀的顺从就是完全可以理解的了。

总之,我们认为:从存在本身而来的真正的人的优先性是不可破除的东西,它是人类感性对抗的终极目的,也是人类历史性的存在本身。无此,就无人类的历史。人类的历史,就是一个在现实个人的对象性活动中追求人之个性全面发展的历史。海德格尔之所以批评异化的生产的优先性,也不过是因为这种异化的生产的优先性可能带来人类自身毁灭的危险。可见,人类自身的生存和发展同样是海德格尔唯一的终极关怀。对存在意义的领悟必然要服从于人类自身的本质性的生存与发展,而不是相反!这就是马克思对历史的哲学的领悟——历史不过是带着历史目的的现实个人的对象性活动的历史。这就是"大写的人"的人类的"第一人称立场",也就是从存在本身而来的历史性存在的人的优先性立场。这一立场的存在,是由存在历史对历史性此-在的启-思的居有、需要来保证的,也是由历史性存在着的人们的存在本身来

---

① [德]海德格尔:《路标》,孙周兴译,商务印书馆2001年版,第376-377页。

保证的。

因此，绝对不可以从异化的生产的优先性、资本化财富的优先性推导出对真正的人的优先性、真正的人道主义的否定。异化的生产的优先性、资本化财富的优先性带来了人类自身毁灭的危险，在存在论根基上走向了历史虚无主义，是片面的、极端主体性的人的优先性，是对真正的人的优先性的否定，是需要被扬弃的东西。但是，人类历史性存在的优先性，却永远保持优先地位；并且，恰恰是从人类历史存在的优先性出发，才能引导出对以异化的生产的优先性、资本化财富的优先性为代表的片面的、极端主体性的人的优先性的否定和扬弃，并由此出发，才会有对以资本扩张、资本化财富的追逐为目标的经济发展以及这种发展所需要的架构的批判和否定。

（二）真正的人道主义不可消除

在思想发生事关宏旨的转向之后，海德格尔在《尼采》一书中，着力分析了"对存在者的'人化'嫌疑"的似乎不可避免性。"任何一种关于存在者的观点，尤其是关于存在者整体的观点，都已经作为通过人而带来的观点而与人相关联。这种关联的来源是人。任何一种对此类观点的解释都是一种辨析，即对人熟悉和对待这个关于存在者的观点的方式的辨析。因此，这种解释就是把人的观念和观念方式强加到存在者身上。甚至每一种对存在者的简单称呼，每一种对存在者的词语命名，都是把某个人类的产物横加在存在者身上，都是把存在者捕捉到人性的东西中去——只要词语和语言在最高意义上标志着人类存在，则情形就是如此。所以，任何一种关于存在者的观念，任何一种世界解释，都无可避免地是一种人化……人类凭着自己存在者的所有表象、直观和规定，总是被逼入人类自身的人性状态的死胡同之中了……一切人类的表象活动始终完全只是来自这个死胡同的某个角落，不论这个世界观念是出于某个伟大的、决定性的思想家的思想，还是团体、时代、民众和民族大家庭的渐渐获得澄清的观念积淀物……我们在其中（表象和直观——引者注）意指某物……但在每一种意指中，我都同时而且不可避免地使所意指者变成了我的东西……主体性的危险也只是在表面上得到了克服……如果说世界解释不可避免地包含着人化，那么，任何想把这种人化非人化的努力，就都是毫无希望的。因为这种非人化的努力本身又只不过是人的一种努力，从而说到底还是一种潜在的人化。"①

表象化的同时不可避免地发生人化。实际上，只要人们存在，人们就一定会在与世界内的存在着的存在者打交道，就一定会发生对象化的活动，人化就一定是不可避免的。这种人化，实际上是存有之本现对存有之启思的需要。我们所强调的对所谓的人化不可避免性的描述，不过是在呈现这种从存有之本现即从本有而来的对历史性此在的需要。由于这种对人的需要，人类的一切对象化活动和表象化中都必然带有人的痕迹，这是不可消除的，这也是从存在本身而来的"大写的人的第一人称立场"。对于这种不可避免的人化状况，海德格尔将其称为"人性状态的死胡同"。这就是我们的世界与我们的存在。

所以，这种人化问题实际上是不能独立存在的问题，它的解决需要其他问题的解决来支撑。海德格尔指出："这些思想和问题（人化——引者注）没有得到解决，直到眼下为止也还没有解决。个中原因既简单又重要，难得彻底的思考。"② 其实，这个问题直到今天也没有解决，依然众说纷纭，虽然"个中原因既简单又重要"，但是什么原因呢？

实际上，在思考人化问题的似乎不可避免性之前，首先要对"人是什么"这个问题作出解答。在这之前讨论人化，实际上是无稽之谈。秉承着海德格尔一贯的凝重的宗旨，他认为，"'人是谁？'这个问题并不是如此无关紧要的问题，也不是一夜之间就能解决的。倘若此在的追问可能性依然存在着，那么这个问题就是欧洲的未来任务，是欧洲在这个世纪和下个世纪的任务。只有通过个别民族在与其他民族的竞赛中所进行的榜样性的和决定性的历史创造，这个问题才能获得解答。"③ 也就是说，人化的问题与极端主体性的人类中心论的问题密切相关又相互区别。这个区别没有得到把握，人们就会把从存在本身而来的对人的需要当作极端主体性的东西抛弃掉，问题就无法在实质上得到解决，反而会导致问题的反面。比如，由于从存在本身而来

---

① 海德格尔：《尼采》，孙周兴译，商务印书馆2002年版，第349–351页。
② 海德格尔：《尼采》，孙周兴译，商务印书馆2002年版，第352页。
③ 海德格尔：《尼采》，孙周兴译，商务印书馆2002年版，第352页。

的对人的需要的必然的、不可避免的,如果忽视这个区别,就会导致极端主体性的存在方式本身无法克服、不可避免的结论的出现,所以人们就会对下面的问题产生困惑:极端主体性的人们是否无法解决自身面对自然和人类自身的技术的态度问题?人们是否也无法克服形而上学的最后天命?是否也无法解决弥漫在当今之世界的虚无主义的问题?

这就要解决"人是如何存在着的"的问题,是极端主体性地存在着的吗?问题日益清晰,"人是谁"这个问题是所有哲学的核心问题。对于这个问题的回答,决定了一种哲学的走向,也决定了人类的前途和命运。因为"人是谁"的问题,与一种更为源始的问题密切相关。也就是说,人化问题的似乎不可避免性这个问题的解答,依赖于对另外两个问题的思考。其中一个是"存在者整体是什么的"问题,"要是没有存在者整体是什么的问题,则人是谁这个问题甚至还得不到追问,更不消说解答了"①。所以,人化的似乎不可避免性的问题,就变成了存在者整体是什么的问题和人是什么的问题了。而这两个问题的答案直接与另一个更为源始的问题密切相关,"然而,存在者整体是什么的问题却包含着一个更原始的问题,无论是尼采还是他之前的哲学,都不曾展开或者都未能展开过这个更为原始的问题"②。这个更为源始的问题,不消说,稍微熟悉海德格尔哲学的人都会明白,指的是存在的意义问题。在海德格尔那里,"人是谁"不是一个理论的规定,不是一个先验的理论预设,而是与存在相关。如果可以谈人的本质的话,那么人的本质性规定即在于理解存在、领悟存在;人的本质规定即在于人存在,此-在,即在于人与存在的关联。存在,人与存在的关联,作为人的存在方式,就是那个更为源始的问题。

人是谁?这与一个更源始的问题相关。这取决于人的存在方式,亦即人的本质规定在于人与存在的关联。人是谁?这取决于我们是站在一个只有存在的平面上还是站在一个只有人的平面上。站在一个只有存在的平面上,当然这个平面有着对人的需要,需要经历了本质性转变的人,只有这样的人才

---

① 海德格尔:《尼采》,孙周兴译,商务印书馆2002年版,第356页。
② 海德格尔:《尼采》,孙周兴译,商务印书馆2002年版,第356页。

可能进入存在之真理中，才可能被存在本身召唤到对存在之真理的保藏（Wahrnis）中，才可能居住在存在之切近处。问题的关键在于存在而不是人，在于人是存在之邻居。从存有之本现对经历了本质性转变的人的需要而言，我们可以说人化是不可避免的。但是这种不可避免的人化已经不会有任何危害。在这种从存在本身而来的人化中，认识存在的守护者："他获得了看护者的根本赤贫，而这种看护者的尊严就在于：他已经被存在本身召唤到对存在之真理的保藏（Wahrnis）中了。此种召唤乃是作为抛投（Wurf）而到来的，而此在之被抛状态即源出于这种抛投。人在其存在历史性的本质中就是这样一个存在者，这个存在者的存在作为绽出之生存，其要义就在于：他居住在存在之切近处。人是存在之邻居。"①

这就是说，问题的关键在于"人这个在存在者整体中间有其立场的存在者与存在者整体本身的关联。对于这种在人之存在的决定性开端中的基本关系，我们一般地可以这样来设想和表达：人的存在——而且就我们所知，只有人的存在——植根于此在（Dasein）中；这个此（Da）乃是人的存在向来必然的立场的可能位置……人越原始地取得某个本质性角落的立场，这就是说，人越原始地认识和奠定了此之在（Da-sein）本身的基础，则人化作为对真理的危害就越是没有实质。但角落的本质性却取决于那种原始性和广度，即存在者整体在其中按照惟一决定性的角度（亦即存在角度）得到经验和理解的那种原始性和广度"②。立足于存在的平面上，这个此（Da）就构成了人的存在向来必然的立场的可能位置。人化的危害也就消失了。因为，"尼采也越来越清楚地意识到：人始终只是从某个'世界角落'出发进行思考的，始终只是从某个空间-时间角度出发进行思考的……'我们不能绕过我们的角落环视四周'。在这里，人被把握和称呼为'角落站立者'。尼采借此清楚地道出了那种把一般可理解的一切事物都纳入由某个角落规定的视野的做法，亦即对一切的事物的人化，并且承认它是每一个思想步骤都不可避免的……事实上，直到今天也还有一些从事哲学研究的学者，他们并不把立场

---

① 海德格尔：《路标》，孙周兴译，商务印书馆2001年版，第403－404页。
② 海德格尔：《尼采》，孙周兴译，商务印书馆2002年版，第371页。

中立看作一种立场。但立场中立其实只有作为一种立场才能成其所是。对于人们这种力图避开自身之阴影的奇怪努力，我们蛮可以置之不理……作为每一种哲学本质性的必要的嫁妆，哲学的这种立场特征是不能通过对它的否定和否认来消除的；只有当我们根据其原始本质及其必然性来深思和理解哲学的这种立场特征，亦即彻底地重新提出、重新解答真理的本质问题和人之此在的本质问题时，我们才能消除这种立场特征，消除人们所臆想和担心的这种立场特征的有害性和危险性"[1]。只有从存在真理之发生的境域出发，确立真理的本质在于去蔽，揭示人之此在的本质在于人与存在的关联，我们才能在存在的平面上去理解人化、人的平面在存在论上的意义。立足于存在平面上，承认人作为角落站立者的此在的这个此（Da），当然也可以称之为最人道的人道主义，不过这种人道主义已经名不副实。"它就是人道主义，是从那种通向存在之切近处来思人之人性的人道主义。不过，它同时也是这样一种人道主义，在这种人道主义中，并不是人在登台演戏，而是人的历史性的本质在其来自存在之真理的渊源中登台演戏。但这样一来，在这场戏中岂不是人的绽出之生存唱主角么？确实如此。"[2] 这种人道主义名不副实的根本原因在于，唱主角的不再是主体性的人，而是此在，是人与存在的关联，是存在本身，是存在真理之发生的本有（Ereignis）。

因此，克服人化的问题在存在真理之发生的本有的意义上，已经消失，不再成为问题。所以，克服形而上学，绝不可能依靠对形而上学的翻转，因为对形而上学的任何翻转都必然依然停留于形而上学的基本建制之中。唯一的可能是，跳出这种基本的建制，跳出一个只有人的平面，才有可能真正地克服形而上学，才有可能真正地克服虚无主义。"有鉴于人的根本性的无家可归状态，对存在历史性的思想来说，人的未来的天命就显示在：人要找到他进入存在之真理的道路，并且要动身去进行这种寻找。"[3] 因此，对于人道主义的克服，海德格尔提供的答案就是"沉思"，就是"保持一种专注于存在的思想"。

---

[1] 海德格尔：《尼采》，孙周兴译，商务印书馆2002年版，第368－370页。
[2] 海德格尔：《路标》，孙周兴译，商务印书馆2001年版，第404页。
[3] 海德格尔：《路标》，孙周兴译，商务印书馆2001年版，第402页。

四、本有之思忽视了一般人类历史

晚期海德格尔对主体性哲学的追问，包括他对马克思哲学的追问，当然极具震撼力，这也是他的存有历史性思想能够征服一代又一代思想家的原因之所在。然而，他误读了马克思，这与他的存有历史性思想的理论症结相关。存有历史性思想强调了存有之本质性现身这一本质性空间开启的重要意义，但是，他将这一本质性空间开启的权利赋予了像他一样的思想家，忽略了历史性存在的人们在自己的思之行动中切近存在本身的权利。

海德格尔的精英主义是有目共睹的。他忽略了：历史性地存在着的人们本身就是从自身而来存在着，在存在之际异化着，也是在存在之际矫正这异化，返回存在本身，这并不神秘，也并不罕见，这是存在本身的寂静的力量之所在，这也是历史不是精英的历史而是劳苦大众的历史的原因之所在；历史性存在着的人们，在源始性的感性对象性活动中，也就是在前理论的实际生活中，存在着，异化着，同时扬弃异化返回存在本身；在源始性的感性对象性活动中，历史性地存在着的人们，创造着人类历史，创造着人类异化的历史，也创造着从异化返回的历史；历史性存在着的人们在源始性的感性对象性活动中创造的人类历史，显然不是海德格尔批评的历史学的历史，而是存在历史本身。所以，从本有而来的追问强调的是历史性此-在的存在本身，这实际就是人们的实际生活过程。从本-有而来的存在历史的隐蔽的统治地位的历史，实际上就是真实的人类历史本身。

（一）存在历史就是从存有视域来看的人类历史

在海德格尔那里，历史就是存有之本现即本有的历史。他认为历史学中的历史，不过是存在历史的失去根基的结果。"历史并不是人类的权利，而是存有本身的本质现身。历史唯一地在诸神与人类之对峙的'之间'（作为世界与大地之争执的基础）中运作；历史无非是这个'之间'的本有过程。

所以，历史学从来都够不着历史。"① 那么，人类历史本身的境况呢？能不能在存在历史的意义上将之称为人类历史？

我们知道，存有之历史需要具有已经经历了本质转变的人。存在本身的本质现身在根基上要求人在另一种源始状态中再度赢回他本己的、被用滥了的和被碾碎了的本质。存有本身只有在这样一种人之转变中才能为其本质现身的真理建基②。从这种对人的需要来说，存在本身需要历史性的人具有存在历史性的思想，否则有的也许只能是诸神、神秘、离基深渊，但一定不会有存有的本质现身。比如，海德格尔就曾经指出，"诸神"需要存有，为的是通过这个不属于诸神的存有而归属于自身，这就完成了存有历史中的最初步骤，存有历史性的思想因此才得以开始；存有是诸神之急需，而存有本身却只能在启-思中找到其真理，而这一思想就是哲学（在另一开端中），那么，"诸神"就需要存有历史性的思想，也即需要哲学③。所以，从存在本身对此-在的需要、居有来说，存在历史就是经历了本质转变的历史性的人的人类历史。

在这里，我们要注意，我们所说的人类历史，并非海德格尔所批评的那种历史学的历史，而是与存在相关的人类历史，是从存在历史而来的人类历史。在这样一种条件下，存在历史就是人类历史。不管人类历史经历了怎样的曲折，它都是存在本身的历史，不管存在本身在其中是隐还是显，不管存在本身的优先地位在其中有没有被强调、有没有被否认。海德格尔将历史称为存在历史，他是在强调存在本身的优先地位，强调在人类历史中存在本身的优先性。

所以，从这种意义上来说，人类历史就是存在历史本身，也就是存在历史的结果。我们知道，存在历史永在当前，永远不会过去。恰恰是因为它永不会过去，存在之历史作为永在当前的历史，其本质性现身只能是一个瞬间。

---

① ［德］海德格尔：《哲学论稿（从本有而来）》，孙周兴译，商务印书馆2012年版，第506页。

② ［德］海德格尔：《哲学论稿（从本有而来）》，孙周兴译，商务印书馆2012年版，第464页。

③ ［德］海德格尔：《哲学论稿（从本有而来）》，孙周兴译，商务印书馆2012年版，第462页。

存在历史的本质现身的这个瞬间，实际上指向人类历史的极端状态，一种相对于存在之急难这种日益走向极端状态的人类历史的另一个极端状态。存在历史永远是最隐蔽者，它的本质性现身，作为新的开端，具有唯一性和罕见性，指向那种从存在本身而来的决断。所以，存在历史的本质现身，不可能是常态的人类历史。存在历史本身，只能是人类历史背后的最隐蔽者，与人类历史的进展实质上是同一个过程。存在历史，不过是从存在的层面来看的人类历史本身。

因此，存在历史本身或者说人类历史，永远只能是存在历史的本质性现身，即另一个开端这个瞬间和这个瞬间的结果，亦即常态的人类历史。所以，从人类历史的角度来说，真正确保存在本身的完全的支配地位的历史，也就是存在历史的本质性现身，仅仅只是历史中的某些重要而伟大的时刻。在人类历史的其他时刻，存在历史永远隐身在后。存在历史本身的支配地位永远只是人类历史的一个极端的瞬间，尽管是至关重要、具有完全支配地位的瞬间，一个与存在之急难密切相关的历史的瞬间。所以，存在真理之发生、历史的开端，是罕见的、唯一性的瞬间，是人类历史的极端时刻。

海德格尔曾在谈到思想与存在的本质关联时谈到存在历史的本质性现身的瞬间特性。他不仅指出了思想是存在的思想，同时指出了存在历史的时间特性。他指出："思想不仅是为存在者和通过存在者——在当前境况的现实之物意义上的存在者——的动作中的任务。思想是通过存在之真理和为存在之真理的任务（l'engagement）。存在之历史从未过去，它永在当前。存在之历史承担并规定着任何一种人类的条件和境况。"① 也就是说，思想是存在的，不是在现实之物的意义上，而是有时间特性的，是去存在的存有、去存在的行动，思想作为一种存在是有时间特性的存有。从存在的时间特性来说，存在之历史永在当前，永远是当前的、向着未来而去的、过去之物的发生。

从存在本身而来的人类历史，永远是存在历史的本质性现身这个瞬间本身以及这个瞬间的结果，是这个开端以及这个开端的结果。人们的一切文明的成果，本身就是思想以及思想的结果。比如，海德格尔指出，像"逻辑

---

① ［德］海德格尔：《路标》，孙周兴译，商务印书馆2001年版，第367页。

学""伦理学""物理学"之类的名称，也是在源始的思想完结的时候才出现的①。在这里，海德格尔的用意在于强调思想相对于各门科学的源始性，在于强调要从更加源始的、与存在本身的关联出发，来重新思考各门科学中未经思考的存在之真理。但是对于我们而言，从与存在本身相关的人类历史的角度来说，与存在本身相关的、以存在本身为要素的、完成存在本身的任务的思想，是必定要产生结果的，是必定要道说出来的，它的结果也是必定要以理论的形式传播的，尽管这种传播可能是以牺牲思想之本质为代价的。就比如海德格尔本身的思想，对存在的追问，也是要作为人类文明的成果而传播的。所以，思想，以及思想的结果诸如"逻辑学""伦理学""物理学"之类，都构成人类历史的重要组成部分，虽然这些思想的结果仍然需要从存在本身而来得到重新思考、重新奠基、重新追问其中久已遗忘的存在之真理。实际上，理论在传播的过程中，离开了这种理论形成的源始的本源，思想之本质可能会被牺牲掉，但是，这恰恰要求我们从理论回撤，在更本质的空间中重新追问这种理论中久已未被追问的、有待追问的东西。

存在历史，就是从存在本身而来的人类历史。存在历史本身的发生，与历史性此-在的追问、启-思、本质转变等等，密切相关。存在历史本身还必定要需要、居有历史性此-在的人类历史。因为存有的本质现身，需要人的本质转变，亦即需要历史性的此-在的探问、沉思："存有与存在者的区分乃是一种从存有本身之本质现身而来作出的，并且远远地耸立着的决-断——而且只有这样才能得到思考。"②"区分"（Unterscheidung）本身就需要"决-断"（Ent-scheidung）。存有之本现，即本有，只有在历史性的人作出向着本质空间而去彻底转变之后，才有可能。海德格尔到处强调存有之本现与存有之探问的相关性，强调"决-断"与存有之追问的相关性。比如"对存有的存有历史性的探问并不是对形而上学的倒转，而是决-断"③。海德格尔认为存有

---

① [德] 海德格尔：《路标》，孙周兴译，商务印书馆2001年版，第369页。
② [德] 海德格尔：《哲学论稿（从本有而来）》，孙周兴译，商务印书馆2012年版，第506页。
③ [德] 海德格尔：《哲学论稿（从本有而来）》，孙周兴译，商务印书馆2012年版，第460页。

乃是一个本源，并非一个事后追加的东西。存有是一个首先对诸神和人类作出决-断（ent-scheidet）并且居-有（er-eignet）诸神与人类的本源。但是，恰恰是存有之探问，才开启出存有之本现的时间-游戏-空间，在存有之探问中才完成了此-在之建基，才呈现出存有之本质现身即本-有。

谈到"决-断"，我们首先想到这是人类的抉择、人类的行为。海德格尔指出，"决-断"确实与人类的行为相关涉："诚然，若不是从人、从我们出发，若没有把'决断'看作选择、决心，看作对某物的偏爱和对他物的忽视，最后没有触及作为原因和能力的自由，没有把关于决断的问题排挤到'伦理学-人类学维度'之中，甚至于恰恰借助于'决断'、在'实存论'意义上重新把握这个维度，那么，我们就几乎不可能接近决断的存有历史性本质。"① 也就是说，如果没有将"决断"看作是人类行为，如果没有将"决断"问题看作是人类学的和伦理学的问题，如果没有这种忘记"决断"与作为原因和能力的自由亦即存在本身的本质性关联，也就是说，如果没有这种遗忘存在的存在之离弃状态，我们就不可能接近决断的存有历史性本质。

这就是那种危险，那种在"实存论的"-"人类学的"方向上误解《存在与时间》的危险。这种危险是从伦理学的角度来看待决-心，而不是从此-在的支配性基础出发，将真理把握为敞开状态，将决-心把握为存有之时间-游戏-空间的到时和空间设置②。只有将关于"存有之意义"的基本问题从一开始就把握为、固定为这个唯一的问题，那种误解才有可能从根本上被消除。

所以，无论是人类决断行为的人性特征还是过程因素，在这里都不是本质性的。决-断处身于存有本身最内在的本质中心，与我们所讲的做出一个选择以及诸如此类的东西毫无共同之处；相反，它说的是：分道扬镳本身。决-断就是分道扬镳，就是区分。在区分中，在分离中，在分化中，才让这种作为敞开域的本-有过程进入游戏中。也就是说，决-断与存在之离弃状态相关涉，乃是一种与存在之离弃状态的区分、分离、分化和分道扬镳。决-断本身

---

① ［德］海德格尔：《哲学论稿（从本有而来）》，孙周兴译，商务印书馆 2012 年版，第 96 页。
② ［德］海德格尔：《哲学论稿（从本有而来）》，孙周兴译，商务印书馆 2012 年版，第 96 页。

是一种回撤和返回,向存在本身的返回,因此,决-断本身就指向澄明,指向敞开域。这与存有之启思相关,却是本有在起决定作用。本有之思,不过是在完成从存在本身而来的任务,进入从本有而来的敞开域亦即从自身而来的本质空间中去。这个敞开者,作为本有,乃是作为对自行遮蔽者和未经决断者而言的澄明,也就是对人(作为存有之真理的建基者)对于存有的归属性以及存有被指派给最后之神的时代的状态而言的澄明。①

决-断,与存在之离弃状态相关,与存有之本质现身相关,与人的本质性转变相关。所以,决-断只能是人类历史的一个本质性的瞬间。存在历史的闪光乃是相对于极端主体性的存在之离弃状态的急难而来的人类历史的另一种极端状态,并非人类历史的常态。存在历史的本质性现身与"决-断"相关。而"决-断"只可能是历史的一个瞬间,也只能是人类历史的某个极端的状态。也就是说,从这个角度来说,存在历史的明确现身,不过是人类历史的一个决断性的瞬间。蒂里希在评价海德格尔的历史性与时间性思想时也指出了其局限性:"海德格尔的概念表面上显示出对立的一面,即历史性的概念。但他把人从一切真实的历史中抽象出来,让人自己独立,把人置于人的孤立状态之中,从这全部的故事之中他创造出一个抽象概念,即历史性概念,或者说,'具有历史的能力'的概念。这一概念使人成为人。但是这一观念恰好否定了与历史的一切具体联系。"② 与海德格尔相反,马克思强调历史的实际发生过程,强调历史的现实性。"这种考察方法不是没有前提的。它从现实的前提出发,它一刻也不离开这种前提。它的前提是人,但不是处在某种虚幻的离群索居和固定不变状态中的人,而是处在现实的、可以通过经验观察到的、在一定条件下进行的发展过程中的人。只要描绘出这个能动的生活过程,历史就不再像那些本身还是抽象的经验主义者所认为的那样,是一些僵死的事实的汇集,也不再像唯心主义者所认为的那样,是想象的主体的想象活动。"③

---

① [德]海德格尔:《哲学论稿(从本有而来)》,孙周兴译,商务印书馆2012年版,第96页。
② 何光沪选编:《蒂里希选集》(上卷),上海三联书店1999年版,第111页。
③ 《马克思恩格斯文集》(第一卷),人民出版社2009年版,第525-526页。

总之，历史，是现实的个人活动的历史。海德格尔所强调的人类历史的极端状态不可能取消现实存在的人类历史进程本身。

（二）存在历史的发生就是人们的实际生活过程

实际上，海德格尔的思想，只在批评极端主体性的主体性哲学的时候才是有效的。通常的主体性的人的活动本身，也就是人们的实际生活过程，就是存在本身。虽然海德格尔区分了人类历史和存在历史，但是他所谓的人类历史是那种遗忘存在本身的极端主体性的人类活动构成的极端主体性的历史。存在本身是不允许被遗忘的！人们存在，所以存在本身只会暂时被遗忘，但不可能一直被遗忘！所以，极端主体性的历史只能是人类历史一个很小的部分，更多的人类历史在存在历史或者隐蔽或者凸显的统治之下。这三种人类历史在某种意义上都可以说是存在本身的历史，只不过极端主体性的历史中存在历史的统治地位被深深掩埋了而已，并不是说它不起作用了。所以，从存在历史而来，我们可以说，人类历史就是存在历史！存在历史就是人类历史！存在在这里可以保有它相对于人的优先地位，但是离开了人类的存在本身，就是一个不知所谓的无！比如，海德格尔自己也指出："如果存有是诸神之急需，而存有本身却只能在启-思中找到其真理，而这一思想就是哲学（在另一开端中），那么，'诸神'就需要存有历史性的思想，也即需要哲学。'诸神'需要哲学，并不是说仿佛他们本身为了自己的神化之故而必须进行哲思；而不如说，如果'诸神'还要再度进入决断之中，而历史要获得其本质根据，那么，哲学就必须存在。"① 存有之历史性，需要哲学，也就是需要人之存在。他还指出，如若存在历史还想成为历史，那么，存有本身就必须为自己居有思想，也就是具有此-在——历史性存在的人。② 所以，从这个角度而言，存在历史就是人类历史，人类历史也就是存在历史或隐或显起决定作用的历史。

---

① ［德］海德格尔：《哲学论稿（从本有而来）》，孙周兴译，商务印书馆2012年版，第462页。

② ［德］海德格尔：《哲学论稿（从本有而来）》，孙周兴译，商务印书馆2012年版，第455页。

所以，在我们看来，人们的实际生活过程有三种走向：一种是形而上学的、极端主体性的活动占据绝对的统治地位；另一种就是归属于存在本身的、从存在本身而来的人类存在本身占据绝对的统治地位；再一种就是常态的人类实际生活过程。在常态的人类实际生活过程中，极端主体性的活动和从本有而来的感性对象性活动互有胜负，但更多的则是这两者互相交织而成的人类常态的活动、存在。也就是说，第三种才是人们实际生活过程的常态，前两者都是人类历史或者说存在历史的曲折之处，或者说极端之处。

海德格尔自己也指出："形而上学思想和存在历史性思想的历史特别是在它们不同的时代里发生的，所依据的是不同力度的存在对于存在者的优先地位、存在者对于存在的优先地位、两者的混淆以及在一切皆具有可计算的可理解性的时代里任何一种优先地位的消灭。"[①] 这就是说，从本有而来看人类历史或者说存在历史，也有三种形态：从本有而来的存在历史本身占据绝对统治地位的存在历史本身，形而上学占据统治地位的存在历史的决定作用被深深遗忘、遮蔽的历史，以及两者相互交织的、互有输赢的、共制的、常态的历史。第三种形态的历史构成了人类历史、存在历史的主体部分。在第一种状况中，存在的是"存在对于存在者的优先地位"；在第二种状况中，存在的是"存在者对于存在的优先地位以及在一切皆具有可计算的可理解性的时代里任何一种优先地位的消灭"；在第三种状况中，存在是"两者的混淆"。

由此，人类历史或者说存在历史就有了三条主线：从本有而来的存在历史的隐蔽的统治历史；形而上学的表面的统治的历史；前两者互有胜负的常态的人类历史。第一条线作为最主要的、决定性的线索，在人类历史中或隐或显，但一直在起作用。比如，海德格尔指出，"存有的隐蔽历史并不知道'大'与'小'的计算因素，而倒是'仅仅'知道在被决断、未被决断和无决断的东西中合乎存有的因素。"[②] 这也就意味着，在形而上学的显性历史之

---

① ［德］海德格尔：《哲学论稿（从本有而来）》，孙周兴译，商务印书馆2012年版，第455页。

② ［德］海德格尔：《哲学论稿（从本有而来）》，孙周兴译，商务印书馆2012年版，第467页。

外，一直存在着存有的隐蔽历史，而且后者更具有决定作用。从历史唯物主义来说，人类历史同样有三种形态，即纯粹感性对象性活动的显性统治的历史，感性对象性活动的异化的历史，前两者相互交织的一般感性对象性活动的常态历史。前两者都是极端的形式，只有第三种才是人类历史的常态，亦即人们的实际生活的历史。

人类的实践活动，既有可能是完全脱离实际的极端主体性的活动，也有可能是从存在本身而来的、人与自然和谐统一的纯粹的感性对象性活动，当然也有可能是两者相互交织的常态的实践活动。前两者都是极端形式，只有第三种才是人类活动的常态。"海德格尔对形而上学的思维方式的突破无疑是划时代的，但却是抽象的；与之相反，马克思哲学则真正把传统存在论的基础拉回到了'现实的个人'，并在人的现实的感性活动中确立起了人的存在的时间性，并具体化为社会历史进程……'这个能动的生活过程'就是现实的人的现实的实践过程……在人类的所有生存活动中，实践是其中最基本的，它保证生存得以延续，同时也决定着生存活动的其他方面；尽管实践不是生存的唯一内容，却是最核心的内容。从时间上讲，没有生存就没有实践，可是从逻辑上讲，没有实践的生存就仅仅是空洞的'活着'。实践作为人的现实的主体性，本身具有社会历史性，而'生存'或者'在世的操劳'在这一点上是不明的。实践不仅具有生存和'在世的操劳'这些概念所标示的生命活动的内涵，更侧重人的主体性和社会历史性。"①

用存在历史的本质性现身的瞬间来取消人类历史的常态，实际上取消了人类历史本身，也实际上取消了存在历史本身。所以，海德格尔用存在历史的本质性现身来质疑马克思的现实个人的感性的活动的历史，忽视了感性活动与极端主体性的活动以及一般的人类去存在的活动的区别，这本身就是一种主体性的活动，脱离和背离他自己的本有之思，走向了主体性形而上学。

---

① 朱立元：《海德格尔凸显了马克思实践观本有的存在论维度——与董学文等先生商榷之三》，载《社会科学》2010年第2期。

第五章　误解之澄明：马克思主义哲学的实质与内涵

马克思哲学并不是主体性哲学之一种，而是对主体性哲学的突破。在对以黑格尔和费尔巴哈为代表的旧哲学进行批判的过程中，马克思获得了他的新哲学的基石——感性对象性活动原则。马克思发现：前理论的、源始性的、作为感性对象性活动的劳动创生社会关系，异化劳动创生异化的社会关系；源始性的感性对象性活动创造源始性的、人与自然统一的、和谐的感性对象性关系，异化劳动创生对立的、人与自然异化的关系；现实个人的感性活动创造历史，其中，历史性存在着的人们的感性对象性活动创造一般的人类历史，异化劳动创生人类异化的历史；真正的共产主义，乃是基于感性对象性活动所生成的人与自然和社会真正统一的感性对象性关系，乃是真正的人道主义与真正的自然主义的统一，是人与自然、人与人真正的和谐和统一。

第一节　感性活动：在哲学批判中生成

在马克思那里，他所理解的存在就是现实个人的感性活动。因此，对于马克思来说，他所说的存在的优先性实际上包含双重内涵：第一，作为前康德唯物主义理论前提的物的优先性；第二，在实践唯物主义视域中的感性活动的优先性。海德格尔对马克思的批评在这两个方面都出现了误解：第一，他把马克思哲学中作为感性活动的存在误解为作为物的存在，因此他不断谈论马克思对黑格尔唯心主义哲学的颠倒；第二，在谈到马克思的实践活动的概念时，他把这一概念依然理解为基于旧哲学或主体性哲学视域中的东西，即把马克思所创制的实践概念理解为在主体与客体二元分裂基础上的、由主体而来的对客体的改造活动。海德格尔不了解，马克思同时还把实践名之曰感性活动，之所以如此，恰恰就是为了破除主体性哲学的理论框架，不是在首先预设了一个孤独主体的前提下去谈论主体对客体的改造，而是在源始性的意义上，即在主体与客体发生分化前的源始性的意义上，去把握实践或感性活动的内在规定性，故而马克思也把实践称为感性活动，并把感性活动规定为现实个人的感性对象性活动，即作为现实个人的人所进行的把自身的本质力量对象化为劳动对象，从而创造劳动产品的活动。

一、存在在本质上乃是作为事实的感性活动

感性对象性活动作为马克思哲学的存在论基础，包含着不可分割的三层含义。

（一）感性

感性与意识相比，属于存在的层面，而不是意识的层面。但是，意识根源于存在本身，从存在本身而来，也就是后者植根于前者之中，所以这两者有着内在的一致性。从存在本身的内在规定性而言，它们仅仅是从人的意识这种人类学的规定而来，它们实际上应该被看作是对我们周围世界首先是自然界真正本体论的肯定。在马克思那里，说一个东西是感性的，亦即是现实的，首先是在肯定这个东西相对于人的意识而言的先在性："说一个东西是感性的即现实的，是说它是感觉的对象，是感性的对象，也就是说在自身之

外有感性的对象,有自己的感性的对象。"① 感性原则是对一般唯物主义原则的最初的也是最基本的承诺。但这种承诺只是原则性的,是所有唯物主义共同的存在论基础。马克思的感性原则在这里就显示了它与其他敌视人的唯物主义的原则性不同:它虽然与那些看起来像是存在者的东西相关,却不是在意识层面的相关性,而是存在层面的相关性。所以,马克思的感性原则不仅意味着现实性,意味着物的存在,而且意味着历史性存在的人与自然的关系,意味着一种源始性的对象性关系的存在。这就是作为马克思哲学的存在论基础的感性对象性活动的下一个层面即感性对象性层面。

(二) 感性对象性

感性对象性首先意味着两个问题。第一,非对象性的存在物是非存在物[Unwesen]②。非对象性的存在物是不可能存在的,所有的存在物都是在源始性的存在、共在关系中的存在。在这里,自然是与人处于共在关系即对象性关系中的自然,人是与自然处于对象性关系中的人。第二,这种对象性关系与人相关,呈现了人的本质性存在。这种感性对象性关系并不是敌视人的,与人无关的,反而是必然与人相关的,而且是呈现历史性存在着的人的本质性存在的相关性。所以,人就是人的自然界,自然界就是人的存在,人与自然首先是一种共在的感性对象性存在;人与他人也首先是一种感性对象性共在,人就是人的社会,社会的存在就是人的存在;自然界就是社会中的自然界,社会就是自然界中的社会存在。在自然中,在社会中,在共在关系中,才有人的本质性的存在的呈现,否则,人就是无;反过来,从人的角度来说,如果没有这种对象性关系存在的话,自然与社会对于人来说也就是无;所以,无论是人的本质的历史性呈现,还是自然与社会的历史性本质,都是这种感性对象性关系中的本质性存在着的关系。从这种源始性的感性对象性关系来看,没有了你,我就是无;反过来,没有了我,你也是无。你就是我的本质性存在。所以,认识自然的人,也是社会的人。

---

① 《马克思恩格斯文集》(第一卷),人民出版社 2009 年版,第 211 页。
② 《马克思恩格斯文集》(第一卷),人民出版社 2009 年版,第 210 页。

这里，马克思对感性对象性原则的强调受到了费尔巴哈的影响。与其他唯物主义者相比，费尔巴哈承认人也是"感性对象"①。这显然不是那种"敌视人的唯物主义"，而是一种"人道主义的唯物主义"。马克思由此对费尔巴哈进行极大的甚至是夸张的肯定。之所以是夸张的肯定，是因为马克思的感性对象性活动原则与费尔巴哈的感性对象性原则具有原则性的不同。在费尔巴哈那里，是看不到现实存在着的、活动的人的，只有停留于抽象的爱和友情的抽象的"人"，"他从来没有把感性世界理解为构成这一世界的个人的全部活生生的感性活动"②。与他不同，马克思开辟了全新的存在论境域，这就是作为人与自然之真正"原初关联"的"感性对象性活动"的呈现。

（三）感性对象性活动

"感性对象性活动"这一原则与"感性对象性"原则相比，前者更加源始，是存在着的，后者有着源始的存在论基础，但失去了前者的支撑，后者更多地作为源始性存在着的"感性对象性活动"的结果而出现，在人们的意识中呈现，在一种直观的反思方式中呈现。

在这种直观的反思方式中，无论是主体还是主体的对象，都成了既定的存在者，都失去了历史性的维度，都不再是存在着的历史性存在本身。人与存在原初关联，那种源始性的感性对象性活动的关系，便在这种主体性的视域中消失了，只留下了主体与主体设定的对象之间无历史以及无世界的抽象关系。所以，马克思知道，唯物主义在费尔巴哈那里仍然是抽象的，仍然从属于旧唯物主义，仍然处身于主客体的分裂之中。

与此相反，在"感性对象性活动"中，存在着的则是人与存在本身的原初性的、源始性的历史性存在关系。虽然受到费尔巴哈的影响，马克思将人的本质性存在理解为"类本质"，但这是一种在历史性存在着的人们的历史性活动中的"类本质"，是一种有意识的去存在的活动，因而是"自由自觉的活动"。马克思指出："正是在改造对象世界的过程中，人才真正地证明自

---

① 《马克思恩格斯文集》（第一卷），人民出版社2009年版，第530页。
② 《马克思恩格斯文集》（第一卷），人民出版社2009年版，第530页。

己是类存在物。这种生产是人的能动的类生活。通过这种生产,自然界才表现为他的作品和他的现实。"① 只是在"感性对象性活动"中,人与存在本身原初关联,才得以生成。自然界,不再是斯宾诺莎式的主体设定的对象,不再是费尔巴哈的直观的对象,而是历史性存在着的人们的存在本身,确证着并呈现着历史存在着的、感性对象性活动着的人们本质性存在。在费尔巴哈那里,像所有一切旧唯物主义乃至旧哲学那里一样,是不知道也不追问感性对象性关系的本质性来源的。费尔巴哈"没有看到,他周围的感性世界决不是某种开天辟地以来就直接存在的、始终如一的东西,而是工业和社会状况的产物,是历史的产物,是世世代代活动的结果,其中每一代都立足于前一代所奠定的基础上,继续发展前一代的工业和交往,并随着需要的改变而改变他们的社会制度。甚至连最简单的'感性确定性'的对象也只是由于社会发展、由于工业和商业交往才提供给他的"②。所以,人类历史不过是原初的感性对象性活动的历史,是这种历史以及这种历史的结果。如果没有感性对象性活动,也就是说,在今天,如果没有这个时代的历史性存在着的人们的工业和商业活动,"哪里会有自然科学呢?甚至这个'纯粹的'自然科学也只是由于商业和工业,由于人们的感性活动才达到自己的目的和获得自己的材料的。这种活动、这种连续不断的感性劳动和创造、这种生产,正是整个现存的感性世界的基础,它哪怕只中断一年,费尔巴哈就会看到,不仅在自然界将发生巨大的变化,而且整个人类世界以及他自己的直观能力,甚至他本身的存在也会很快就没有了"③。这种源始的感性对象性活动,就是历史性存在着的人们的存在本身。这是不同于感性对象性原则的历史性维度。在这里,自然界是属人的自然界,是在人们的感性对象性活动中生成着的自然界,是人的现实的自然界,是通过工业形成的自然界,是真正的、人本学的自然界④。在这种自然界中,呈现着人的本质性的存在。人,不再是一个物质性的机器,也不再是抽象地爱着的、直观的人,而是一种能动的去存在的存在,

---

① 《马克思恩格斯文集》(第一卷),人民出版社 2009 年版,第 163 页。
② 《马克思恩格斯文集》(第一卷),人民出版社 2009 年版,第 528 页。
③ 《马克思恩格斯文集》(第一卷),人民出版社 2009 年版,第 529 页。
④ 《马克思恩格斯文集》(第一卷),人民出版社 2009 年版,第 193 页。

是在去存在的感性对象性活动中呈现自己的本质空间的人。所以，历史的生成，自然界的生成，人的生成，是同一个过程。自然的生成史与人的生成史即人类社会的生成史，是同一个过程。在主体性的形而上学中，人作为主体与作为客体的自然之间，存在着无可跨越的鸿沟。不同于此，在马克思这里，在源始性的感性对象性活动中，呈现了人与自然以及社会的真正统一性。"自然界的人的本质只有对社会的人来说才是存在的；因为只有在社会中，自然界对人来说才是人与人联系的纽带，才是他为别人的存在和别人为他的存在，只有在社会中，自然界才是人自己的合乎人性的存在的基础，才是人的现实的生活要素。只有在社会中，人的自然的存在对他来说才是人的合乎人性的存在，并且自然界对他来说才成为人。因此，社会是人同自然界的完成了的本质的统一，是自然界的真正复活，是人的实现了的自然主义和自然界的实现了的人道主义。"① 只有在感性对象性活动中，才有人与自然的真正的统一，才有人类社会历史的生成，才有存在历史的本质性现身。这就是马克思以"对象性活动原则"为我们开辟出的全新的存在论境域。

二、"感性活动"是从旧哲学回撤的核心成果

这一部分主要讨论马克思感性活动概念是如何在改造黑格尔哲学与费尔巴哈哲学过程中形成的。只要本质性地进入《1844年经济学—哲学手稿》（以下简称《手稿》）中那些直观性词句背后的思想系统中，人们就会发现，作为马克思新世界观之理论基点的"感性活动"原则已经清晰地建构起来了。马克思已经完成了从主体性哲学向源始性的感性对象性活动的回撤，而不再是在形而上学内部所作简单颠倒，即马克思已经完成了向存在本身的回撤。

在《关于费尔巴哈的提纲》和《德意志意识形态》中，"感性活动"与"实践""劳动"常常并用。但是，今天我们已经遗忘或抛弃了"感性活动"，而只采用"劳动""实践"的表述。这种遗忘绝非偶然，它是由我们今天赋予"劳动""实践"的不同于"感性活动"的思辨形而上学的内涵所决

---

① 《马克思恩格斯文集》（第一卷），人民出版社2009年版，第187页。

定了的。在本书中,"劳动""实践"都是在"感性活动"的意义上使用的,因而当我们使用"感性活动"时,它同时意指"劳动""实践"。

(一) 劳动辩证法对旧唯物主义的突破和跳出

黑格尔否定性辩证法的精髓究竟何在?通常来说,黑格尔辩证法仅仅被归结为关于普遍联系和永恒发展的形式主义辩证法。与此相反,在卢卡奇还没有看到《手稿》时,就已经在试图阻止人们"把辩证法描述成为'一门实证科学'"或纯粹的方法论①,竭力避免马克思哲学堕落为"阻碍对'事实'进行'实事求是''不偏不倚'研究的障碍"和"借以强奸事实的空洞结构"②。卢卡奇是从根本上突破名为辩证法而实为形式主义、折中主义和诡辩论的理论误区。

马克思指出:"黑格尔的《现象学》及其最后成果——辩证法,作为推动原则和创造原则的否定性——的伟大之处首先在于,黑格尔把人的自我产生看做一个过程,把对象化看做非对象化,看做外化和这种外化的扬弃;可见,他抓住了劳动的本质,把对象性的人、现实的因而是真正的人理解为人自己的劳动的结果。"③这一判断,直接地呈现了马克思与费尔巴哈的哲学界限。

在黑格尔那里,精神现象学乃是从现象通达本质,由普通意识、低级知识达到绝对意识、绝对知识的过程。它是意识自身的成长史。"精神现象学所描述的就是一般科学或知识的形成过程。"④"意识在这条道路上所经过的它那一系列的形态,可以说是意识自身向科学发展的一篇详细的形成史。"⑤马克思抓住了这一成长史的根本性环节:自我意识的外化设定物性、扬弃这

---

① [匈牙利] 卢卡奇:《历史与阶级意识》,杜章智、任立、燕宏远译,商务印书馆1992年版,第59页。
② [匈牙利] 卢卡奇:《历史与阶级意识》,杜章智、任立、燕宏远译,商务印书馆1992年版,第51-52页。
③ 《马克思恩格斯文集》(第一卷),人民出版社2009年版,第205页。
④ [德] 黑格尔:《精神现象学》(上卷),贺麟、王玖兴译,商务印书馆2009年版,第19页。
⑤ [德] 黑格尔:《精神现象学》(上卷),贺麟、王玖兴译,商务印书馆2009年版,第62页。

种外化和对象性、返回到自我。这里，有一个"很明显的"事实："物性因此对自我意识来说决不是什么独立的、实质的东西，而只是纯粹的创造物，是自我意识所设定的东西，这个被设定的东西并不证实自己，而只是证实设定这一行动，这一行动在一瞬间把自己的能力作为产物固定下来，使它表面上具有独立的、现实的本质的作用——但仍然只是一瞬间。"① 在这里，这个得到证明的"设定这一行动"就是"劳动"，虽然只是精神的劳动。这实际上就是"劳动"的本质："黑格尔把一般说来构成哲学的本质的那个东西，即知道自身的人的外化或者思考自身的、外化的科学，看成劳动的本质。"②

由此，黑格尔辩证法显然根本不再是形式主义辩证法，而是这一辩证法得以可能的根据，即作为"推动原则和创造原则"的"劳动"辩证法。以劳动为根据的辩证法，当然不再是自然辩证法，而是历史辩证法。在这里所出现的，不再是基于纯粹自然实体意义上的自然辩证法，而是基于劳动意义上的历史辩证法。黑格尔的《哲学全书》实际上表达了一部人类活动的历史，尽管只是抽象的精神的劳动的历史，尽管"这种历史还不是作为既定的主体的人的现实历史，而只是人的产生的活动、人的形成的历史"③。

（二）感性对象性活动作为对思辨哲学批判的成果

黑格尔抓住了劳动的本质，这种劳动的本质何在呢？对象性活动！在黑格尔那里，出现的就是自我意识的对象性活动，也就是自我意识把自身对象化为他物，并在他物中证实自身的对象性活动。将意识转换为现实的个人，把意识的自身对象化及其扬弃，理解为现实个人之本质力量的对象化以及对对象之外化的扬弃，那么，在这里出现就是现实个人的劳动。黑格尔由此抓住了劳动的本质，但只是在一定的程度上。

黑格尔混淆了"对象化"与"异化"的关系。他把"对象化"同时理解为"异化"。由此，他并没有追问异化发生的原因与根据。由于他"把对象化看作失去对象"，因而也就当然地把异化、异化劳动看作理论前提，所

---

① 《马克思恩格斯文集》（第一卷），人民出版社2009年版，第209页。
② 《马克思恩格斯文集》（第一卷），人民出版社2009年版，第205页。
③ 《马克思恩格斯文集》（第一卷），人民出版社2009年版，第201页。

以,"黑格尔是站在现代国民经济学家的立场上的。他把劳动看做人的本质,看做人的自我确证的本质;他只看到劳动的积极的方面,没有看到它的消极的方面。劳动是人在外化范围之内的或者作为外化的人的自为的生成"①。

对象的扬弃,在黑格尔那里,不仅有扬弃异化的意义,而且有扬弃对象性的意义。由于黑格尔把"对象化""外化"同时理解为"异化",因此这种对异化对象的"克服"或"扬弃"就主要地有了扬弃对象性的意义。对此,马克思是这样表达的:"重新占有在异化规定内作为异己的东西产生的人的对象性本质,不仅具有扬弃异化的意义,而且具有扬弃对象性的意义,就是说,因此,人被看成非对象性的、唯灵论的存在物。"② 在黑格尔那里,需要克服的,需要消除的,主要是意识的对象。作为整个黑格尔现象学出发点的,并不是现实的个人,而是作为现实个人之本质的抽象意识或抽象的自我意识,是整个自然界不过是自我意识所设定出的异己存在。对于这个设定出的"对象"而言,在其否定意义上,它乃是一个与意识或自我意识不同的他物;而在其肯定意义上,它却不过是抽象的自我意识本身。在这里,与意识或自我意识构成对立的,并不是具有一定性质的事物本身,而是它与意识或自我意识的对象性关系本身。"对象"并不是具有一定性质的现实对象,只是抽象的"物性"。因此,扬弃外化,就不仅仅是扬弃自我意识所设定的异己存在物从而回到自身,而且是从根本上扬弃自我意识的对象性存在,从而使它自身成为一种非对象性的存在物,成为无对象的绝对存在物,即唯灵论的存在物。对此,马克思有明确的解释:"因为并不是对象的一定的性质,而是它的对象性的性质本身,对自我意识来说是一种障碍和异化。"③ 在黑格尔那里,最后的唯一真实的东西,就只能是一个非对象性的孤独的存在——绝对。马克思指出:重新占有在异化规定内作为异己的东西产生的、人的对象性的本质,不仅具有扬弃异化的意义,而且具有扬弃对象性的意义,"同时或甚至主要地具有扬弃对象性的意义"④。

---

① 《马克思恩格斯文集》(第一卷),人民出版社 2009 年版,第 205 页。
② 《马克思恩格斯文集》(第一卷),人民出版社 2009 年版,第 206 页。
③ 《马克思恩格斯文集》(第一卷),人民出版社 2009 年版,第 212 页。
④ 《马克思恩格斯文集》(第一卷),人民出版社 2009 年版,第 212 页。

黑格尔的否定性辩证法是思辨辩证法。由于"黑格尔唯一知道并承认的劳动是抽象的精神的劳动",这种蕴含着的革命性质、批判性质,也就只发生在抽象的精神领域内,完全没有真正触动现实①,并且到达"绝对知识"的瞬间,这种作为内在可能性的革命批判性质也就烟消云散了。正像马克思指出的那样:"对于人的已成为对象而且是异己对象的本质力量的占有,首先不过是那种在意识中、在纯思维中即在抽象中实现的占有……尽管已有一个完全否定的和批判的外表……黑格尔晚期著作的那种非批判的实证主义和同样非批判的唯心主义……已经以一种潜在的方式,作为萌芽、潜能和秘密存在着了。"② 与此相反,马克思的辩证法是"作为推动原则和创造原则的否定性的辩证法"而言的奠基于"劳动"之原则根基上,实际上蕴含着辩证法一切革命性、批判性的可能。

在其最为积极的意义上,黑格尔的"作为推动原则和创造原则的否定性的辩证法"找到了人类历史得以开启的根据;黑格尔的"现象学"所表达的就是一部人类劳动的历史或人类的历史。但是,在黑格尔那里,由于作为这一历史运动之主体的并不是现实的个人,这一抽象主体的外化所设定的对象,都仅仅证实了这一抽象主体的存在,都仅仅证实了这一活动是抽象主体的活动。在这里所发生的,不过是"全部外化历史和外化的全部消除,不过是抽象的、绝对的思维的生产史,即逻辑的思辨的思维的生产史"③,而不是现实个人的历史。正是在这个意义上,马克思指出:"黑格尔……只是为历史的运动找到抽象的、逻辑的、思辨的表达,这种历史还不是作为既定的主体的人的现实历史……"④

(三) 重视感性活动的源始性

显然,"感性活动"乃是哲学批判的核心概念。马克思把"抽象的精神

---

① 马克思:"这种思想上的扬弃,在现实中没有触动自己的对象,却以为实际上克服了自己的对象。"见《马克思恩格斯文集》(第一卷),人民出版社2009年版,第216页。
② 《马克思恩格斯文集》(第一卷),人民出版社2009年版,第203–204页。
③ 《马克思恩格斯文集》(第一卷),人民出版社2009年版,第203页。
④ 《马克思恩格斯文集》(第一卷),人民出版社2009年版,第201页。

的劳动"言说为现实个人的劳动。这首先要把"对象化"与"异化"区分开来，在"对象性关系"的框架内，破除非对象性的主体概念，才是可能的。马克思指出："当现实的、肉体的、站在坚实的呈圆形的地球上呼出和吸入一切自然力的人通过自己的外化把自己现实的、对象性的本质力量设定为异己的对象时，设定并不是主体；它是对象性的本质力量的主体性，因此这些本质力量的活动也必定是对象性的活动。对象性的存在物进行对象性活动，如果它的本质规定中不包含对象性的东西，它就不进行对象性活动。它所以创造或设定对象，只是因为它是被对象设定的，因为它本来就是自然界。因此，并不是它在设定这一行动中从自己的'纯粹的活动'转而创造对象，而是它的对象性的产物仅仅证实了它的对象性活动，证实了它的活动是对象性的自然存在物的活动。"① 这里出现的正是作为《手稿》的核心的"感性对象性活动"，即"感性活动"概念。在整个《手稿》中，马克思都立足于他已经达成的"感性活动"的原则高度。

海德格尔完全不顾及马克思的感性对象性活动的源始性，完全不顾及感性对象性活动相对于黑格尔的无条件的异化、外化的思辨辩证法的先在性，将马克思的劳动辩证法与黑格尔的思辨辩证法完全等同起来，这显然是在唯心主义的层面上解读马克思，完全是对马克思的误读。黑格尔的思辨辩证法，不仅具有扬弃异化的意义，在更加重要的意义上尤其具有对象性的意义。对象性本身构成了处于意识的内在性之中的主体性哲学的最大障碍，主体性的思辨哲学的最大障碍。与此相反，马克思的感性对象性活动，首先是在共在中的活动，是在世界之中存在的存在本身。因此，从思辨的精神的劳动向感性对象性活动的返回，就是一种跳出，而不是一种颠倒。对于形而上学的颠倒，当然依然滞留于形而上学之中，但是，马克思相较于黑格尔，只能是一种跳出，一种从意识的内在性中的跳出，一种向历史性存在着的人们的存在本身的返回。

因此，一方面，当一些理论家仅仅依据《手稿》中的费尔巴哈词句，把这时的马克思的立场归结为费尔巴哈的人本学唯物主义时，显然是误读；另

---

① 《马克思恩格斯文集》（第一卷），人民出版社2009年版，第209页。

一方面，直接忽略马克思的感性对象性活动对思辨哲学无条件的对象化的主体性的突破，同样是更加严重的误读。以感性对象性活动着的存在本身为立足点的历史唯物主义，既超越了实体的和直观的唯物主义，也超越了停留于意识的内在性之中的思辨的唯心主义，完成了对于存在本身的优先性的强调，也完成了从识在向此在的返回，向历史性存在着的人们的存在本身的返回。

三、在原则高度上坚持历史唯物主义

纵观海德格尔对马克思的批评，可以发现，海德格尔是在极端主体性的唯心主义形而上学的意义上来把握马克思的。比如，他说马克思改变世界的观点是以黑格尔的否定辩证法为理论基础的，对象化的生产，就是无条件的制造和生产，完全不去听取存在本身的呼声，马克思在黑格尔抽象的精神的劳动的辩证法的意义上来把握历史；所以，马克思有一个关于人的理论想法，马克思的人，是无条件地进行生产和制造的人，也就是主体性的人，主体性的劳动动物的人，是在人是一个理性的动物的基础之上来把握人的本质的；由此，他认为，马克思将事情的根本直接理解为生产过程，也就是把存在本身理解为生产过程，无条件的人的自身生产和社会的自身生产，这就是站在了一个只有人的层面，完全遗忘了存在的层面。

可以看出，海德格尔完全误解了马克思的唯物主义。他当然知道，马克思的唯物主义不在于它主张一切都只是质料，并不在于那种唯物主义的素朴观念。但是，他在完全的意义上脱离了马克思的唯物主义来把握马克思，由此把马克思对黑格尔意义上的极端主体性的把握为对现实事物无条件的对象化过程与主体性形而上学等同起来。作为马克思批判黑格尔思辨辩证法的成果——感性活动，是一种现实的个人从存在本身而来的现实的、感性的、源始性的存在活动。在这种活动中，对象是从自身而来的、在场着的。海德格尔将这种源始性的存在着的活动与极端主体性的异化的劳动等同起来，在批判极端主体性的时候，连这种从存在本身而来的一般主体性也否定了，这实际上是取消了历史性存在着的个人的存在本身。

唯物主义不是修饰的花边而是马克思主义的实质：从存在本身而来行动。

历史唯物主义中的唯物主义，在人们明白了是人们的活动创造历史的时候，被严重忽略了。从当前学术界针对历史唯物主义讨论的激烈程度中，我们可以看出这一忽略中存在的绝大问题。越来越多的人在遭遇海德格尔，而海德格尔在宣布绝对唯心主义为绝对的主体性形而上学之后，继而将马克思的历史唯物主义也宣布为极端主体性的形而上学。纵观从海德格尔那里而来的批评，非常明显，海德格尔完全忽略了马克思所强调的唯物主义，直接将黑格尔的立场指证为马克思的立场。唯物主义，在海德格尔看来，不过是马克思主义的用于修饰的花边。历史唯物主义的实质，不过是一种无条件的制造和生产过程。这造成了混乱。

我们知道，唯物主义绝不是可有可无的用于修饰的花边，而是历史唯物主义的实质。历史唯物主义的核心观点在于，现实的个人的现实的对象性活动创造历史。在这里，不是那种无条件的对象化过程创造历史，而是那种从存在本身而来的、存在着的对象化活动创造历史。问题的关键在于对象化活动的出发点，是从极端主体性的人出发，还是从从存在本身而来的存在着的世界出发。这就是在原则高度上唯心主义与唯物主义的区别。海德格尔认为这一区别不构成区别。人们在阅读、领悟海德格尔的过程中，也不容易警惕这种区别。由海德格尔而来的问题，构成了一个极其严峻的问题，那就是如何有原则高度地把握历史唯物主义的实质。今天，这个问题不仅具有存在论的意义，而且涉及路线的斗争，具有政治性的意义。

马克思曾经严厉批判黑格尔之后的唯心主义者们，指出他们将绝大多数的人们归为"群氓"的观点的荒谬性："在批判以唯灵论的狂妄自大态度把整个历史运动归结为世界的其他部分——把这部分世界与它自身对立起来而归入'群众'这一范畴——和它自身之间的关系，并且把一切独断的对立消融于它本身的聪明和世界的愚蠢之间、批判的基督和作为'群氓'的人类之间的一个独断的对立中之后；在批判每日每时以群众的愚钝无知来证明它本身的超群出众之后；在批判终于宣称这样一天——那时整个正在堕落的人类将聚集在批判面前，由批判加以分类，而每一类人都将得到一份赤贫证明书——即将来临，即以这种形式宣告批判的末日审判之后；在批判于报刊上宣布它既对人的感觉又对它自己独标一格地雄踞其上的世界具有优越性，而且只是不时从它那尖酸刻薄的口中发出奥林波斯山众神的哄笑声之后，——在以批判的形式消逝着的唯心主义（青年黑格尔主义）做出这一切滑稽可笑的动作之后，这种唯心主义甚至一点也没想到现在已经到了同自己的母亲即黑格尔辩证法批判地划清界限的时候，甚至一点也没表明它对费尔巴哈辩证法的批判态度。这是对自身持完全非批判的态度。"① 在海德格尔强调从形而上学、极端主体性的存在方式回撤、返回存在本身的时候，存有历史性思想展现了他从存在本身而来的力度；但是，当海德格尔将存在真理之开启的权利仅仅只赋予那些伟大的思者，而将这个世界上绝大多数的历史性存在着的人们统统都归于沉沦之在的时候，当海德格尔忽略了这个世界上绝大多数的人的从存在本身而来进入自己的本质性空间的权利的时候，当海德格尔用存有历史性思想忽略了这个世界上绝大多数的人们真正的历史性的存在本身的时候，马克思对青年黑格尔派的批判，对海德格尔似乎也是有效的。无论哪一位思想家，不管他多么伟大，只要他轻视绝大多数的人们的存在能力本身，只要他轻视绝大多数的人们从存在本身而来的感性活动和思想的能力，实际上就是在轻视人这种存在着的东西的存在本身，那么，他的思想，必定不算是真正地切近了真理本身。海德格尔的精英主义必然导致他的存有历史性思想留下了令人难解的缺憾和困惑。

这同样可以是唯物主义与唯心主义的对立，只要唯物主义被从它自己的实质高度得到把握。我们当然不能说，海德格尔的存有历史性思想是唯心主义的，但是，当海德格尔认为这个世界上绝大多数的人们不能从自己的存在本身而来切近自己的本质性的存在，他就背离了自己的存有历史性的思想，某种意义上走向了对存有本身的否定。因为，历史性存在的人们，他们的存在同样可以从自身的存在本身而来存在，也就是他们可以从自己的本质性存在而来领悟和行动。不管怎么说，他们存在，而且他们去存在，他们当然可以从存在本身而来领悟和行动并以这种方式活着。或者，他们天然地从存在本身而来行动，只不过有时会误判、误听从存在本身而来的呼声而导致走向海德格尔批判的极端主体性的存在方式，但是由于从存在本身而来的呼声的

---

① 《马克思恩格斯文集》（第一卷），人民出版社 2009 年版，第 199 页。

强大性，这种极端主体性的存在方式绝不会永久持续，必然会被要求从这种存在方式向存在本身回撤。资本主义的经济发展，经历那么多次的经济危机，依然在危机中前行，这不是因为这种社会制度是资本主义的，而是因为这种社会制度是历史性存在的人们从存在本身而来的存在着的社会制度。也就是说，支撑资本主义的，不是这种社会制度，而是历史性存在的人们的存在本身。资本主义不过是历史性存在的人们的活动的外观。实际上，无论哪种社会制度，都是从存在本身而来的历史性存在着的人们的去存在的外观而已。历史性存在着的人们的存在本身，和社会主义制度下人们的存在本身一样，才是在历史中起决定性的支配作用的东西。外观可以变动，但起决定作用的，永远是历史性存在的人们的从存在本身而来的存在的呼声。这种呼声是如此具有支配性，以至于资本主义天然的盲目扩张不断地被这种呼声所制约、矫正和支配。

海德格尔再追问，究竟是拯救还是毁灭？他夸张了！他忽略了历史性存在着的人们的存在本身，忽略了这种从存在本身而来的力量的存在性。所以，他只能要求人们等待，等待主体性的形而上学发展到极致，发展到将要毁灭之时，然后突然地发现自己的存在之离弃状态的虚无性，然后转身进入存在的真理。非常明显，他在进行逻辑运演，一种他自己的存有历史性思想所反对的逻辑运演，一种离开了存在本身的主体性的逻辑运演。

所以，存有历史性思想绝不仅仅是海德格尔这些伟大思想家的权利，而有原则高度的唯物主义，则是可以在存有的优先性的意义上得到把握。有原则高度的唯物主义，必定不是主张一切都是质料。有原则高度的历史唯物主义，就是要重视这种从存在本身而来的人们的活动的源始性，就是要承认这种从存在本身而来的力量的绝对至上性，就是要承认这种从存在本身而来的对历史的创造就是新世界的开启、新的可能性的产生得以可能的基础，不是基础的基础。有原则高度的唯物主义，就是要去倾听存在本身的声音，就是要从存在本身而来行动，这就是"一切从实际出发"的有原则高度的实质，唯物主义的实质。

第二节　感性活动：在异化劳动批判中奠基

一、从异化劳动向感性活动的还原

"异化劳动"学说的重要性并不在于它对于异化劳动之经济事实的直接陈述，而在于这一学说对这一经济事实背后的本质性来源的剖析。从一开始，马克思给自己提出的任务就是"从私有财产的事实出发"①，去说明这一事实的虚假性，去呈现这一作为国民经济学理论前提的、假定的事实的本质性来历。马克思发现，私有财产不过是外化劳动的结果："尽管私有财产表现为外化劳动的根据和原因，但确切地说，它是外化劳动的后果，正像神原先不是人类理智迷误的原因，而是人类理智迷误的结果一样。后来，这种关系就变成相互作用的关系。"② 这就是私有财产这一经济事实的本质来历、本质性来源，它不过是现实的活动着的个人活动的结果，不过是历史性存在着的人们的感性对象性活动的结果。作为这种活动的结果，在后来的历史中，在异化的经济关系中，私有财产成了劳动异化的原因。也就是说，在异化的经济事实中，异化劳动和私有财产是一种同构性的、相互作用的关系。从异化劳动这种极端主体性活动的返回，就是从私有财产的回撤，回撤到一种源初的人与自然和谐统一的存在着的关系，回撤到历史性存在着的人们的存在本身，回撤到一种源初的人与世界的感性对象性关系本身。所以，在这里，国民经济学既然是从私有财产出发的，那么国民经济学家的"劳动价值论"本质上乃是"异化劳动价值论"："国民经济学虽然从劳动是生产的真正灵魂这一点

---

① 《马克思恩格斯文集》（第一卷），人民出版社 2009 年版，第 155 页。
② 《马克思恩格斯文集》（第一卷），人民出版社 2009 年版，第 166 页。

出发，但是它没有给劳动提供任何东西，而是给私有财产提供了一切。蒲鲁东从这个矛盾得出了有利于劳动而不利于私有财产的结论。然而，我们看到，这个表面的矛盾是异化劳动同自身的矛盾，而国民经济学只不过表述了异化劳动的规律罢了。"①

所以，异化劳动创生出异化的社会关系，即私有财产关系。马克思从私有财产的经济事实出发，看到了国民经济学的存在论前提，那就是异化劳动。由此，只有从感性对象性活动出发，从历史性存在着的人们的存在本身出发，才能够有本质性的人与自然、人与社会的感性对象性关系。这需要从极端主体性的异化劳动回撤、返回。这就是马克思对私有财产这一经济事实的现象学还原，它不过是"劳动"的结果，虽然只是异化劳动的结果，而非从存在本身而来的感性对象性活动的结果。既然异化的劳动创生异化的社会关系——私有财产关系，那么，感性对象性活动本身自然创生着人与存在本身的远处关联："劳动的产品是固定在某个对象中的、物化的劳动，这就是劳动的对象化。劳动的现实化就是劳动的对象化。"②

这里就呈现了历史唯物主义的原则高度，从存在本身而来的原则高度。当然，这里也有一个通常的疑问：感性对象性活动着的人，作为从存在本身而来的活动着的人，是一种"自由的有意识的活动"着的人③，是人的本质性存在本身，相对于异化的人，这种本质性的人是不是一种关于人的本质的固定的、抽象的预设？从存在本身而来，我们可以看得很清楚，这里不可能有关于人的抽象的、固定的本质的预设，在这里，存在着的仅仅是一种去存在的感性对象性的关系。这是一种存在着的关系，是一种本质性的关系。与此相反，异化劳动中才貌似有一种确定的人的"本质"的存在，也就是一种无根性的、抽象的、固定的孤立个人的存在。实际上，这种貌似"孤立的个人"不可能完全孤立，他植根于历史性存在着的人们的存在本身之中，从这种存在本身而来异化，也必然从异化中回撤、返回。

卜祥记指出，造成这种困惑的根源乃是由于完全错失了作为《手稿》核

---

① 《马克思恩格斯文集》（第一卷），人民出版社2009年版，第166页。
② 《马克思恩格斯文集》（第一卷），人民出版社2009年版，第156–157页。
③ 《马克思恩格斯文集》（第一卷），人民出版社2009年版，第162页。

心部分的"对黑格尔的辩证法和整个哲学的批判",错失了作为这一哲学批判最重要成果的同时也构成整个《手稿》之核心概念的"感性活动"。如果我们把"感性活动"作为透视马克思"异化劳动"学说的理论基点,"自由的有意识的劳动"就已经根本不再是费尔巴哈式的抽象人本学预设,而是一个奠基于作为人类历史之当然根据、当然前提和当然事实的"感性活动"之上,并针对劳动的异化的发生和异化的事实所作出的一个价值判断;换言之,当马克思把"自由的有意识的劳动"作为人的本质的积极的、肯定的价值判断时,这一价值判断是以如下事实判断为前提的,即劳动的本质就是劳动的对象化,人的本质乃是作为"感性对象性活动"的"劳动"的本质。①

这里还有另外一种误解。海德格尔曾经指认马克思的历史唯物主义就是费尔巴哈的直观唯物主义,原因在于,在异化劳动学说中,有大量的费尔巴哈式的术语。这同样是一种严重的误读。马克思对此曾经作出解释。马克思认为:"由于费尔巴哈揭露了宗教世界是世俗世界的幻想(世俗世界在费尔巴哈那里仍然不过是些词句),在德国理论面前就自然而然产生了一个费尔巴哈所没有回答的问题:人们是怎样把这些幻想'塞进自己头脑'的?这个问题甚至为德国理论家开辟了通向唯物主义世界观的道路……"然后,马克思指出:"这一道路已在'德法年鉴'中,即在'黑格尔法哲学批判导言'和'论犹太人问题'这两篇文章中指出来了。但当时由于这一切还是用哲学词句来表达的,所以那里所见到的一些习惯用的哲学术语,如'人的本质''类'等等,给了德国理论家们以可乘之机去不正确地理解真实的思想过程并以为这里的一切都不过是他们的穿旧了的理论外衣的翻新。"② 显然,在马克思自己看来,不止《手稿》,甚至在此前的《德法年鉴》时期,在费尔巴哈式的哲学术语背后所内含的就已经是不同于费尔巴哈的唯物主义世界观。③

所以,从感性对象性活动原则出发,我们可以非常清晰地看到,马克思

---

① 卜祥记、丁颖:《感性活动:〈1844年经济学—哲学手稿〉的核心成果与理论高度》,载《云梦学刊》2016年第2期。

② [德]马克思、恩格斯:《德意志意识形态》,人民出版社1961年版,第251—252页。

③ 卜祥记、丁颖:《感性活动:〈1844年经济学—哲学手稿〉的核心成果与理论高度》,载《云梦学刊》2016年第2期。

的异化劳动学说作为对私有财产的本质来历的考察和批判，呈现了异化劳动的无根性，明确了感性对象性活动的源始性，也同时呈现了后两者的根本分野。海德格尔认为马克思的劳动是一种无条件的制造，这不过是异化劳动的逻辑，不过是马克思所着力批判的异化劳动的逻辑。马克思的感性对象性活动，作为一种从存在本身而来的源始性的历史性存在着的关系，是异化劳动这种极端主体性的活动的基础。扬弃异化劳动，就是要向自主性、自由的亦即是从自身而来的存在本身回撤和返回。

在这里，在异化劳动学说中，有一个从对劳动之作为对象性活动的本质确证，到对劳动之异化性质的指证，再到异化劳动的扬弃和"自由的有意的劳动"的确立的过程。

二、对作为感性活动的劳动本质的确证

在"异化劳动"学说的开始部分，马克思通过对国民经济学家眼中的"经济事实"的"现象学还原"，首先确证了劳动的本质："我们且从当前的国民经济的事实出发。工人生产的财富越多，他的生产的影响和规模越大，他就越贫穷。工人创造的商品越多，他就越变成廉价的商品。物的世界的增值同人的世界的贬值成正比。劳动生产的不仅是商品，它还生产作为商品的劳动自身和工人，而且是按它一般生产商品的比例生产的。这一事实无非是表明：劳动所生产的对象，即劳动的产品，作为一种异己的存在物，作为不依赖于生产者的力量，同劳动相对立。劳动的产品是固定在某个对象中的、物化的劳动，这就是劳动的对象化。劳动的现实化就是劳动的对象化。在国民经济的实际状况中，劳动的这种现实化表现为工人的非现实化，对象化表现为对象的丧失和被对象奴役，占有表现为异化、外化。"①

从"当前的经济事实"出发，即"工人"生产的"商品"（"财富"）越多，他就越变成廉价的"商品"。这也就是劳动的产品作为异己的存在物，同劳动相对立。国民经济学的"经济事实"，是基于国民经济学这门科学的

---

① 《马克思恩格斯文集》（第一卷），人民出版社2009年版，第156－157页。

第五章　误解之澄明：马克思主义哲学的实质与内涵

特定的理论视域。这已经是一种原初的具有本质丰富性的从生活联系中抽出来的一种抽象①。正如"黑人就是黑人。只有在一定的关系下，他才成为奴隶。纺纱机是纺棉花的机器。只有在一定的关系下，它才成为资本。脱离了这种关系，它也就不是资本了，就像黄金本身并不是货币，砂糖并不是砂糖的价格一样"②。"工人""商品"作为经济事实也只是在一定的社会关系和一定的历史阶段才产生的。工人的现象实情不过是现实的从事活动的个人，商品不过是劳动产品，所以，"'工人'生产的'商品'越多，他就越变成廉价的'商品'"的这一经济事实的现象实情，不过是现实的个人以及他们劳动产品的现实的关系。国民经济学是不考察工人（即劳动）同产品的直接关系，他们以此来掩盖劳动本质的异化③。马克思还曾经指出："工人生产资本，资本生产工人，因而工人生产自身，而且作为工人、作为商品的人就是这整个运动的产物。对于仅仅充当工人而别无其他身份的人来说，他作为工人之所以还保留着人的种种特性……因此，资本一旦想到——不管是必然地还是任意地想到——不再对工人存在，工人自己对自己来说便不再存在：他没有工作，因而也没有工资，并且因为他不是作为人，而是作为工人才得以存在，所以他就会被埋葬，会饿死，等等。工人只有当他对自己作为资本存在的时候，才作为工人存在；而只有当某种资本对他存在的时候，他才作为资本存在。资本的存在是他的存在、他的生活，资本的存在以一种对他来说无所谓的方式规定他的生活的内容。因此，国民经济学不知道有失业的工人，即处于这种劳动关系之外的劳动人。小偷、骗子、乞丐，失业的、快饿死的、贫穷的和犯罪的劳动人，都是些在国民经济学看来并不存在，而只在其他人眼中，在医生、法官、掘墓者、乞丐管理人等等的眼中才存在的人物；他们

---

① 卢卡奇早就在1919年3月的《什么是正统的马克思主义？》一文中强调了如下观点，即"不管对'事实'进行多么简单的列举，丝毫不见说明，这本身就已经是一种'解释'。即使在这里，事实就已经为一种理论、一种方法所把握，就已被从它们原来所处的生活联系中抽出来，放到一种理论中去了"。参见卢卡奇《历史与阶级意识》，杜章智、任立、燕宏远译，商务印书馆1992年版，第52页。
② 《马克思恩格斯文集》（第一卷），人民出版社2009年版，第723页。
③ 《马克思恩格斯文集》（第一卷），人民出版社2009年版，第158页。

是一些在国民经济学领域之外的幽灵。"① 国民经济学是不会从经济事实的本质来源中来考虑这种经济事实的。

这是马克思的工作。这就是要将从活生生的生活关系中抽象出来的经济事实的关系，还原到活生生的生活关系本身。将国民经济学的经济事实，还原到人们劳动的产品与人们劳动的对立，马克思开始追问和呈现劳动的本质。马克思指出："劳动的产品是固定在某个对象中的、物化的劳动，这就是劳动的对象化。劳动的现实化就是劳动的对象化。""劳动的现实化就是劳动的对象化"，在这里，马克思陈述了一件事情，即劳动的产品就是物化为对象的劳动，就是劳动的对象化，劳动的实现就是劳动的对象化。同时，"异化劳动"也首先必须表现出劳动的一般本质——劳动的对象化。据此，马克思呈现了异化劳动的最初规定，即"在国民经济的实际状况中，劳动的这种现实化表现为工人的非现实化，对象化表现为对象的丧失和被对象奴役，占有表现为异化、外化"。

也就是说，劳动的现实化就是劳动的对象化。异化劳动是异化的劳动的对象化。它都是现实的个人的现实的社会存在方式，都以异化或者非异化的方式呈现着人的本质性的力量、存在本身。"工业的历史和工业的已经生成的对象性的存在，是一本打开了的关于人的本质力量的书，是感性地摆在我们面前的人的心理学。"② 这是对劳动作为"劳动的对象化"或对象性活动之一般本质的确认。在这里，马克思将异化劳动还原、回撤到现实个人的劳动，由此将现实个人的活动、劳动规定为对象化活动。

三、唯物史观基石的确立：从异化劳动到作为感性活动的劳动

从作为对象性活动的劳动出发，马克思独创性地由此去讨论"异化"，这使得他的异化劳动学说呈现出远超前人的原则高度。作为对象性活动的劳

---

① 《马克思恩格斯文集》（第一卷），人民出版社 2009 年版，第 170–171 页。
② 《马克思恩格斯文集》（第一卷），人民出版社 2009 年版，第 192 页。

动由此成为劳动逻辑，贯穿于他的异化劳动学说之中。

(一) 异化劳动的四重规定性与其本质性来源——作为感性对象性活动的劳动

从经济事实向现实的个人与他的劳动产品的现实关系还原，马克思论述了异化劳动的四重规定性。从经济事实向后还原为劳动的产品同劳动的关系，就是异化劳动的第一重规定性，即劳动产品的异化。异化劳动的第二重规定性是从第一重规定性中直接推导出来的："如果劳动的产品是外化，那么生产本身就必然是能动的外化，活动的外化，外化的活动。在劳动对象的异化中不过总结了劳动活动本身的异化、外化。"① 这就是劳动的异化，异化劳动的第二个规定性。马克思进而指出，"我们现在还要根据在此以前考察的异化劳动的两个规定推出它的第三个规定"②，即人的本质的异化。何谓人的本质？马克思首先指出，"人是类存在物"③，进而指出"生产生活就是类生活"④。可以看出，不同于费尔巴哈，马克思从劳动出发来理解人的本质性的存在。由前面的三重规定性，可以推出异化劳动的第四重规定性，即"人同人相异化"⑤。这就使异化的社会关系得以产生："当人同自身相对立的时候，他也同他人相对立。凡是适用于人对自己的劳动、对自己的劳动产品和对自身的关系的东西，也都适用于人对他人、对他人的劳动和劳动对象的关系。"⑥

在对异化劳动四重规定性的描述中，马克思始终是把作为经济事实和理论规定的"异化劳动逻辑"与作为其现象实情的"劳动逻辑"对比展开的，马克思始终是在把"异化劳动逻辑"还原为"劳动逻辑"，并用劳动的逻辑

---

① 《马克思恩格斯文集》(第一卷)，人民出版社2009年版，第159页。
② 《马克思恩格斯文集》(第一卷)，人民出版社2009年版，第160页。
③ 《马克思恩格斯文集》(第一卷)，人民出版社2009年版，第161页。
④ 《马克思恩格斯文集》(第一卷)，人民出版社2009年版，第162页。
⑤ 《马克思恩格斯文集》(第一卷)，人民出版社2009年版，第163页。
⑥ 《马克思恩格斯文集》(第一卷)，人民出版社2009年版，第163-164页。

和劳动的语言转述异化劳动的逻辑和异化劳动的经济事实。① 这就是从异化劳动的逻辑向其本质性来源的回撤。作为感性对象性活动的劳动，在源始性意义上是异化劳动的存在论基础，虽然可能是隐蔽的基础。

（二）马克思在作为感性对象性活动的劳动中，确证了人的历史性的形成着的本质性存在

马克思是从作为感性对象性活动的劳动出发来理解人的本质性存在的，"正是在改造对象世界的过程中，人才真正地证明自己是类存在物"②。与他不同，从"感性对象性原则"出发，费尔巴哈曾一再强调人是"类存在物"即社会存在物；他不仅在一般意义上指出"孤立的，个别的人，不管是作为道德实体或作为思维实体，都未具备人的本质。人的本质只是包含在团体之中，包含在人与人的统一之中"③，"只有集体才构成人类"④，进而把作为人的本质的"机智、敏慧、幻想、感情（跟感觉区别开来的）、理性等一切所谓的心灵力量"看作"人类之力量"，而这种力量"乃是文化之产物，人类社会之产物"⑤。马克思也正是在这个意义上高度评价费尔巴哈，认为他"创立了真正的唯物主义和实在的科学，因为费尔巴哈使社会关系即'人与人之间的'关系也同样成为理论的基本原则"⑥。

虽然费尔巴哈有时把人的本质归结为"类存在物"即社会存在物，但是，由于费尔巴哈并不明白人类社会的形成根源，所以费尔巴哈并不清楚何谓人之作为类存在物的本质。与他相反，当马克思抓住了"劳动"的本质时，他也就找到了人之作为社会存在物的根据，即"正是在改造对象世界

---

① 卜祥记、丁颖：《感性活动：〈1844 年经济学—哲学手稿〉的核心成果与理论高度》，载《云梦学刊》2016 年第 2 期。
② 《马克思恩格斯文集》（第一卷），人民出版社 2009 年版，第 163 页。
③ ［德］费尔巴哈：《费尔巴哈哲学著作选集》（上卷），荣震华、李金山译，商务印书馆 1984 年版，第 185 页。
④ ［德］费尔巴哈：《费尔巴哈哲学著作选集》（下卷），荣震华、李金山译，商务印书馆 1984 年版，第 193 页。
⑤ ［德］费尔巴哈：《费尔巴哈哲学著作选集》（下卷），荣震华、李金山译，商务印书馆 1984 年版，第 113 页。
⑥ 《马克思恩格斯文集》（第一卷），人民出版社 2009 年版，第 200 页。

中，人才真正地证明自己是类存在物"。针对异化劳动把"劳动这种生命活动""这种生产生活本身"仅仅变成了"不过是满足一种需要即维持肉体生存的需要的一种手段"①，马克思呈现了作为感性对象性活动的劳动在历史性存在着的人们的存在中所具有的基础性意义。

（三）作为感性对象性活动的劳动创生社会关系

在由异化劳动的前三个规定性向第四个规定性的过渡中，即"人同自己的劳动产品、自己的生命活动、自己的类本质相异化的直接结果就是人同人相异化"②，也就是说，异化劳动的直接结果就是异化的社会关系的产生："因此，我们通过分析，从外化劳动这一概念，即从外化的人、异化劳动、异化的生命、异化的人这一概念得出私有财产这一概念。"③ 私有财产这一异化的社会关系，不过是异化劳动的结果。

由此，既然异化劳动创生异化的私有财产关系，那么，一般的作为感性对象性活动的劳动，就必然创生一般的感性对象性活动着的社会关系，生成着历史性存在的人们的本质性的存在本身。

由此出发可以看到：国民经济学的"私有财产"立场本质上乃是"异化劳动"的立场，因而"国民经济学只不过表达了异化劳动的规律罢了"；消灭私有财产的主张根本就不可能触动作为私有财产之前提与根据的异化劳动本身；而工人的解放，即"社会从私有财产等等解放出来"④，必须本质地上升到消灭作为私有财产之前提和根据的异化劳动的高度。这就要求从极端主体性的异化劳动向作为感性对象性活动的一般劳动的回返。如何回返？是否确定回返？这就提出了国民经济学批判的课题，预示了研究方向向《资本论》的进展："正如我们通过分析从异化的、外化的劳动的概念得出私有财产的概念一样，我们也可以借助这两个因素来阐明国民经济学的一切范畴，而且我们将重新发现，每一个范畴，例如买卖、竞争、资本、货币，不过是

---

① 《马克思恩格斯文集》（第一卷），人民出版社2009年版，第162页。
② 《马克思恩格斯文集》（第一卷），人民出版社2009年版，第163页。
③ 《马克思恩格斯文集》（第一卷），人民出版社2009年版，第166页。
④ 《马克思恩格斯文集》（第一卷），人民出版社2009年版，第167页。

这两个基本因素的特定的、展开了的表现而已。"①

作为感性对象性活动的劳动,这一劳动逻辑构成了唯物史观理论大厦的基础。国民经济学批判就是要说明异化的劳动如何创生异化的私有财产关系,也要说明人们的感性对象性活动是如何异化成为异化劳动的,人们的感性对象性活动又是如何生成人类历史的。这就构成了历史唯物主义最初的问题和动力。其后,才有了马克思唯物史观理论框架的草创以及"资本论"研究对这一唯物史观的完善。所以,《手稿》可以说是马克思唯物史观的发源地,因为它确立了作为历史唯物主义基石的感性对象性活动原则。

第三节 感性活动与人类社会历史的开启和演进

在前一节的基础上,本节一方面继续论证马克思是如何依据感性活动概念展开人类历史的宏大叙事的,另一方面针对海德格尔的本有之思,讨论其是如何忽视了人类历史的。"感性活动",是马克思思辨的辩证法以及对"异化劳动"理论批判的基本成果。"感性活动"的境域,为马克思哲学本质地开启人类社会的历史维度确定了理论基点。但是,由于马克思此时没有找到"异化劳动"的根据,因而还不能将"感性活动"与"异化劳动"连接起来,"感性活动"作为人类历史的前提还只能是空疏的。《德意志意识形态》是对《手稿》之遗留问题——"异化劳动"根据——的追问,其基本理论成果是"分工"理论的形成以及由之展开的马克思唯物史观的草创。"分工"理论导致了唯物史观的两个重要理论成果:其一,"分工"使得马克思明确地把"感性活动"或作为"感性活动"的"现实的个人及其活动"作为人类历史的前提。当马克思在《德意志意识形态》中以"分工"把"感性活动"与"异化劳动"连接起来的时候,此前更具哲学色彩的"感性活动"就

---

① 《马克思恩格斯文集》(第一卷),人民出版社2009年版,第167页。

明确地具体化为"现实的个人及其活动"。其二,"分工"使得马克思哲学真正地打开了人类历史的维度。由于《手稿》中的马克思还不能回答"异化劳动"本身的根据,因而私有财产关系本身的历史进展就依然成谜。当马克思通过"分工"揭示了"异化劳动"根据的时候,它也同时展示了私有财产关系的来历,即"分工",只要是"自发的分工",它就必然是异化的活动,结果必然是私有财产关系的诞生。由于分工的各个发展不同阶段,同时也就是所有制的各种不同形式,所以就可以通过对"分工"不同历史阶段的分析,展示私有财产关系的历史演进,比如"工业资本"的来历。由此出现的乃是既作为人类历史的展开维度,也是马克思唯物史观基本框架:从"感性活动"到"分工",再到"异化劳动",再到"私有财产"到"资本关系"以及"资本关系的历史性扬弃"。这里出现的乃是马克思以源始性的感性活动作为人类历史的根据,并据此展开出一部恢宏的人类历史。

一、劳动创生人类社会

"感性活动"是人类历史的现实前提和唯物史观的本体论根基及逻辑起点。当马克思指责黑格尔站在现代国民经济学家的立场上的时候,他指证黑格尔的劳动的思辨性,直接意味着国民经济学的"劳动"是以主客体"二元分立"的思辨哲学为基础的,意味着异化劳动的"经济事实"不过是主客二分的思辨哲学的经济学表达。因此,对国民经济学的批判与对思辨哲学的批判乃是同一个批判;相对于异化劳动的"劳动"与"感性活动"乃是同一个思想境域;同时,我们还应当看到:哲学批判致力于呈现"对象性"关系的本质根据,"异化劳动"学说是要呈现"劳动"的本质。

"劳动"就是"劳动的对象化",这就是劳动的真相,就是现实的劳动。劳动的产品就是"物化为对象的劳动"。由此出发,资本关系中的劳动,才是异化劳动。哲学批判的"感性活动"的理论成果在经济批判中以"劳动"的方式呈现,哲学境域中的"感性活动"就是"劳动"的本质。"劳动的本质"用经济学语言来说,就是"劳动的产品是固定在某个对象中的、物化的劳动,这就是劳动的对象化。劳动的现实化就是劳动的对象化";而用哲学语言来说就是"把对象性的人、现实的因而是真正的人理解为人自己的劳动的结果"①。"劳动的对象化",即现实个人的"对象性活动",它不仅生产出作为主体性本质力量之对象化的"劳动产品",而且生产出作为"对象性的本质力量的主体性"的"现实的个人",即"劳动者",同时还生产出"现实的个人"的"类本质",即现实个人之间的社会关系。"劳动"的本质就是主体性本质力量的对象化活动,即"感性活动"。"劳动"即"感性活动",不仅创生出作为"对象性的本质力量的主体性"的现实的个人,即"劳动者",而且创生出社会关系。这是马克思在呈现"劳动"的"现象实情"的基础上所做出的开辟了人类历史维度的重大理论发现。马克思展示了"劳动"最一般的本质,这种本质即是"现实的个人"的"活动",即"对象性的本质力量的主体性"的"对象性活动";正是这种"对象性活动"构成人的"类特性",即构成人之作为社会存在物的本质,并因而创生着人与人之间的感性交往的社会关系。

二、旧唯物主义无法真正把握社会和历史

在《关于费尔巴哈的提纲》中,感性活动原则公开问世。把握这一原则,还要考察费尔巴哈的贡献及其局限性。费尔巴哈的伟大功绩就在于"感性对象性原则"的创立。"从前的一切唯物主义(包括费尔巴哈的唯物主义)的主要缺点是:对对象、现实、感性,只是从客体的或者直观的形式去理解,而不是把它们当做感性的人的活动,当做实践去理解,不是从主体方面去理解。因此,和唯物主义相反,唯心主义却把能动的方面抽象地发展了,当然,唯心主义是不知道现实的、感性的活动本身的。"② 这段话本质地展示了费尔巴哈的直观唯物主义的内在界限。

费尔巴哈以感性的实在性来阐述唯物主义本体论,确立了在"感性对象性存在"基础之上的唯物主义,取消了"物质实体"的唯物主义。唯物主义

---

① 《马克思恩格斯文集》(第一卷),人民出版社 2009 年版,第 205 页。
② 《马克思恩格斯文集》(第一卷),人民出版社 2009 年版,第 499 页。

不再以那种脱离了人的感性存在的纯粹的"物质实体"为基石,而是以人与自然的感性的对象性关系作为基础。费尔巴哈力图清除那种"抽象实体",这种"抽象实体"与人相对立,在人之外孤立存在,比如物质实体、自在之物、绝对精神或者上帝。所以,"没有了对象,人就成了无","主体必然与其发生本质关系的那个对象,不外是这个主体固有而又客观的本质"。费尔巴哈又致力于把这种"抽象实体"看作是人的感性对象性存在,看作是人的本质。在这个意义上,自然的本质不过是人的本质。他认为,在这个意义上,主体与实体、思维与存在、人与自然的对立就消失了。旧唯物主义是敌视人的,"物质实体"与"人"是分离的,不明白这个抽象的物质实体实际上就是人的本质。费尔巴哈看到了这一点,所以他的唯物主义是人道主义的唯物主义,即致力于实现人与自然的真正同一的唯物主义。

但是,费尔巴哈哲学依然属于"旧唯物主义",他把人类感性实体化了。人,还是纯思之主体,还是被设想出来的、超越现实历史的主体。人在本质上仍是唯灵论的存在物,这就与费尔巴哈的感性本体论前提相冲突。费尔巴哈无法解释人的现实历史和人的现实异化,于是把感性的异化归结为理性的异化和被误用,归因于人类认识的一个错误。如果把脱离现实历史的感性作为本体论的基础,则这种哲学必然重新陷入唯心主义。

费尔巴哈的关键词是"直观",即"看"。他认为,那个抽象的实体不过就是当下的自然和当下的人的存在,而当下的自然与当下的人就是人的本质。费尔巴哈要把树看作是人的对象性存在,即它直接地就是人的本质。不存在抽象的实体,实体就是主体的本质,自然就是人的本质,你就是我的本质,人是社会存在物。这就是费尔巴哈所理解的实体与主体的同一。但是,为什么实体就是主体,实体就是主体的本质,自然就是人的本质,你就是我的本质,人是社会存在物?费尔巴哈无法继续推进。

与他不同,马克思本质地确定了"感性活动"的原则,把"感性活动"作为实体与主体、人与自然、人与人之原初关联的内在根据;正是"感性活动"使得作为感性存在的实体、自然界与他人,成为作为主体性存在的现实个人的对象性本质。

在马克思看来,直接的自然存在物并不就是人的本质,它还只能是对象,它只能在人的感性活动中才能成为人的本质，实体与主体的本质同一只能是一种实践着的关系。离开这种实践着的关系，即使是现实的物的存在、现实的人的存在，也只能仅仅是一个对象，一个直观的对象，而不能成为人的本质。这就需要把实体与主体的关系，从单纯的感性对象性关系上升到感性活动的关系，理解为实践着的关系、感性活动着的关系。实体成为对象绝不是直观的结果，而是感性的活动的结果。在此基础之上，实体才真正成为人的对象、人的本质，实体与主体才真正地统一起来了。"整个所谓世界历史不外是人通过人的劳动而诞生的过程，是自然界对人来说的生成过程。"① 由此，关键在于为"感性对象性"注入"对象性活动"的能动的创造原则，并把"对象性活动"理解为感性的现实活动——"感性活动"。在"感性活动"中，人类历史的真正历史维度才真正展开；"感性活动"成了科学解读"异化劳动"的理论基点。

"感性活动"的哲学境域彻底达成了实体与主体、人与自然之间的原初关联，正是这种原初关联的呈现，在感性活动中形成了这种原初关联的历史，这就是人类历史的形成。所以，存在史，就是这种在感性活动中形成的原初关联的历史，也就是人类历史。人与自然的原初关联，本质上乃是一种存在着的对象性关系。人与自然的存在，本源地就是活动着的对象性存在，"一个存在物如果在自身之外没有自己的自然界，就不是自然存在物，就不能参加自然界的生活"②，而"被抽象地理解的、自为的、被确定为与人分隔开来的自然界，对人来说也是无"③。作为本源意义上的活动着的对象性存在，实体与主体、人与自然的活动着的对象性关系意味着人就是人的自然界，人在自然界中与他人遭遇到的正是他自己活动着的对象性存在本身。但是，这只有把人与自然的活动着的对象性关系本源地理解为"对象性活动"才是可能的。

实体与主体的对象性关系本源地乃是"对象性活动"。自然界并不直接地就是人的本质，实体也不本源地就是主体。这只有在主体、人的对象性活

---

① 《马克思恩格斯文集》（第一卷），人民出版社2009年版，第196页。
② 《马克思恩格斯文集》（第一卷），人民出版社2009年版，第210页。
③ 《马克思恩格斯文集》（第一卷），人民出版社2009年版，第220页。

动中才是可能的。正是"感性对象性活动"才使得实体、自然界与他人成为主体、人的本质力量的对象化。正是在"对象性活动"中,主体才不再是纯粹的"自我"或"非对象性的、唯灵论的存在物",而是"对象性的本质力量的主体性"①。而客体也不再是抽象的"物性"或纯粹的与人无涉的自然界,而是"主体性"的"本质力量"的"对象化"。正是"对象性活动"使得"人对人来说作为自然界的存在以及自然界对人来说作为人的存在"② 成为可能。也正是立足于"对象性活动",马克思才不断地谈论"一切自然物必须产生"出来,才指证着"历史是人的真正的自然史"③,是自然界成为人的自然界的历史,是自然界成为人的本质的历史,也才真正打开了人类历史的维度,所谓世界历史不外是人通过人的劳动而诞生的过程,是自然界对人说来的生成过程,所以,"关于某种异己的存在物、关于凌驾于自然界和人之上的存在物的问题,即包含着对自然界的和人的非实在性的承认的问题,实际上已经成为不可能的了"④。

三、自发分工是异化劳动得以发生的根据

《手稿》没有解决异化劳动何以发生的根据。在《关于费尔巴哈的提纲》中,马克思本质性地确立起实践唯物主义的基本立场,在此之后,马克思开始以感性活动为人类历史前提,展开了对人类历史发展规律的深度追问。

自发分工理论就是为了回答"人怎么使他的劳动外化、异化?这种异化又怎么以人的发展的本质为根据?"这是一项具有决定意义的工作。从本质上来说,这一工作就是在作为人类历史前提和人类生存根基的"感性活动"与作为当下"经济事实"的"异化劳动"之间搭建起历史的桥梁。"分工"理论的创立就意味着,作为人类历史前提和人类生存根基的"感性活动",成为马克思历史哲学的逻辑起点,成为"资本原则"的现实根基。"分工"

---

① 《马克思恩格斯文集》(第一卷),人民出版社2009年版,第209页。
② 《马克思恩格斯文集》(第一卷),人民出版社2009年版,第196页。
③ 《马克思恩格斯文集》(第一卷),人民出版社2009年版,第211页。
④ 《马克思恩格斯文集》(第一卷),人民出版社2009年版,第196–197页。

直接地回答了"异化劳动"的根据；正是"分工"使得现实个人的"感性活动"可能发生历史性的分裂，可能瓦解为"异化劳动"，即"分工使精神活动和物质活动、享受和劳动、生产和消费由不同的个人来分担这种情况不仅成为可能，而且成为现实"①，使得"人本身的活动对人来说就成为一种异己的、同他对立的力量，这种力量压迫着人，而不是人驾驭着这种力量"②。由此，"私有制"的本质来历也历史地呈现出来："与这种分工同时出现的还有分配，而且是劳动及其产品的不平等的分配（无论在数量上或质量上）；因而产生了所有制。"③ 与"自发分工"可能导致的"感性活动"的分裂、"异化劳动"的可能生成相适应的，可能就是"感性交往方式"的瓦解，出现异化的分裂的交往方式，即所有制关系的生成。伴随着"分工"以及与此相适应的"异化劳动"与"私有制"形式的进展，最终造成了作为私有制之完成形式的现代资本关系的统治。因此，马克思的"分工"理论既从属于历史哲学的宏观理论建树，是马克思历史哲学的重要理论环节，也是马克思追问资本原则之本质来历的原发性历史根据。

（一）"分工"的历史形式

在《德意志意识形态》中，为了揭示"分工"乃是"异化劳动"与异化的交往关系的原发性的历史根据，马克思首先比较细致地分析了"分工"的历史形式。

第一，"自然分工"与"社会分工"。即"以家庭中自然形成的分工"④为基础的"自然分工"和作为"家庭中现有的自然形成的分工的进一步扩大"⑤的、以"社会分裂为单个的、互相对立的家庭这一点为基础的"⑥的"社会分工"。与这一"社会分工"相适应的所有制形式是"部落所有制"。

第二，"自然分工"与"真实分工"。在马克思看来，发生于前一历史时

---

① 《马克思恩格斯文集》（第一卷），人民出版社 2009 年版，第 535 页。
② 《马克思恩格斯文集》（第一卷），人民出版社 2009 年版，第 537 页。
③ 《马克思恩格斯文集》（第一卷），人民出版社 2009 年版，第 536 页。
④ 《马克思恩格斯文集》（第一卷），人民出版社 2009 年版，第 535 页。
⑤ 《马克思恩格斯文集》（第一卷），人民出版社 2009 年版，第 521 页。
⑥ 《马克思恩格斯文集》（第一卷），人民出版社 2009 年版，第 536 页。

期的"社会分工"不过是"自然分工"的扩大,本质上依然属于自然分工。真正具有社会意义的分工乃是"物质劳动"与"精神劳动"的分工。正像马克思指出的那样:"分工只是从物质劳动和精神劳动分离的时候起才真正成为分工。"① 物质劳动与精神劳动的最大的一次分工,就是城市和乡村的分离。城乡之间的对立贯穿着全部文明的全部历史并直至现在。"真实的分工"涵盖了发生于希腊罗马时期的工商业劳动与农业劳动的分工、日耳曼统治时期以来的商业与工业的分工和封建时期末期开始的机器大工业部门内部的广泛分工。

第三,"自发分工"与"社会分工"。马克思认为,真正意义上的社会分工,乃是自觉自愿的分工,是作为"自主活动"的分工。但是,不论是"自然分工"与"社会分工",还是"真实的分工",所有以往的这些"分工"形式都可能是非自愿的分工,即"自发分工"。正是这种"自发分工"可能造成作为人类历史前提的现实个人的"感性活动"的分裂,可能成为"异化劳动"的历史根据。

(二)"自发分工"是"异化劳动"得以可能的根据

"分工"如何可能导致了"异化劳动",或者"分工活动"如何可能直接地就表现为"异化劳动"呢?

以"自发分工"为基础的劳动就是"异化劳动":"其实,分工和私有制是相等的表达方式,对同一件事情,一个是就活动而言,另一个是就活动的产品而言。"② 我们要问:"就活动而言"的"分工"是什么?或者以"分工"为基础的"活动"是什么?以"分工"为基础的"活动"或作为"活动"的"分工"就是"异化劳动"。"分工立即给我们提供了第一个例证,说明只要人们还处在自然形成的社会中,就是说,只要特殊利益和共同利益之间还有分裂,也就是说,只要分工还不是出于自愿,而是自然形成的,那么人本身的活动对人来说就成为一种异己的、同他对立的力量,这种力量压

---

① 《马克思恩格斯文集》(第一卷),人民出版社 2009 年版,第 534 页。
② 《马克思恩格斯文集》(第一卷),人民出版社 2009 年版,第 536 页。

迫着人，而不是人驾驭着这种力量。原来，当分工一出现之后，任何人都有自己一定的特殊的活动范围，这个范围是强加于他的，他不能超出这个范围：他是一个猎人、渔夫或牧人，或者是一个批判的批判者，只要他不想失去生活资料，他就始终应该是这样的人。"① 因此，"分工"乃是"异化劳动"和"私有制"的总根源；"分工"和"私有制"是两个同义语；作为"活动"而言的"分工"或以"分工"为基础的"活动"，就是"异化劳动"，"私有制"乃是"分工活动"或以"分工"为基础的"活动"，即"异化劳动"的结果。这就是从"分工"到"异化劳动"再到"私有制"的现实历史。通过对"分工"历史的研究，马克思呈现了"异化劳动"的发展史，同时呈现了作为结果的"私有制"关系的发展史。

虽然，"自发分工"的发生同时，可能就意味着"感性活动"的分裂和"异化劳动"的生成，但是"分工活动"的"异化"性质，是从"真实的分工"开始的。"自发分工"所导致的"劳动"的异化性质，不仅表现在个人由于"屈从于分工和自己的生产工具"②，不再是"完整的个人"，而是一个"片面的存在"，而且更为主要地表现在以下两个方面：

第一，"感性活动"成为"抽象劳动"。个人屈从于分工，意味着个人的"劳动"失去了"感性活动"的外观和本质规定，成为"抽象劳动"。那么，"把人类的最大部分归结为抽象劳动，这在人类发展中具有什么意义？"③ "抽象劳动"的本质含义在于：劳动，不再是现实个人的生命活动，不再是自主的活动，而成为用于获取"货币"或"资本"的交换手段的生产。在人类的发展中，劳动的抽象化意味着出现"感性活动"的"物化"。劳动的积累不再是物质生活必需品的积累，不再是感性活动能力的积累，而是作为货币财富的抽象劳动的积累。"积累起来的劳动"就是"资本"。人类的一切劳动，都必须可以通约为"抽象劳动""一般劳动"，都必须可以量化为作为交换价值媒介的货币尺度。国民经济学认为，"财富的本质不是某种特定的劳

---

① 《马克思恩格斯文集》（第一卷），人民出版社2009年版，第537页。
② 《马克思恩格斯文集》（第一卷），人民出版社2009年版，第581页。
③ 《马克思恩格斯文集》（第一卷），人民出版社2009年版，第124页。

动……而是一般劳动"①，而是货币。

第二，"现实的个人"成为"抽象的个人"。劳动的抽象化直接意味着"现实的个人"的抽象化，意味着"现实的个人"丧失了一切现实生活内容，成为"抽象的个人"。在以高度分工为基础的机器大工业时代，个人形成了"以物的依赖性为基础的人的独立性"。在这里，"分散的和彼此对立的"个人，是无限制地追逐私有财产的个人，即"抽象的个人"②。

劳动活动的抽象化同时意味着：生产力本质上乃是私有制的力量。这就是说，异化的劳动创造异化的生产力。因此，"自发分工"不仅是"异化劳动"得以可能的根据，而且是"私有财产"关系的诞生得以可能的根据。

（三）"自发分工"是"感性交往"的分裂得以可能的根据

在《手稿》中，马克思已经发现，"私有财产"是"异化劳动"的结果。由此，他发现，劳动创生社会关系，"异化劳动"创生异化的社会关系，即私有财产关系。但在"分工"理论创立之前，马克思无法回答异化劳动得以可能的根据问题。"分工"确立了人类历史的现实前提，也就是"感性活动"与"感性交往"。分工是"感性活动"以及与"感性活动"相适应的"感性交往"关系的瓦解得以可能的根据，是"异化劳动"与"私有财产"关系的诞生得以可能的根据。

由此，以"感性活动"与"感性交往"为前提的"分工"理论就从本源上诠释了"异化劳动"的发生根据和"私有财产"关系产生的本质来历。

当人的"劳动"不得不以"抽象劳动"的形式表现自身的时候，当人的"感性活动"不得不表现为物化的私有制的力量、表现为物化的货币力量的时候，作为人的生命活动的"感性活动"就转而表现为统治人的"异化劳动"的力量，而这种统治则必然采取物的形式，即采取"货币"的形式。

在人与人的交往关系背后，支配着这种交往的东西，乃是"抽象劳动"或"感性活动"的抽象表达——"货币"。"私有财产"关系取代了"自然

---

① 《马克思恩格斯文集》（第一卷），人民出版社2009年版，第181页。
② ［德］马克思、恩格斯：《德意志意识形态》，人民出版社1961年版，第65页。

关系"而成为人与人之间的"感性交往"方式的基础。人与人之间的"感性对象性"的社会交往方式由此消解。"个人"不再是感性的或富有个性的存在,而是抽象的货币存在物。作为抽象的货币存在物,个人之作为对象性的存在,不再是"感性的"对象性存在,而是"抽象的",即货币化的对象性存在。作为人的本质存在的"交往方式",就不再是以"自然关系"为基础的全面性的、自主性的交往①,不再是人与人之间的"感性对象性"关系,即不再是感性的社会交往关系。

总之,"分工",特别是"自发的分工",它是与"感性活动"相适应的"感性交往"关系的瓦解得以可能的根据,是与"异化劳动"相适应的私有财产关系的出现得以可能的根据,是"抽象劳动""抽象的个人""私有财产""货币原则"成为交往方式的基础得以可能的根据,也是本来作为社会存在物的现实个人感性生命的生产方式和现实个人的活动方式、生活方式的感性的异化得以可能的根据。

第四节 基于感性活动原则的共产主义:真正的人道主义

海德格尔指责马克思是抽象的人道主义者,本节就是针对这一指责而做出的相应回应。海德格尔认为,马克思之所以是一个抽象的人道主义者,就在于他在改造世界的主张中依然保持了对抽象的人的先验预设,因此马克思的社会主张也是抽象的人道主义学说。我们认为,这是海德格尔的误解。在前面的分析中,我们已经澄清了海德格尔对马克思人的学说的误解,也就是说,马克思所理解的人是从事感性活动的现实个人,马克思所理解的存在就

---

① 资本的本性就在于"把自然形成的关系一概消灭掉(只要这一点在劳动范围内可能做到的话);它把这些关系变成金钱的关系"。参见马克思、恩格斯《德意志意识形态》,人民出版社 1961 年版,第 58 页。

是现实个人的感性活动或感性活动视域中的存在，更准确地说就是由现实个人的感性活动所建构的存在。正是在此基础上，马克思提出了他的扬弃资本主义，实现共产主义的社会主张。由于这一社会主张不再以抽象个人的理想预设为前提，而是基于由感性活动所开启的人类历史发展的科学规律，因而马克思的共产主义主张也不再是抽象的空想，而是科学的学说。

当然，我们不能仅仅从这一简单的理论逻辑中去论证马克思共产主义主张的科学性，即他的反抽象人道主义的基本性质。我们还必须进一步从作为马克思主义哲学理论基石的感性活动与共产主义的内在关联中，去理解马克思共产主义主张的真正人道主义性质。简言之，这一内在关联中所体现的真正人道主义性质就在于：在感性活动原则基础上的共产主义就是作为完成了的自然主义＝完成了的人道主义。这是马克思在《手稿》中的一个基本判断。我们就是要通过对这一判断的解读，去洞悉马克思共产主义的科学人道主义的性质。

当马克思开始对两种"共产主义思潮"批判的时候，我们产生如下本质性疑问：

第一，既然粗陋的或政治性质的共产主义思潮也都表现为私有财产的积极扬弃，那么，它们与马克思同样作为私有财产积极扬弃的共产主义的社会主张的本质界限何在？

第二，当马克思首先把共产主义解释为私有财产的积极扬弃之后，为何突然转向一个似乎是完全不同的理论阐说，把共产主义又诠释为"自然主义＝人道主义"？换言之，作为私有财产积极扬弃的共产主义与作为"自然主义＝人道主义"的共产主义之间，究竟在何种意义上是内在贯通的？

第三，当马克思把共产主义进而界定为"自然主义＝人道主义"的时候，其本质意义何在？我们认为，理论界至今没有对这些问题做出令人满意的说明，而当一些理论家把马克思的这一著名论断看作是马克思早期的不成熟思想时，他们恰恰错失了马克思共产主义学说的本质理论境域；只有立足于这一本质性的理论境域，我们才可以真正地洞悉我们今天所谈论的"和谐社会"理论的马克思主义实质。①

在《手稿》中,马克思的"共产主义"是围绕对待私有财产的态度,并通过对"共产主义思潮"的批判而做出的。"共产主义思潮"的本质界限是他们"还没有理解私有财产的积极的本质"②。从对私有财产之本质的追问中,马克思刻画了他的"共产主义"的本质规定性。

当我们追问"私有财产的积极的本质",界定共产主义的本质境域时,经济分析呈现了它理论高度的不足。比如,马克思关于"共产主义"的经典表达:"共产主义是对私有财产即人的自我异化的积极的扬弃,因而是通过人并且为了人而对人的本质的真正占有;因此,它是人向自身、也就是向社会的即合乎人性的人的复归,这种复归是完全的复归,是自觉实现并在以往发展的全部财富的范围内实现的复归。"③

这里实际上面临着无法克服的理论困难:同样主张扬弃私有财产,马克思的共产主义与另外两种"共产主义思潮"的本质界限,在这里没有典型地呈现。马克思的共产主义与它们的本质界限,还需要在把握私有财产积极本质的意义上,才能得以呈现。尽管后者都提出了扬弃私有财产、人的自我异化和向自身的还原和复归,"但是,因为它还没有理解私有财产的积极的本质,也还不了解需要所具有的人的本性,所以它还受私有财产的束缚和感染。它虽然已经理解私有财产这一概念,但是还不理解它的本质"④。所以,不理解私有财产的本质,是其他共产主义学说的本质缺陷,这里需要对私有财产本质来历的哲学追问。所以,界定马克思的共产主义的本质境域,就要坚决地阻止纯粹经济学分析。

正是在这个意义上,马克思关于他所理解的共产主义的本质界定,转入了另一个领域:"这种共产主义,作为完成了的自然主义,等于人道主义,而作为完成了的人道主义,等于自然主义,它是人和自然界之间、人和人之

---

① 卜祥记、孙丽娟:《马克思社会学说的经济哲学分析及其当代意义》,载《学习与探索》2010年第1期。
② 《马克思恩格斯文集》(第一卷),人民出版社2009年版,第185页。
③ 《马克思恩格斯文集》(第一卷),人民出版社2009年版,第185页。
④ 《马克思恩格斯文集》(第一卷),人民出版社2009年版,第185页。

间的矛盾的真正解决,是存在和本质、对象化和自我确证、自由和必然、个体和类之间的斗争的真正解决。它是历史之谜的解答,而且知道自己就是这种解答。"① 那么,上面这一转折发生的内在逻辑何在呢?

一、私有财产的扬弃与"自然主义=人道主义"的关联

显然,马克思认为把握了私有财产本质的共产主义就可以表达为"自然主义=人道主义"。实际上,马克思已经考察了私有财产的主体本质。私有财产的主体本质,私有财产作为自为地存在着的活动、作为主体、作为人,就是劳动②,那么,这是一种什么劳动呢?由"作为对财产的排除的劳动,即私有财产的主体本质"③可知,这一劳动显然是"异化劳动"。

现在,要求我们去追问"异化劳动"之本质规定性。在《手稿》中的"异化劳动"部分,马克思从"异化劳动"前三个规定性直接地推出了人与人社会关系的异化,得出了异化劳动创生异化的私有财产的社会关系的结论,由此确立了感性活动生成着从存在本身而来的对象化着的对象性关系的原理。

至此,我们已经可以把握马克思的逻辑转换:共产主义是私有财产即人的自我异化的积极扬弃;私有财产的本质是异化劳动,正是异化劳动创生出异化的社会关系,即私有财产关系。因此,要扬弃私有财产关系,就必须扬弃异化劳动;而异化劳动本质地表现为人与自然、人与人、人与社会的异化。因此,异化劳动的扬弃也就意味着重构人与自然、人与人、人与社会的关系。④

所以,共产主义最重要的本质性规定,不是扬弃私有财产,而是从异化劳动回撤,是从这种极端主体性的、必然导致人与世界相异化的、必然走向无根性的虚无主义的存在方式返回,返回到从存在本身而来的人与世界的本

---

① 《马克思恩格斯文集》(第一卷),人民出版社2009年版,第185-186页。
② 《马克思恩格斯文集》(第一卷),人民出版社2009年版,第178页。
③ 《马克思恩格斯文集》(第一卷),人民出版社2009年版,第182页。
④ 卜祥记、孙丽娟:《马克思社会学说的经济哲学分析及其当代意义》,载《学习与探索》2010年第1期。

质性地存在着的感性对象性关系。

马克思把由这种扬弃异化状态而重构起来的人与自然、人与人、人与社会的关系,分别称作"自然主义"和"人道主义",并据此把共产主义描述为"自然主义＝人道主义"。这显然不是那种极端主体性的孤立的个人的人道主义,而是从存在本身而来的真正的人道主义。从存在本身而来的感性对象性活动,构成了这种真正的人道主义的基础。在这种共产主义中,不存在对立的主体、客体,这里存在着的只是历史性存在着的人们与那些看起来像是存在者的存在的遭遇,是人与自然的和谐统一,是历史性存在着的人们的从自身而来的共在。这就进入了哲学的境域。

二、共产主义的科学人道主义性质

当马克思把共产主义进而界定为"自然主义＝人道主义"的时候,马克思在强调共产主义的本质性存在,强调共产主义生成的实质是从存在本身而来的感性活动着的世界的生成,这是一个人与自然界、人与人之"感性对象性关系"的境域。

从存在本身而来的感性对象性活动着的感性对象性关系,这是一个什么样的境域呢?马克思有自己的论述:"在这种自然的类关系中,人对自然的关系直接就是人对人的关系,正像人对人的关系直接就是人对自然的关系,就是他自己的自然的规定。因此,这种关系通过感性的形式,作为一种显而易见的事实,表现出人的本质在何种程度上对人来说成为自然,或者自然在何种程度上成为人具有的人的本质……从这种关系的性质就可以看出,人在何种程度上对自己来说成为并把自身理解为类存在物、人……因此,这种关系表明人的自然的行为在何种程度上是合乎人性的,或者,人的本质在何种程度上对人来说成为自然的本质,他的人的本性在何种程度上对他来说成为自然。这种关系还表明,人的需要在何种程度上成为合乎人性的需要,就是说,别人作为人在何种程度上对他来说成为需要,他作为最具有个体性的存在在何种程度上同时又是社会存在物。"① 马克思再次说明了在感性对象性活动中存在着的人与自然界、人与人的"感性对象性关系"。

这里存在着的,显然不是那种极端主体性的主体与客体的对立关系。在这里,自然,不是由于主体的设定而在场,而是从自身而来在场着,所以,自然,不过是历史性存在着的人的自然的世界;他人,不再是主体谋划的对象,不再是一个异己的大他者,而是从自身而来的存在本身,是从自身而来的存在的东西,是历史性存在着的人的存在着的世界;社会,不再是以自然为征服对象的极端主体性的存在,不再是与自然极端对立的人群的聚合体,而是一种从自身而来的历史性存在着的人们的共在世界,一种与从自身而来的自然共在世界,一种让人与自然都可以从自身而来存在的社会性,一种自然的社会性;人,也不再是一个孤独的主体,而是一个从自身而来的去存在着的人,所以人就是人的自然,就是人的世界,就是与他人的共在。这显然是一个从存在本身而来的本质性空间,在这个本质性空间中,自然与人都是从自身而来而在场,在这个共在的世界中在场,在历史性存在着的人们的感性对象性活动着的关系中在场。人就是历史性存在着的人的自然,自然就是历史性存在的人的存在。所以,马克思说,共产主义的本质境域就在于:"自然主义=人道主义"。所谓的共产主义,其本质性的境域不仅仅在于私有财产的积极扬弃,而在于一种人与自然的感性对象性活动中存在着的感性对象性关系。这是一种有原则高度的自然主义,自然在这里有它自己的存在着的优先性,因为它从自身而来;同样,历史性存在着的人们,在这里也有他自己存在着的优先性,也因为它是本质性地从自身而来,不是从那个无根的孤独的主体而来,而是从那种经历了本质性转变的,呈现了、思入了存在本身的本质性空间而来且在场着,这是一种有原则高度的人道主义;所以,这种共产主义扬弃了异化劳动,在历史性存在着的人们的感性对象性活动中确立人与自然的存在着的感性对象性关系,呈现了人与自然各自从自身而来的真正的和谐的共在。所以,这种共产主义是一种在历史性存在着的人们的感性活动中不断生成的世界,一种真正的自然主义,一种真正的人道主义,同

---

① 《马克思恩格斯文集》(第一卷),人民出版社2009年版,第184-185页。

样是一种主要有存在的层面的存在真理之发生。这种真正的共产主义就是一种"自然主义＝人道主义"的共产主义，乃是一种建基于历史性存在着的人们的感性对象性活动中的真正的人道主义，一种从存在本身而来的人道主义，一种主要有存在的层面的人道主义，一种与海德格尔所批判的主体性哲学的人道主义极端对立的真正的人道主义。

对于在这种真正的人道主义的共产主义中，人与自然的感性活动中存在着的感性对象性关系，马克思有很多论述。他不断地反复强调，人就是人的自然界、自然界就是人本身、自然界就是另一个人。比如上面所引的那段话："在这种自然的类关系中，人对自然的关系直接就是人对人的关系，正像人对人的关系直接就是人对自然的关系，就是他自己的自然的规定。因此，这种关系通过感性的形式，作为一种显而易见的事实，表现出人的本质在何种程度上对人来说成为自然，或者自然在何种程度上成为人具有的人的本质。"再比如："直接的感性自然界，对人来说直接是人的感性（这是同一个说法），直接是另一个对他来说感性地存在着的人……人——就是自然界、感性"①，"自然界的人的本质，或者人的自然的本质"②，"自然界的人性和历史所创造的自然界——人的产品——的人性"③，以及"人对人来说作为自然界的存在以及自然界对人来说作为人的存在"④，而所有这些关于人与自然界之"感性对象性关系"的表述所要表达的理论境域，就是真正共产主义的"自然主义"。在这种本质性的境域中，自然界不再是主体设定的"物性"，也不再是主体征服的对象。在这里，自然界就是人本身，是人的对象性存在，是对象性存在的另一个人。在这里，马克思已经为真正的"生态文明"奠定了坚实的存在论基础。

这种真正的共产主义，同样是真正的"人道主义"。在这种真正的共产主义的境域中，人的优先性并没有因为自然真正的优先性的存在而消失，相反，只有在这种真正的共产主义中，才会有真正的人的优先性实现着和存在

---

① 《马克思恩格斯文集》（第一卷），人民出版社2009年版，第194页。
② 《马克思恩格斯文集》（第一卷），人民出版社2009年版，第193页。
③ 《马克思恩格斯文集》（第一卷），人民出版社2009年版，第204页。
④ 《马克思恩格斯文集》（第一卷），人民出版社2009年版，第196页。

着。人与人之间的关系，不再是一种两个外在的对象之间的主体设定、安排的固定关系，而是一种存在着的存在关系，一种从存在本身而来的共在的感性对象性关系，一种从存在本身而来的感性对象性活动着的自我反身关系。在这里，历史性存在着的人们，感性对象性地活动着、存在着，各自从自身而来本质性地在自身的本质空间中存在。人，在自身的本质性空间中，不是在那种主体性的优先性中，而是在这种从存在本身而来的本质空间中，从自身而来，真正地优先性地存在着。这才是真正的人道主义。这是一种费尔巴哈不懂得其本质来历却描述过的历史性存在着的人们的感性对象性活动中的感性对象性关系："别人就是我的'你'……就是我的另一个'我'，就是成为我的对象的人，就是我的坦白的内隐，就是自己看到自己的那个眼睛。只有在别人身上，我才具有对类的意识……才明白只有集体才构成人类。"① 在这种真正的、存在着的感性对象性关系中，历史性存在的人们，历史性地共在着，作为一种历史性的感性对象性活动着的社会存在本身而存在着。在这里，人不仅从自身而来自然地存在着，而且从自身而来社会历史性地存在着。历史性存在的人们，天然的是社会历史性地存在着的社会存在物。从人与人之间的感性对象性关系，是可以合理地引导出人的存在的社会性本质的："从这种关系的性质就可以看出，人在何种程度上对自己来说成为并把自身理解为类存在物、人……这种关系还表明，人的需要在何种程度上成为合乎人性的需要，就是说，别人作为人在何种程度上对他来说成为需要，他作为最具有个体性的存在在何种程度上同时又是社会存在物。"历史性存在的人们，正是在感性对象性活动中，成为社会历史性存在着的存在物的。"正是在改造对象世界的过程中，人才真正地证明自己是类存在物"②，在这种社会历史性的存在中，"首先应当避免重新把'社会'当做抽象的东西同个体对立起来。个体是社会存在物。因此，他的生命表现，即使不采取共同的、同他人一起完成的生命表现这种直接形式，也是社会生活的表现和确证。"③ 单

---

① ［德］费尔巴哈：《费尔巴哈哲学著作选集》（下卷），荣震华、李金山译，商务印书馆1984年版，第193页。
② 《马克思恩格斯文集》（第一卷），人民出版社2009年版，第163页。
③ 《马克思恩格斯文集》（第一卷），人民出版社2009年版，第188页。

个的人，是一种历史性的从自身而来的存在着的个人，同时是一种总体性的、世界性的社会历史性共在。"人是特殊的个体，并且正是人的特殊性使人成为个体，成为现实的、单个的社会存在物，同样，人也是总体，是观念的总体，是被思考和被感知的社会的自为的主体存在，正如人在现实中既作为对社会存在的直观和现实享受而存在，又作为人的生命表现的总体而存在一样。"① 历史性存在的人们，从自身而来在场着，同时也就是社会历史性地在场着："社会性质是整个运动的普遍性质；正像社会本身生产作为人的人一样，社会也是由人生产的。活动和享受，无论就其内容或就其存在方式来说，都是社会的活动和社会的享受。"② 所以，在这种真正的共产主义的本质性的境域中，人与人之间从各自自身而来的如此感性的对象性关系，就是实质上的真正的"人道主义"。

人们也会说，既然存在着自然的真正的优先性，又何来真正的人的优先性？这个问题的提问方式，实际上是形而上学的。在非形而上学的境域中，也就是在从存在本身而来的存在真理之发生中，自然从自身而来在场着，人同样从自身而来本质性地、历史性地在场着，这是一种自然与人的从自身而来在场着、存在着的存在的优先性。这是一个主要有存在的平面，人与自然从自身而来存在着的存在的平面。在这一本质性的境域中，只有实现了真正的自然的优先性，才会有真正的人的优先性；反过来，只有历史性存在着的人们经历了本质性的转变从而在自身的本质性空间中从自身而来存在，只有完成着从自身而来存在的真正的人的优先性，历史性存在的人们才会真正地让自然从自身而来存在着，而不是去征服它们，才会有真正的自然的优先性。真正的自然主义与真正的人道主义是在历史性存在着的人们的感性对象性活动中互为前提地存在着的。马克思对此有很多论述。比如，马克思指出，真正自然的感受，乃是真正的历史性存在着的人们的社会历史性的感性对象性活动的产物："不仅五官感觉，而且连所谓精神感觉、实践感觉（意志、爱等等），一句话，人的感觉、感觉的人性，都是由于它的对象的存在，由于

---

① 《马克思恩格斯文集》（第一卷），人民出版社2009年版，第188页。
② 《马克思恩格斯文集》（第一卷），人民出版社2009年版，第187页。

人化的自然界，才产生出来的。五官感觉的形成是迄今为止全部世界历史的产物。"① 比如："自然界的人的本质只有对社会的人来说才是存在的；因为只有在社会中，自然界对人来说才是人与人联系的纽带，才是他为别人的存在和别人为他的存在，只有在社会中，自然界才是人自己的合乎人性的存在的基础，才是人的现实的生活要素。只有在社会中，人的自然的存在对他来说才是人的合乎人性的存在，并且自然界对他来说才成为人。因此，社会是人同自然界的完成了的本质的统一，是自然界的真正复活，是人的实现了的自然主义和自然界的实现了的人道主义。"② 再比如："我们知道，只有当对象对人来说成为人的对象或者说成为对象性的人的时候，人才不致在自己的对象中丧失自身。只有当对象对人来说成为社会的对象，人本身对自己来说成为社会的存在物，而社会在这个对象中对人来说成为本质的时候，这种情况才是可能的。因此，一方面，随着对象性的现实在社会中对人来说到处成为人的本质力量的现实，成为人的现实，因而成为人自己的本质力量的现实，一切对象对他来说也就成为他自身的对象化，成为确证和实现他的个性的对象，成为他的对象，这就是说，对象成为他自身。"③ 既然人与自然界之间的感性对象性关系本质上不过是人与人之间的关系，那么人与人之间的感性对象性关系本质上也就是人与自然界之间的关系。所以，在本质性的境域中，这种真正的共产主义既是真正自然主义的，同样是真正的人道主义，是"自然主义＝人道主义"。

总之，马克思哲学绝不可能是海德格尔所批评的极端主体性的人类学，而是从存在本身而来的感性对象性活动着的人们的历史性存在本身。感性活动生成人类历史，在这里，既不是拯救，也不是毁灭，而是现实个人的存在、活动！所以，马克思并不仅仅是对黑格尔进行了颠倒，并不是返回到了主体性的基地，而是跳出了主体性的思辨返回到了历史性存在着的人们的存在本身。这是一种真正的人道主义，基于感性对象性活动原则的人道主义。

---

① 《马克思恩格斯文集》（第一卷），人民出版社2009年版，第191页。
② 《马克思恩格斯文集》（第一卷），人民出版社2009年版，第187页。
③ 《马克思恩格斯文集》（第一卷），人民出版社2009年版，第190－191页。

参考文献

一、马克思主义经典著作

《马克思恩格斯全集》（第 1—50 卷），人民出版社 1956—1985 年版。

《马克思恩格斯选集》（第 1—4 卷），人民出版社 1972 年版。

《马克思恩格斯文集》（第 1—8 卷），人民出版社 2009 年版。

二、中文著作

卜祥记：《青年黑格尔派与马克思的哲学革命》，商务印书馆 2007 年版。

卜祥记：《哲海探航——20 世纪中国哲学的艰辛开拓》，西苑出版社 2000 年版。

陈嘉映：《海德格尔哲学概论》，三联书店 1995 年版。

崔唯航、张羽佳：《本真存在的路标：马丁·海德格尔》，河北大学出版社 2005 年版。

范玉刚：《睿思与歧误：一种对海德格尔技术之思的审美解读》，中央编译出版社 2005 年版。

高秉江：《胡塞尔与西方主体主义哲学》，武汉大学出版社 2000 年版。

柯小刚：《海德格尔与黑格尔时间思想比较研究》，同济大学出版社 2004 年版。

韩潮：《海德格尔与伦理学问题》，同济大学出版社 2007 年版。

黄裕生：《时间与永恒：论海德格尔哲学中的时间问题》，社会科学文献出版社 1997 年版。

靳希平：《海德格尔早期思想研究》，上海人民出版社1995年版。

李龚君：《马克思的感性活动存在论：一个从"存在论差异"展开的比较研究》，天津人民出版社2005年版。

刘放桐等：《现代西方哲学》，人民出版社1990年版。

刘敬鲁：《海德格尔人学思想研究》，中国人民大学出版社2001年版。

鲁品越：《资本逻辑与当代现实——经济发展观的哲学沉思》，上海财经大学出版社2006年版。

陈学明、马拥军：《走近马克思：苏东剧变后西方四大思想家的思想轨迹》，东方出版社2002年版。

倪梁康：《自识与反思：近现代西方哲学的基本问题》，商务印书馆2002年版。

倪梁康：《现象学及其效应：胡塞尔与当代德国哲学》，三联书店1994年版。

倪梁康：《胡塞尔现象学概念通释》，三联书店1999年版。

任平：《当代视野中的马克思》，江苏人民出版社2003年版。

孙周兴：《说不可说之神秘——海德格尔后期思想研究》，上海三联书店1994年版。

孙周兴：《我们时代的思想姿态》，东方出版社2001年版。

宋祖良：《拯救地球和人类未来——海德格尔的后期思想》，中国社会科学出版社1993年版。

涂成林：《现象学的使命——从胡塞尔、海德格尔到萨特》，中央编译出版社2007年版。

熊伟：《现象学与海德格》，台北远流出版事业股份有限公司1994年版。

王炜：《熊译海德格尔》，同济大学出版社2004年版。

杨祖陶：《德国古典哲学逻辑进程》，武汉大学出版社1993年版。

杨祖陶、邓晓芒：《康德〈纯粹理性批判〉指要》，湖南教育出版社1996年版。

杨祖陶、邓晓芒：《康德三大批判精粹》，人民出版社2018年版。

余虹：《思与诗的对话：海德格尔诗学引论》，中国社会科学出版社1991

年版。

俞吾金：《从康德到马克思：千年之交的哲学沉思》，广西师范大学出版社 2004 年版。

俞吾金：《实践诠释学：重新解读马克思哲学与一般哲学理论》，云南人民出版社 2001 年版。

俞吾金等：《现代性现象学：与西方马克思主义者的对话》，上海社会科学院出版社 2002 年版。

张汝伦：《德国哲学十论》，复旦大学出版社 2004 年版。

张汝伦：《海德格尔与现代哲学》，复旦大学出版社 1995 年版。

张汝伦：《良知与理论》，广西师范大学出版社 2003 年版。

张世英：《新哲学讲演录》，广西师范大学出版社 2004 年版。

张祥龙：《海德格尔思想与中国天道：终极视域的开启与交融》，三联书店 1996 年版。

张祥龙：《海德格尔传》，商务印书馆 2007 年版。

张祥龙主讲，朱刚、林丹整理：《朝向事情本身：现象学导论七讲》，团结出版社 2003 年版。

张雄：《历史转折论》，上海社会科学院出版社 1994 年版。

朱刚：《本原与延异——德里达对本原形而上学的解构》，上海人民出版社 2006 年版。

邹诗鹏：《实践——生存论》，广西人民出版社 2002 年版。

中国社会科学院哲学研究所马克思主义哲学史研究室《哲学译丛》编辑部编译：《马克思哲学思想研究译文集》，人民出版社 1983 年版。

三、译著

安东尼奥·葛兰西：《狱中札记》，葆煦译，人民出版社 1983 年版。

安东尼·吉登斯：《资本主义与现代社会理论：对马克思、涂尔干和韦伯著作的分析》，郭忠华、潘华凌译，上海译文出版社 2013 年版。

戴维·米勒、韦农·波格丹诺：《布莱克维尔政治学百科全书》（修订版），邓正来译，中国政法大学出版社 2002 年版。

雅克·德里达：《论精神——海德格尔与问题》，朱刚译，上海译文出版社 2014 年版。

雅克·德里达：《论文字学》，汪堂家译，上海译文出版社 2015 年版。

雅克·德里达：《马克思的幽灵：债务国家、哀悼活动和新国际》，何一译，中国人民大学出版社 1999 年版。

费尔巴哈：《基督教的本质》，荣震华译，商务印书馆 2007 年版。

费尔巴哈：《费尔巴哈哲学著作选集》（上、下卷），荣震华、李金山译，商务印书馆 1984 年版。

G. 卢卡奇：《社会存在本体论》（上、下卷），重庆出版社 1993 年版。

G. 卢卡奇：《历史与阶级意识》，商务印书馆 1995 年版。

伽达默尔：《哲学解释学》，夏镇平、宋建平译，上海译文出版社 2016 年版。

哈贝马斯：《现代性的哲学话语》，曹卫东等译，译林出版社 2004 年版页。

哈贝马斯：《公共领域的结构转型》，曹卫东等译，学林出版社 1999 年版。

哈贝马斯：《交往行动理论》（第 1 卷），重庆出版社 1994 年版。

海德格尔：《海德格尔选集》，孙周兴选编，上海三联书店 1996 年版。

海德格尔：《存在与时间》，陈嘉映、王庆节译，三联书店 2006 年版。

海德格尔：《存在与在》，王作虹译，民族出版社 2005 年版。

海德格尔：《海德格尔存在哲学》，孙周兴等译，九州出版社 2004 年版。

海德格尔等：《海德格尔与有限性思想》，刘小枫选编，孙周兴等译，华夏出版社 2002 年版。

海德格尔：《海德格尔诗学文集》，成穷等译，华中师范大学出版社 1992 年版。

海德格尔：《荷尔德林诗的阐释》，孙周兴译，商务印书馆 2014 年版。

海德格尔：《林中路》，孙周兴译，上海译文出版社 2017 年版。

海德格尔：《路标》，孙周兴译，商务印书馆 2001 年版。

海德格尔：《论真理的本质——柏拉图洞喻和〈泰阿泰德〉讲疏》，赵卫国译，华夏出版社 2008 年版。

海德格尔：《面向思的事情》，陈小文、孙周兴译，商务印书馆1999年版。

海德格尔：《尼采》（上、下卷），孙周兴译，商务印书馆2008年。

海德格尔：《人，诗意地安居：海德格尔语要》，郜元宝译，上海远东出版社2011年版。

海德格尔：《诗·语言·思》，彭富春译，文化艺术出版社1991年版。

海德格尔：《思的经验》（1910—1976），陈春文译，人民出版社2008年版。

海德格尔：《同一与差异》，孙周兴等译，商务印书馆2011年版。

海德格尔：《物的追问》，赵卫国译，上海译文出版社2010年版。

海德格尔：《现象学之基本问题》，丁耘译，上海译文出版社2008年。

海德格尔：《谢林论人类自由的本质》，薛华译，中国法制出版社2009年版。

海德格尔：《形而上学导论》，熊伟等译，商务印书馆2007年。

海德格尔：《形式显示的现象学：海德格尔早期弗莱堡文选》，孙周兴编译，同济大学出版社2004年版。

海德格尔：《演讲与论文集》，孙周兴译，三联书店2005年版。

海德格尔：《在通向语言的途中》，孙周兴译，商务印书馆2004年版。

海德格尔：《哲学论稿（从本有而来）》，孙周兴译，商务印书馆2012年版。

黑格尔：《法哲学原理》，范扬、张企泰译，商务印书馆2017年版。

黑格尔：《精神现象学》（上、下卷），贺麟、王太庆译，商务印书馆2011年版。

黑格尔：《历史哲学》，王造时译，上海书店2006年版。

黑格尔：《哲学史讲演录》（第1—4卷），贺麟、王太庆译，商务印书馆1984年版。

卡尔·科尔施：《马克思主义和哲学》，王南湜、荣新海译，重庆出版社1989年版。

马尔库塞：《理性和革命：黑格尔和社会理论的兴起》，程志民等译，上海人民出版社 2007 年版。

马克斯·韦伯：《经济与社会》，林荣远译，商务印书馆 1998 年版。

马克斯·韦伯：《新教伦理与资本主义精神》，于晓、陈维纲译，三联书店 1987 年版。

康德：《历史理性批判文集》，何兆武译，商务印书馆 2009 年版。

瓦莱加·诺伊：《海德格尔〈哲学献文〉导论》，李强译，华东师范大学出版社 2010 年版。

威廉·巴雷特：《非理性的人》，段德智译，上海译文出版社 2012 年版。

亚里士多德：《形而上学》，吴寿彭译，商务印书馆 2007 年版。

四、中文论文

艾秀梅：《日常生活的沉沦与拯救——海德格尔哲学中的日常生活批判思想》，《求是学刊》2003 年第 5 期。

卜祥记：《对黑格尔思辨哲学的态度是费尔巴哈早期思想的精髓》，《上海行政学院学报》2006 年第 2 期。

卜祥记：《马克思经济批判的哲学境域》，《哲学动态》2006 年第 5 期。

卜祥记：《马克思"感性活动"理论境域中的"生产力与交往方式"理论》，《哲学研究》2007 年第 2 期。

卜祥记：《"生态文明"的哲学基础探析》，《哲学研究》2010 年第 4 期。

卜祥记、李华：《论费尔巴哈对马克思影响的发生及其本质所在》，《上海理工大学学报》（社会科学版）2012 年第 2 期。

卜祥记、李华：《感性活动——"对黑格尔的辩证法和整个哲学的批判"的核心成果》，《社会科学战线》2012 年第 11 期。

卜祥记、孙丽娟：《马克思社会学说的经济哲学分析及其当代意义》，《学习与探索》2010 年第 1 期。

卜祥记、谢建芬：《简析马克思生存论哲学转向中的国民经济学批判》，《上海行政学院学报》2002 年第 3 期。

陈春文、谢亚洲：《时间、想象力与海德格尔的存在之路》，《科学·经济·社会》2008 年第 2 期。

程金生：《"个体"的自由与"共同体"的自由——海德格尔与马克思的

本质差异》,《中共浙江省委党校学报》2004年第2期。

戴月华:《国内海德格尔思想转向问题研究述介》,《哲学动态》1997年第6期。

邓晓芒:《马克思论"存在与时间"》,《哲学动态》2000年第6期。

郭晓晖:《形而上学地讲形而上学——论海德格尔重提"存在问题"的意义》,《甘肃社会科学》2000年第5期。

蒋风冰、戚成炯:《现象学科技哲学：一个新的研究范式——第二届"全国现象学科技哲学学术会议"综述》,《哲学研究》2009年第1期。

靳希平:《海德格尔哲学的一般唯物主义前提》,《哲学研究》1994年第5期。

柯小刚:《道路与 Ereignis——兼论中文翻译对于〈通往语言之途〉的意义》,《世界哲学》2008年第4期。

李革新:《论海德格尔哲学中存在与此在的共属关系》,《学术月刊》2002年第12期。

李革新:《在遮蔽与无蔽之间——海德格尔现象学的一种理解》,《复旦学报》2003年第2期。

梁家荣:《海德格尔"世界"概念的超越论意蕴》,《同济大学学报》(社会科学版)2008年第5期。

梁树发:《马克思主义整体性问题的实质》,《教学与研究》2005年第8期。

梁树发:《科学发展观与中国马克思主义哲学的发展——关于中国特色社会主义建设哲学的构想》,《理论视野》2008年第11期。

梁树发、黄刚:《改革开放30年来我国学者关于马克思主义认识的发展——从"西方马克思主义"与马克思主义关系的认识谈起》,《学术研究》2009年第4期。

刘旭光:《谁是凡·高那双鞋的主人——关于现象学视野下艺术中的真理问题》,《学术月刊》2007年第9期。

鲁品越:《实践生成论：马克思主义哲学的主轴》,《哲学动态》2009年第10期。

鲁品越：《劳动与交往：创造人类历史的经纬线》，《哲学分析》2011年第3期。

鲁品越：《作为整体的马克思主义原理的基本架构》，《学术界》2012年第1期。

马拥军：《从唯心主义总体性到唯物主义总体性——兼评卢卡奇对〈历史与阶级意识〉的自我批评》，《哲学研究》2008年第8期。

马拥军：《"市民社会"，"公民社会"，还是"城市社会"？——生活哲学视野中的"城市社会"理论》，《东岳论丛》2010年第11期。

马拥军：《西方马克思主义政治经济学批判的当代意义》，《哲学动态》2012年第10期。

倪梁康：《胡塞尔与海德格尔的存在问题》，《哲学研究》1999年第6期。

欧力同：《存在主义认识论》，《社会科学辑刊》1980第3期。

欧仕金、高中建、巨乃岐：《"在世"及其意义——海德格尔生存论分析》，《河南师范大学学报》（哲学社会科学版）2001年第3期。

彭富春：《西方海德格尔研究述评》（一）（二），《哲学动态》2001年第5、6期。

彭富春：《什么是物及其意义》，《哲学研究》2002年第3期。

孙伯续、刘怀玉：《"存在论转向"与方法论革命——关于马克思主义哲学本体论研究中的几个问题》，《中国社会科学》2002年第5期。

孙周兴：《形式显示的现象学——海德格尔早期弗莱堡讲座研究》，《现代哲学》2002年第4期。

王炜：《海德格尔与马克思主义》，《求是学刊》1992年第6期。

吴晓明：《马克思的哲学革命与全部形而上学的终结》，《江苏社会科学》2000年第6期。

仰海峰：《"实践"与"烦"——马克思与海德格尔的比较研究之二》，《学习与探讨》2001年第2期。

仰海峰：《马克思哲学与西方哲学：视域开启与理论界划》，《教学与研究》2005年第9期。

俞吾金：《论海德格尔的"世界概念"》，《复旦学报》（社会科学版）

2001年第1期。

张高宏:《海德格尔的世界概念》,《西南民族学院学报》(哲学社会科学版)2002年第3期。

张汝伦:《马克思的哲学观和"哲学的终结"》,《中国社会科学》2003年第4期。

张文喜:《"实践"与"操心"的时间性阐释——海德格尔、马克思论"存在与时间"》,《学习与探讨》2002年第3期。

张一兵:《交道与实践:青年海德格尔与马克思的相遇——海德格尔"那托普报告"的解读》,《马克思主义研究》2010年第9期。

张一兵:《构形与构序:现象学表象的秘密——海德格尔〈形式化与形式显示〉的构境论解读》,《社会科学辑刊》2011年第5期。

张一兵:《海德格尔说海德格尔——一种关于海德格尔自述的构境论研究》,《江海学刊》2011年第4期。

张一兵:《海德格尔思想发展的总体线索》,《南京社会科学》2011年第8期。

张一兵:《对象性本体论之解构——海德格尔〈存在论:实际性的解释学〉引言解读》,《学术界》2011年第7期。

张一兵:《海德格尔学术思想文本中的"怎样"(Wie)——构境论文本学新得》,《哲学研究》2011年第7期。

张一兵:《亚里士多德文本的现象学阐释——海德格尔"那托普报告"的构境论解读》,《天津社会科学》2011年第1期。

张一兵:《交道性世界中的生命沉沦及反向运动之可能——海德格尔"那托普报告"的构境论解读》,《学海》2011年第3期。

张一兵:《本体论向存在论的拆解性转换——海德格尔"那托普报告"的构境论解读》,《河北学刊》2011年第1期。

张一兵:《青年海德格尔:背离大他者的秘密文本——〈在你之中达到神〉的构境论解读》,《学术月刊》2010年11期。

张一兵:《"人"与实际性此在的常人化夷平——海德格尔〈存在论:实际性的解释学〉解读》,《社会科学战线》2011年第11期。

张一兵：《走向本有之思的道路——海德格尔的秘密自我思想总结》，《学术月刊》2011 年第 10 期。

张一兵：《交道性操劳：世界最后的遭遇特征》，《福建论坛》（人文社会科学版）2012 年第 1 期。

张一兵：《海德格尔：实际性解释学的现象学道路》，《江西社会科学》2012 年第 3 期。

张雄：《现代性后果：从主体性哲学到主体性资本》，《哲学研究》2006 年第 10 期。

张雄、速继明：《历史进步的寓意——关于历史普遍性与历史特殊性的解读》，《哲学动态》2008 年第 12 期。

张雄、颜景高：《社会发展的重要视域：历史转折的文化动因探析》，《哲学研究》2009 年第 12 期。

邹平林：《存在论哲学的不同路向：马克思与海德格尔个人理论比较研究》，《甘肃理论学刊》2010 年第 6 期。

五、翻译论文

雅克·德里达：《阐释签名（尼采/海德格尔）：两个问题》，陈永国译，《南方文坛》2001 年第 2 期。

E. 贝勒：《解构学与解释学：德里达和伽达默尔论本文与诠释》，李庆全译，《哲学译丛》1989 年第 2 期。

F. 费迪耶等：《晚期海德格尔的三天讨论班纪要》，丁耘摘译，《哲学译丛》2001 年第 3 期。

梅耶·夏皮罗：《描绘个人物品的静物画——关于海德格尔和凡高的札记》，丁宁译，《世界美术》2000 年第 3 期。

六、外文资料

Martin Heidegger：*Basic Writings*（1927 – 1964），New York：Harper and Row，1977.

Martin Heidegger：*Being and Time*，trans. John Macquarrie and Edward Robinson，New York：Harper and Row，1962.

Martin Heidegger：*Pathmarks*，ed. William McNeill，Cambridge：Cambridge

University Press, 1998.

Martin Heidegger: *On the Way to Language*, trans. Peper D. Herz, New York: Harper and Row, 1971.

Martin Heidegger: *The Fundamental Concepts of Metaphysics: World, Finitude, Solitude*, Bloomington: Indiana University Press, 1995.

Martin Heidegger: *Contibutions to Philosophy (From Enowning)*, trans. Parvis Emad and Kenneth Maly, Bloomington: Indiana University Press, 1989.

Martin Heidegger: *Kand and the Problem of Metaphysik*, trans. Richard Taft, Bloomington: Indiana University Press, 1990.

Martin Heidegger: *Whatls Called Thinking?* trans. Fred D. Wieck and J. Glenn Gray, New York: Harper& Row, 1968.

MartinHeidegger: *The Basic Problems of Phenomenology*, trans. Albert Hofstadter, Bloomington: Indiana University Press, 1982.

Martin Heidegger: *Identity and Difference*, trans. Gregory Fried and Richard-Polt, New Haven: Yale University Press, 2000.

Martin Heidegger: *Introduction to Metaphysics*, trans. Gregory Fried and Richard Polt, Bloomington: Indiana University Press, 2000.

Martin Heidegger: *Poetry, Language, Thought*, trans. Albert Hofstadter, NewYork: Harper and Row, 1971.

Martin Heidegger: *The Metaphysical Foundations of Logic*, trans. MichaelHeim Bloomington: Indiana University Press, 1984.

Martin Heidegger: *Four Seminars*, trans. Andrew Mitchell and Francois Raffoul, Bloomington: Indiana University Press, 2004.

Martin Heidegger: *Basic Questions of Philosophy: Selected "Problems" of "Logic"*, trans. Richard Rojcewicz and Andre Schuwer, Bloomington: Indiana University Press, 1994.

后 记

博士阶段的学习，是我人生中一段难忘的经历。毕业十余年，蓦然回首，恩师卜祥记的教诲，张雄、马钦荣、鲁品越、马拥军等老师的精彩授课和耐心的课余辅导，同门集体到复旦大学旁听吴晓明、王德峰、张汝伦等老师精彩授课的情景，以及我的硕士生导师、中国人民大学梁树发老师亲至上海财经大学开展学术交流之余对我所做的进一步辅导，依然历历在目，他们的悉心教导让我的学术研究走上了规范的道路。各位老师在传道、授业与解惑的过程中，在每个细节上体现出来的人格魅力，不仅使我倾倒，更让我在领略到为学之艰辛的同时，深刻体会到为师者的伟大与可敬。在此向各位师长表示衷心的感谢！

受个人研究能力及学术视野所限，本人所能收集到的研究素材也是有限的。因此，尽管具有一定的学术兴趣，然而本书在确定选题的阶段，也是历经波折。最终，卜老师根据我的实际情况，建议我沿着海德格尔从存有历史性思想而来误读马克思的思路，坚持做深做细，并帮我寻找到大量可用的材料。在书稿的写作阶段，卜老师在谋篇布局乃至文句写作的具体细节上，都给出了耐心、细致的指导。但是，由于时间有限和能力不足，书稿没有就以下问题作深入讨论：第一，我们虽然指出了海德格尔对马克思的误读，指出了马克思的感性对象性活动原则的基础性、源始性，与海德格尔的基础存在论的同构性，但是，我们是在澄清马克思的观点的意义上来指明这一点的，关于他们哲学的同构性，我们没有直接正面论述；第二，关于海德格尔的本有之思的警示意义，由于不是书稿的重心所在，我们也没有深入讨论。这些问题，只能留待以后讨论了。

  书稿的完成，意味着我的人生开启了另一段征程。为此，我的内心既激动又感动。激动的是，比起以前，我的学术研究多有进步；感动的是，在这段时间里，各位师长始终在督促我前进，并在督促我前进的过程里，始终以博大的胸怀宽容我的过失，让我得以在神圣的学术殿堂和知识的海洋里寻觅与探求。令我难以忘怀的是，师母王秀芳在我的求学生涯中，紧密配合卜老师的教学节奏，在生活中给予我热情的帮助和关心，为我的人生留下了一段极为宝贵的回忆！

  由于学识有限，本书肯定存在疏漏，期待以后有机会继续深入研究。

李 华

2024 年 2 月 16 日